AF086519

Kohlhammer

Der Autor

Dipl.-Psych. Siegfried Bettighofer ist Psychoanalytiker (DPG), Dozent, Lehranalytiker und Supervisor bei der Münchner Arbeitsgemeinschaft für Psychoanalyse MAP e. V. (DGPT) und arbeitet in eigener Praxis in Augsburg.

Siegfried Bettighofer

Übertragung und Gegenübertragung im therapeutischen Prozess

6., überarbeitete Auflage

Verlag W. Kohlhammer

Dieses Werk einschließlich aller seiner Teile ist urheberrechtlich geschützt. Jede Verwendung außerhalb der engen Grenzen des Urheberrechts ist ohne Zustimmung des Verlags unzulässig und strafbar. Das gilt insbesondere für Vervielfältigungen, Übersetzungen, Mikroverfilmungen und für die Einspeicherung und Verarbeitung in elektronischen Systemen.

Die Wiedergabe von Warenbezeichnungen, Handelsnamen und sonstigen Kennzeichen in diesem Buch berechtigt nicht zu der Annahme, dass diese von jedermann frei benutzt werden dürfen. Vielmehr kann es sich auch dann um eingetragene Warenzeichen oder sonstige geschützte Kennzeichen handeln, wenn sie nicht eigens als solche gekennzeichnet sind.

Es konnten nicht alle Rechtsinhaber von Abbildungen ermittelt werden. Sollte dem Verlag gegenüber der Nachweis der Rechtsinhaberschaft geführt werden, wird das branchenübliche Honorar nachträglich gezahlt.

Dieses Werk enthält Hinweise/Links zu externen Websites Dritter, auf deren Inhalt der Verlag keinen Einfluss hat und die der Haftung der jeweiligen Seitenanbieter oder -betreiber unterliegen. Zum Zeitpunkt der Verlinkung wurden die externen Websites auf mögliche Rechtsverstöße überprüft und dabei keine Rechtsverletzung festgestellt. Ohne konkrete Hinweise auf eine solche Rechtsverletzung ist eine permanente inhaltliche Kontrolle der verlinkten Seiten nicht zumutbar. Sollten jedoch Rechtsverletzungen bekannt werden, werden die betroffenen externen Links soweit möglich unverzüglich entfernt.

6., überarbeitete Auflage 2022

Alle Rechte vorbehalten
© W. Kohlhammer GmbH, Stuttgart
Gesamtherstellung: W. Kohlhammer GmbH, Heßbrühlstr. 69, 70565 Stuttgart
produktsicherheit@kohlhammer.de

Print:
ISBN 978-3-17-040688-9

E-Book-Formate:
pdf: ISBN 978-3-17-040689-6
epub: ISBN 978-3-17-040690-2

Inhalt

Vorwort		9
1	**Die hilfreiche Beziehung in der Psychoanalyse**	13
2	**Das ursprüngliche Übertragungskonzept**	18
	2.1 Übertragung als Störung der Realitätswahrnehmung	18
	2.2 Übertragung als Regression	19
	2.3 Übertragung als Verschiebung	19
	2.4 Übertragung als Projektion	20
	2.5 Übertragung als einseitiger Vorgang – der Analytiker als passive Projektionsfläche?	21
3	**Ansätze zu einem erweiterten Konzept von Übertragung und Gegenübertragung**	27
	3.1 Die Subjektivität des Analytikers	27
	3.1.1 Beobachten ist das Herstellen von Bedeutungen	28
	3.1.2 Die Person des Analytikers	31
	3.1.3 Der Therapeut und seine Werthaltungen und Konzepte	31
	3.2 Übertragung – die Aktivierung innerer Schemata des Patienten	38
	3.2.1 Die Beschaffenheit der inneren Schemata	42
	3.2.2 Entstehung der inneren Schemata – der Einfluss der Säuglings- und Kleinkindforschung	42
	3.2.3 Strukturelle Regression	46
	3.2.4 Transgenerationale Weitervermittlung innerer Schemata	47
	3.2.5 Die Aktualisierung der generalisierten Interaktionsschemata in der therapeutischen Beziehung	48
	3.3 Die Interaktion zwischen Therapeut und Patient	48
	3.3.1 Der Einfluss des Analytikers auf die Übertragung	48
	3.3.1.1 Die Einladung des Patienten zum Dialog und die Antwortbereitschaft des Therapeuten	49
	3.3.1.2 Vom spiegelnden zum aktiven Analytiker	51
	3.3.1.3 Der aktive Anteil des Analytikers an der Entwicklung der therapeutischen Beziehung	55

		3.3.1.4 Die therapeutische Beziehung als zirkulärer Prozess	57
		3.3.1.5 Die Eigenübertragung des Analytikers	61
		3.3.1.6 Agieren und Mitagieren der Übertragung	63
		3.3.1.7 Übertragungswiderstand und Gegenübertragungswiderstand – Von der Psychodynamik zur Interaktion des Widerstandes	69
	3.3.2	Die latente szenische Übertragungs-Gegenübertragungs-Beziehung – die reale Inszenierung des Traumas in der therapeutischen Beziehung	72
		3.3.2.1 Die direkte Antwort in der Gegenübertragung	72
		3.3.2.2 Die latente Übertragung als Inszenierung	76
		3.3.2.3 Exkurs: Zur Theorie des therapeutischen Veränderungsprozesses	81
		3.3.2.4 Die Wahrnehmung des Analytikers durch den Patienten und das Bedürfnis nach Beziehungsdefinition	82
3.4	Die therapeutische Situation als Kommunikationssystem		92
	3.4.1	Exkurs: Einige Ergebnisse aus der Psychotherapieforschung – die nonverbale Angleichung zwischen Therapeut und Patient	92
	3.4.2	Unbewusste Interaktionsregeln zwischen Therapeut und Patient	95
3.5	Übertragung und genuine Objektbeziehung		96

4 Psychoanalyse als Beziehungskonflikttherapie **102**

4.1	Der Analytiker als neues Objekt		102
4.2	Zwei Grunddimensionen der therapeutischen Beziehung – der Analytiker als Umwelt und als Objekt		103
	4.2.1	Der Analytiker als Umwelt	103
		4.2.1.1 Empathie als entwicklungsfördernde Hintergrundbedingung	107
		4.2.1.2 Brüche in der therapeutischen Beziehung	109
	4.2.2	Der Analytiker als Objekt	115
	4.2.3	Das Verhältnis von Hintergrundbeziehung und objektaler Übertragung	115
4.3	Widerstand		118
	4.3.1	Angst vor Retraumatisierung – Ist jeder Widerstand auch ein Übertragungswiderstand?	119
	4.3.2	Der Beitrag des Analytikers zur Überwindung von Widerständen – Widerstandsanalyse als interpersonelles Geschehen	120
	4.3.3	Die Bedeutung von Deutungen	121
	4.3.4	Die Deutung der Aktualgenese eines Übertragungswiderstands im Hier und Jetzt	123

	4.4	Die Aktualgenese im Hier und Jetzt der Übertragung	126
		4.4.1 Die frühe und direkte Übertragungsanalyse	127
		4.4.1.1 Aktives Aufgreifen von Übertragungs- anspielungen und -auslösern	129
		4.4.1.2 Die Verarbeitung von Übertragungsauslösern durch den Patienten	131
		4.4.2 In der Übertragung bleiben – in der Übertragung halten	132
		4.4.2.1 Probeweise Übernahme der Projektionen des Patienten	134
		4.4.2.2 Mitagieren der zugewiesenen Rolle – Arbeit in der Übertragung.................	136
		4.4.2.3 Klärung von Enactments in der Übertragung	139
		4.4.3 Lassen sich Inszenierungen durch die direkte Übertragungsanalyse verhindern?	142
	4.5	Abstinenz – Gibt es nützliche Aspekte des Agierens?	143
		4.5.1 Der Mut zur Authentizität: Die natürliche Affektivität und die spontane Geste des Therapeuten	149
		4.5.2 Ein intersubjektiver Neutralitätsbegriff – Neutralität durch reflektiertes Mitagieren............	151
		4.5.3 Inszenierung und Mitteilung der Gegenübertragung	153
	4.6	Analyse der Gegenübertragung	155

Literatur **162**

Stichwortverzeichnis **181**

Personenverzeichnis **184**

Vorwort

Psychoanalytiker[1] haben hohe Ansprüche an sich und an die Qualität ihrer therapeutischen Arbeit. Dagegen ist sicherlich nichts einzuwenden, jedoch kann ich mich des Verdachts nicht erwehren, dass mancherorts nach wie vor Anzeichen einer selbstidealisierenden Überschätzung in den Reihen der Psychoanalyse zu erkennen sind. Demgegenüber gesteht der prominente nordamerikanische Psychoanalytiker Gill (1997) in seinem Spätwerk mit leisem Bedauern ein, dass andere psychotherapeutische Methoden mit weniger zeitlichem und finanziellem Aufwand dieselben Effekte erzielen könnten, also effizienter sind als die Psychoanalyse, wobei er allerdings nicht primär die Verhaltenstherapie meint, sondern sich auf alle psychodynamischen Verfahren bezieht. In der Öffentlichkeit verdichtet sich während der letzten Jahre ein zunehmend kritisches Bewusstsein unserer Arbeit gegenüber. Die analytische Behandlung steht also auf dem Prüfstand, sie wird kritisch hinterfragt. Es reicht in dieser Situation nicht mehr, sich in den analytischen Elfenbeinturm zurückzuziehen und sich mit der Wiederholung einiger Dogmen und Lehrsätze zu verteidigen bzw. ihre vermeintliche Überlegenheit herbeizureden.

In dieser brisanten Situation ist etwas anderes nötig: Die Psychoanalyse muss sich der fachübergreifenden Diskussion öffnen und ihre behandlungstechnischen Konzepte und Modelle einer kritischen Reflexion unter aktuellen Gesichtspunkten unterziehen. Sie muss auch ihren Anspruch, eine fundierte und wirksame Form der Psychotherapie zu sein, durch eine realistische Einschätzung und den empirischen Nachweis ihrer Wirksamkeit erst wieder unter Beweis stellen.

Die vorliegende Arbeit entstand unter dem Eindruck, dass es auch in analytischen Behandlungen immer wieder zu erheblichen Stillständen, zu negativen Verläufen oder zum Abbruch von Therapien durch Patienten kommt. Dies wurde über viele Jahre hinweg tabuisiert oder einseitig den Patienten angelastet. Obwohl davon ausgegangen werden kann, dass Psychoanalytiker bei ihrer Arbeit verantwortlich handeln und über die nach wie vor längste und intensivste psychotherapeutische Ausbildung verfügen, kommt es auch in analytischen Behandlungen – häufiger als gemeinhin angenommen – zu negativen Prozessen und destruktiven Entwicklungen in der Therapeut-Patient-Beziehung. Diese können im

---

1 Mir ist bewusst, dass Psychotherapie inzwischen immer mehr von Therapeutinnen ausgeübt wird und dass die überwiegende Anzahl der Patienten nach wie vor Frauen sind. Dennoch möchte ich auf eine gendergerechte Schreibweise verzichten und lasse die früher übliche maskuline Form stehen, um die Lesbarkeit des Textes nicht zu erschweren. Es sind trotz der Verwendung der männlichen Form selbstverständlich alle gemeint.

ungünstigsten Fall zu einer massiven Schädigung des Patienten führen. Die meisten Formen der gestörten Beziehung zwischen Therapeut und Patient verlaufen wenig spektakulär und fallen wegen ihrer Subtilität gar nicht sofort auf, wodurch allerdings ihre Destruktivität nicht geringer wird.

In der Psychoanalyse besteht inzwischen ein zunehmender Konsens darüber, dass die verbale Deutung und Einsicht nicht die wesentlichen therapeutischen Wirkfaktoren sind. Auch das Entstehen einer als hilfreich empfundenen Beziehung zwischen Analytiker und Patientin entscheidet wesentlich über den Erfolg oder Misserfolg einer Analyse. Dabei kommt insbesondere der Arbeit mit Übertragung und Gegenübertragung eine zentrale Bedeutung zu, denn in schwirigen Fällen hängt der Behandlungserfolg entscheidend davon ab, inwieweit die Therapeutin mit ihrer Gegenübertragung konstruktiv umgehen kann.

In Übereinstimmung mit Gill (1982) ist es auch mein Eindruck, dass trotz der zentralen Stellung, die die Übertragungsanalyse in der Behandlungstheorie einnimmt, die praktische Arbeit mit Übertragungsprozessen noch weit hinter der Theorie herhinkt und sich Schwierigkeiten in der konkreten Umsetzung zeigen. Hier versuche ich, in meiner Arbeit anzusetzen, indem ich nach der Darstellung des klassischen Übertragungsbegriffes einzelne Aspekte, die während der letzten Jahre allmählich größere Aktualität erlangt haben, im Einzelnen beschreibe.

Zunächst wird das klassische objektivistische Behandlungsparadigma einer Kritik unterzogen und auf die Subjektivität aller Beobachtungen und Einschätzungen, die der Analytiker vornimmt, verwiesen. Das Schema-Konzept wird verwendet, um die sich entfaltende Übertragung des Patienten als die Aktivierung bestimmter innerer Schemata zu beschreiben, die einerseits als Niederschläge von frühkindlichen Interaktionserfahrungen im Patienten abrufbar sind, jedoch auch durch die Person des Analytikers und sein Interaktionsangebot aktualisiert werden. Deshalb kommt der Interaktion zwischen Therapeut und Patient auch eine sehr zentrale Bedeutung zu, weil, wie im nächsten Kapitel beschrieben wird, die Entfaltung der Übertragung immer ein interaktioneller Vorgang ist: eine Ko-Kreation, bei dem beide Interaktionspartner sich sehr subtil aufeinander einstellen und sich gegenseitig anpassen und so in einem zirkulären Prozess die jeweils spezifische Form der Übertragung herstellen. Dabei wird stets der Einfluss des Therapeuten und das Vorliegen möglicher Eigenübertragungen seinerseits besonders berücksichtigt, da die Person des Analytikers mit ihrem eigenen Einfluss auf den analytischen Prozess in der fachlichen Diskussion durch den Einfluss der intersubjektiven Wende zunehmend in den Fokus gekommen ist.

Große Bedeutung hat das Konzept der latenten Übertragung, das beschreibt, wie sich in jeder Therapeut-Patient-Beziehung unvermeidlich unbewusste Interaktionsmuster einschleichen, die in einen Handlungsdialog zwischen beiden münden, durch den im Sinne des Wiederholungszwanges eine traumatische frühe Modellszene oder Beziehungskonstellation sich unbemerkt, jedoch in der realen Interaktion als Inszenierung bzw. Enactment wiederholt. In groben Fällen führen solche Konstellationen zu drastischen Missverständnissen, zum destruktiven Mitagieren des Therapeuten und zu negativen Verläufen. Oft bleiben solche Inszenierungen neurotischer Muster unbemerkt und fallen dann nur im Rahmen von Supervisionen auf, die gerade deshalb für unsere Arbeit besonders wichtig sind.

In einem letzten Teil der vorliegenden Arbeit wird die moderne psychoanalytische Therapie als eine entwicklungsorientierte Beziehungskonflikttherapie konzeptualisiert und es werden einige Möglichkeiten aufgezeigt, wie im Hier und Jetzt der aktuellen therapeutischen Beziehung konkret mit Übertragungsprozessen gearbeitet werden kann. Es ist vielleicht kein Zufall, dass gerade in diesem Punkt neuere Strömungen der Psychoanalyse Vorgehensweisen entwickelt haben, wie sie in sehr ähnlicher Form bereits von der Selbstpsychologie verwendet werden.

Meine Hoffnung beim Schreiben dieser Arbeit war es, die äußerst komplexen Prozesse in der therapeutischen Beziehung angemessen zu beschreiben, auf wenig beachtete Aspekte hinzuweisen und so die Aufmerksamkeit für solche Vorgänge zu schärfen. Darüber hinaus wünsche ich mir, dass immer mehr Psychoanalytiker und Therapeuten anderer Schulrichtungen die nötige kritische Ehrlichkeit sich selbst, den Patienten und ihren Kollegen gegenüber aufbringen. Ihre Patienten würden es ihnen danken und sie selbst könnten bei Ihrer therapeutischen Arbeit authentisch, natürlich und lebendig bleiben. Dreiundzwanzig Jahre nach dem Erscheinen der ersten Auflage habe ich zahlreiche Stellen, die nicht mehr zeitgemäß waren, stark verändert bzw. gestrichen. Da die Gegenübertragung in der fachlichen Öffentlichkeit inzwischen einen enormen Stellenwert einnimmt, habe ich mich entschlossen, ein kurzes Kapitel über den Umgang mit der Gegenübertragung hinzuzufügen.

Augsburg, im Herbst 2021   Siegfried Bettighofer

1 Die hilfreiche Beziehung in der Psychoanalyse

Das wichtigste Anliegen der empirischen Psychotherapieforschung war es immer, die Effektivität von Psychotherapie nachzuweisen. Zugleich ging es um die Untersuchung der Wirksamkeit verschiedener Therapiemethoden im Hinblick auf die spezifische Störung und die Patientenpersönlichkeit. Diese Fragestellung wurde bald erweitert, und so ging man im Rahmen von Prozessuntersuchungen der Frage nach, warum Psychotherapie eigentlich wirkt und welches die entscheidenden Faktoren sind, auf denen diese Wirksamkeit beruht.

Whitehorn und Betz (1960) konnten als erste hinsichtlich der Effektivität in der Behandlung von schizophrenen oder neurotischen Patienten zwei globale Therapeutentypen A und B unterscheiden. Nun waren es nicht mehr vorwiegend Patientenvariablen oder Merkmale der jeweiligen Therapiemethode, denen das Interesse der Forscher galt. Der Schwerpunkt verlagerte sich jetzt zunehmend auf die Untersuchung der Persönlichkeit des Therapeuten, deren Bedeutung für günstige Behandlungsverläufe allmählich erkannt wurde (Beutler et al. 1995). Diese Untersuchung einzelner Merkmale der Therapeutenpersönlichkeit war ein bedeutender Fortschritt hin zu einer differenzierteren Betrachtungsweise des therapeutischen Prozesses; sie war jedoch spätestens nach der großen Literaturübersicht von Beutler et al. (1995, s. a. Kächele 1992) in dieser Form nicht mehr zu halten.

Insbesondere seit den Untersuchungen von Luborsky (1976, 1985) gilt die hilfreiche therapeutische Beziehung als *der* grundlegende und übergeordnete therapeutische Wirkfaktor, der weitaus mehr als einzelne Patienten-, Therapeuten- oder Methodenmerkmale über Erfolg oder Misserfolg von Behandlungen entscheidet (Kächele 1992, 2007, Orlinsky et al. 1995, Rudolf 1991). Es geht dabei im Wesentlichen um die Fähigkeit des Therapeuten, sich auf den jeweiligen Patienten einzustellen und zu ihm eine Beziehung aufzubauen, die dieser als therapeutisch hilfreich empfindet. Auf der Basis dieser Befunde konnte es nicht mehr als ausreichend angesehen werden, nur bestimmte als therapeutisch relevant geltende Interventionsstrategien wie beispielsweise Empathie, Kongruenz oder das Geben von Deutungen einzusetzen. Denn es kommt immer darauf an, dass auch der Patient ein bestimmtes Therapeutenverhalten als für sich und seine Entwicklung hilfreich empfindet. Obwohl das sehr eng mit der Störung und der Persönlichkeit des Patienten sowie mit bestimmten Merkmalen der Therapeutenpersönlichkeit zusammenhängt, kommt hier doch der Faktor der Interaktion zwischen beiden bestimmend hinzu. Ob eine hilfreiche und »heilende« (Frick 1996) Beziehung zwischen Therapeut und Patient entsteht, ist im Wesentlichen das Resultat eines interaktiven Prozesses zwischen ihnen (Luborsky et al. 1985).

Neuere Metaanalysen haben ergeben, dass bezüglich der therapeutischen Effektivität »einige Therapeuten relativ unabhängig von der Behandlungsausrichtung bessere Ergebnisse als andere erzielen« (Wampold et al. 2018, S. 229). Manchen Therapeuten gelingt es auch, über verschiedene Störungsbilder hinweg konstant gute Ergebnisse zu erzielen. Es stellt sich die Frage, was diese erfolgreichen Therapeuten anders als machen die weniger erfolgreichen. Vielfach wurde empirisch bestätigt, dass die unterschiedliche Wirksamkeit von Therapeuten nichts mit der Therapiemethode zu tun hat, sondern mit der Fähigkeit des Therapeuten, mit den Patienten eine »therapeutische Allianz« (Gumz et al. 2018, Flückiger et al. 2015, Flückiger 2021) zu bilden. Die Psychotherapieforscher Wampold et al. (2015) fanden, »dass Therapeuten, die besser in der Lage sind, Allianzen mit Patienten zu formen, mit ihren Patienten zu besseren Ergebnissen in der Therapie kommen als andere Therapeuten« (S. 304). Zudem ist die Fähigkeit, über den gesamten Therapieprozess hinweg ein tragfähiges Arbeitsbündnis aufrechtzuhalten, von entscheidender Bedeutung. Diejenigen Therapeuten scheinen effektiver zu sein, die tragfähige Allianzen mit allen, auch mit schwierigen Patienten bilden und das tragfähige Arbeitsbündnis über die gesamte Therapie hinweg aufrecht halten können (a. a. O., S. 243, Wöller 2016). Sie schaffen es, Patienten länger in der Therapie zu halten und haben auch gute »interpersonelle Fähigkeiten, die insbesondere in schwierigen Therapiesituationen relevant sind« (Altmann et al. 2020, S. 445). Begriffe wie die therapeutische Allianz, die hilfreiche Beziehung oder das analytische Konzept des Arbeitsbündnisses (Greenson 1982a) stammen zwar aus verschiedenen Bereichen, sie beziehen sich jedoch alle auf etwas sehr ähnliches, nämlich einerseits auf das Bestehen einer emotionalen Bindung und andererseits auf eine mehr oder weniger explizite Einigung hinsichtlich der Ziele, Erwartungen und Vorgehensweisen in der Therapie.

In diesem Zusammenhang weist die Psychotherapieforschung der letzten Jahre eindeutig nach, dass dabei die interpersonelle Kompetenz des Therapeuten der entscheidende Faktor ist, der es ihm ermöglicht, auch mit schwierigen therapeutischen Situationen konstruktiv umzugehen. Diese interpersonelle und kommunikative Kompetenz (Buchholz 2017) erwies sich auch als der entscheidende Prädiktor für den Therapieerfolg (Hermer 2012, Körner 2013) und ist unabhängig von der praktizierten Therapiemethode (Gumz 2020). Auch Lambert (2010) fand einen großen Einfluss hilfreicher zwischenmenschlicher Fähigkeiten, die es dem Therapeuten erlauben, auch schwierige Beziehungssituationen gut zu bewältigen. Für Strupp (1989) »ist die größte Herausforderung, der der Therapeut gegenüber steht, die geschickte Handhabung des Enactments, das ihn häufig in die Defensive treibt und Langeweile, Irritation, Ärger und Feindseligkeit hervorruft und ihn unter Druck setzt, sodass er sich auf eine Art verhält, die mit seiner Haltung als einfühlsamer Zuhörer und Erklärender nicht vereinbar ist« (S. 719, zit. n. Schore 2003, S. 126). Die Ergebnisse von Willutzki et al. (2013) zeigen ebenfalls, dass »das interpersonelle Funktionsniveau und interpersonale Merkmale einschließlich der nonverbalen Kommunikation innerhalb der Sitzungen am wichtigsten zu sein« (S. 431) scheinen.

Die Psychoanalyse als therapeutische Behandlungsmethode hat sich seit ihren Anfängen intensiv mit der Frage befasst, wie eine hilfreiche Beziehung zwischen

Therapeut und Patient hergestellt und über den gesamten therapeutischen Prozess hinweg aufrechterhalten werden kann. Sie hat dem Aspekt der therapeutischen Beziehung immer schon einen zentralen Stellenwert eingeräumt. So hat Freud mit seinen Empfehlungen (1913), dem Patienten »Zeit zu lassen« (S. 473), einen »moralisierenden« (S. 474) Standpunkt zu vermeiden und stattdessen den Standpunkt »der Einfühlung« (S. 474) einzunehmen, eine Grundhaltung und eine Art des Zuhörens beschrieben, die für die Entwicklung einer hilfreichen Beziehung eine unverzichtbare Grundbedingung ist und die heute allgemein als einer der wesentlichen therapeutischen Wirkfaktoren gilt. Will (2010) beschreibt aus unserer heutigen Perspektive diejenigen psychoanalytischen Kompetenzen, die für die Gestaltung und Aufrechterhaltung einer konstruktiven Beziehung zum Patienten notwendig sind.

Auch anderen psychotherapeutischen Methoden ist daran gelegen, einen hilfreichen Kontakt zum Patienten herzustellen. In der Gesprächspsychotherapie (Biermann-Ratjen, Eckert, Schwartz 1997) geht man davon aus, dass die durch Empathie getragene Grundbeziehung, die der Therapeut zum Patienten herstellt, von diesem im Sinne eines guten Objekts introjiziert und somit zur Grundlage für eine positivere Einstellung zu sich selbst wird.

In der Verhaltenstherapie wurde die positive therapeutische Beziehung über lange Zeit rein instrumentell als positiver Verstärker eingesetzt. Erst neuere Entwicklungen verfolgen einen differenzierteren Umgang mit der Beziehung zwischen Therapeut und Patient (Sachse 2006). Grawe (1995) hält es für eine wichtige Voraussetzung wirksamer psychotherapeutischer Arbeit, dass im Rahmen der sog. »Problemaktualisierung« (S. 136) die pathologischen Beziehungsmuster und neurotischen inneren Schemata des Patienten in der Beziehung zum Therapeuten aktualisiert werden, und kommt damit dem analytischen Übertragungsbegriff ziemlich nahe. Die Aufgabe des Therapeuten sieht sie infolgedessen darin, sich gezielt um eine »komplementäre« (Grawe et al., 1994, S. 782) oder bedürfnisorientierte Beziehungsgestaltung (Caspar 2015) zu bemühen, die dem Patienten hinsichtlich der »wichtigsten erschlossenen positiven Ziele des Patienten« (Grawe et al., S. 782) eine neue und korrektive Erfahrung vermittelt.

Damit bleibt sie letztlich bei einem instrumentellen Gebrauch der therapeutischen Beziehung und vertritt einen direktiven Ansatz, wie er in ähnlicher Form auch schon in der Geschichte der Psychoanalyse von Alexander und French (1946) beschrieben worden war, der allerdings als manipulativ galt und deshalb umstritten war – aus zeitgenössischer Sicht möglicherweise zu Unrecht (Melcher 2013, Walter 2010).

Im Gegensatz dazu besteht der originäre und emanzipatorische Beitrag der Psychoanalyse zur Gestaltung einer hilfreichen Beziehung zwischen Therapeut und Patient nicht in der gezielten Beeinflussung, sondern in der Reflexion und im Verstehen dessen, was in der Begegnung zwischen ihnen geschieht und über den Vorgang der Externalisierung innerer Konflikte in Szene gesetzt wird. Grawe et al. (1994) und Caspar (2015) bewegen sich noch in einem relativ engen Übertragungsbegriff, in dem die Persönlichkeit des Therapeuten völlig ausgespart bleibt und nur dem zielgerichteten instrumentellen Einsatz dient. Sie gehen auch nicht darauf ein, inwiefern und auf welche Art die Arbeit mit der Gegenübertragung und ihre Reflexion im konkreten therapeutischen Vorgehen einbezogen wird.

Diese Sichtweise wird der Komplexität der therapeutischen Beziehung nicht gerecht, denn sie übersieht, dass schon die sog. reale Beziehung zwischen dem Therapeuten und seinem Patienten, also die Art, wie der Therapeut das Setting gestaltet und wie dies der Patienten erlebt, von den beidseitigen Übertragungsprojektionen beeinflusst wird. Diese Faktoren der realen Beziehung bekommen durch die Übertragung bereits eine unbewusste Bedeutung und werden vom Patienten auf der Basis seiner verinnerlichten Objekterfahrungen interpretiert.

Aus diesem Grund ist es für die Aufrechterhaltung einer hilfreichen Beziehung unabdingbar, von Anfang an auf die Dynamik von Übertragungs- und Gegenübertragungsprozessen zu achten. Nur deren ständige Reflexion und der konstruktive Umgang mit ihnen kann gewährleisten, dass die positive emotionale Bindung und auch die kooperative Arbeitsbeziehung, also die therapeutische Allianz, erhalten bleiben und kritische Therapiephasen gemeinsam konstruktiv bewältigt werden können (Gumz 2012, 2020). Ein tragfähiges Arbeitsbündnis scheint auch die notwendigen, guten Voraussetzungen dafür zu schaffen, Übertragungsprozesse direkt anzusprechen und insbesondere negative Gefühle dem Therapeuten gegenüber zu bearbeiten (Benecke 2017, Greenson 1982a).

Gerade hier liegt einer der Schwerpunkte der modernen Psychoanalyse. Hinsichtlich der Bedeutung, die der Übertragung wie auch der Gegenübertragung beigemessen wird, hat sich während der letzten Jahre ein tiefgreifender Wandel vollzogen (Benecke 2017, Bettighofer 2001, 2003, 2007, 2014, 2015, Bohleber et al. 2013, Bohleber 2018, Cooper 2010, Dreyer 2017, Ferro 2003, , Jacobs 1999, Körner 2018, Krutzenbichler 2019, Maroda 2004, Mertens 2015, Oelsner 2013, Renik 2006, , Stork 2020, Thomä 2001, Wallerstein 1998, Walter 2019). Der traditionelle objektivistische Übertragungsbegriff, der zunächst im folgenden Abschnitt umrissen werden soll, wurde zunehmend erweitert um eine konstruktivistische und eine interaktionelle Komponente, sodass Übertragung und Gegenübertragung nun als eine »funktionale Einheit« (Kemper 1969) oder als eine »Einheit im Widerspruch« (Körner 1990) gesehen werden können.

In der modernen psychoanalytischen Behandlungstechnik hat sich der Schwerpunkt dementsprechend etwas verlagert. War früher eher die genetische Rekonstruktion der neurotisierenden Kindheitssituation und die rationale Einsicht in die unbewussten Konflikte der zentrale Kern der analytischen Behandlung, so steht heute gleichberechtigt die Aktualgenese des Erlebens in der therapeutischen Beziehung daneben, die Frage also, inwiefern das Erleben des Patienten mit dem Therapeuten zusammenhängt und eine Reaktion auf ihn sein könnte. Die Psychoanalyse hat sich so während der letzten Jahre zu einer »Beziehungsanalyse« (Bauriedl 1994) entwickelt, in der die Beziehungssituation zwischen Analytiker und Patient zum Fokus wurde und die im Hier und Jetzt abgebildeten Konflikte gezielt bearbeitet werden (Bettighofer 2007). Die intersubjektiven und relationalen Ansätze in der Psychoanalyse (Altmeyer und Thomä 2006, Benjamin 2007, Jaenicke 2006, 2010, 2014, Mitchell 2005, Orange 2004) bewegen sich alle im Rahmen einer konsequenten Zwei-Personen-Psychologie (Bettighofer 2014) und beruhen auf einem interaktionellen Verständnis der therapeutischen Beziehung, das ich hier in seinen einzelnen Komponenten darstellen werde.

2   Das ursprüngliche Übertragungskonzept

Die Grundlogik des ursprünglichen Übertragungsbegriffes lässt sich leicht mit einem einfachen Fallbeispiel aus dem Lehrbuch von Greenson (1975) erläutern:

> Bei der Durcharbeitung einer libidinösen ödipalen Vaterübertragung beschreibt die Patientin auf die Aufforderung des Analytikers hin ihre Fantasien, von ihm geliebt, geküsst und penetriert zu werden. Nach einer Pause fährt sie fort: »Ein komisches Detail ist mir eingefallen, als ich dies alles beschrieb. Ihr Gesicht war unrasiert und Ihr Bart hat mich im Gesicht gekratzt. Das ist seltsam, Sie scheinen immer glatt rasiert zu sein« (a. a. O., S. 312). Beim Nachdenken fielen Greenson bestimmte Zusammenhänge aus der Kindheit der Patientin auf und er fragt: »Wer hat Sie immer mit dem Bart gekratzt, als Sie ein kleines Mädchen waren?« Daraufhin schreit die Patientin fast: »Mein Stiefvater, mein Stiefvater, er pflegte mich mit Genuß zu quälen, in dem er sein Gesicht an meinem rieb [...]«. (a.a.,O., S. 312)

Greenson hat zur Erläuterung seiner Darstellung der Übertragung sicherlich bewusst ein sehr einfaches Beispiel gewählt, aber es trifft dennoch exakt den Kern des ursprünglichen Übertragungsbegriffes. Der Analytiker als klar und eindeutig abgegrenzter Beobachter hält aufgrund seiner objektiven Erkenntnis der Realität die Fantasie der Patientin, dass er einen Bart habe, für unangemessen, da er offenbar zu dieser Zeit keinen Bart getragen hatte. In dieser Unangemessenheit der fantasierten Wahrnehmung liegt das zentrale Kriterium für das Vorliegen einer Übertragung, die dann auch konsequent hinsichtlich ihrer infantilen Vorlage bearbeitet wird.

2.1   Übertragung als Störung der Realitätswahrnehmung

Übertragung im traditionellen und auch heute noch etwas erweiterten Sinne führt also zu einer Verkennung der Realität. Im Beispiel von Greenson kann der Wahrheitsgehalt der Wahrnehmung und ihre Verzerrung aufgrund des leicht beobachtbaren Faktums problemlos erkannt werden. In den meisten Übertragungsfantasien, denen wir bei Patienten begegnen, ist diese Eindeutigkeit jedoch nicht oder nur ansatzweise gegeben.

2.2 Übertragung als Regression

Die durch die Übertragungsfantasie gestörte Wahrnehmung der Realität beruht auf einer Regression der Patientin. Ihr Ich wie auch das gerade aktualisierte Objektbeziehungsniveau bewegen sich auf einer kindlichen Ebene. Es findet also eine zeitliche und strukturelle Regression statt, wodurch kindliche und archaische und insofern auch undifferenziertere und eher unbewusste Erlebnisweisen, Fantasien und Affekte vorherrschen. Diese Regression kann mehr oder weniger weite Bereiche von Ich, Es und Über-Ich einbeziehen. Während bei den meisten neurotischen Störungen nur eine partielle und somit potenziell ichdystone und bearbeitbare Regression vorliegt, erfasst diese Regression in einer Psychose weite Teile des Ichs und der Gesamtpersönlichkeit, sodass ein völliger Bruch im Verhältnis zur Realität stattfindet.

2.3 Übertragung als Verschiebung

Der Hauptmechanismus, auf dem die Übertragung beruht, ist die Verschiebung. Dabei werden Erfahrungen vom ursprünglichen Objekt auf ein anderes, z. B. den Analytiker verschoben, d. h., es werden energetische Besetzungen von einer inneren Objektrepräsentanz auf eine andere verlagert. Die Verschiebung ist einer der zentralen Abwehrmechanismen und wurde schon von Freud (1900) als ein Hauptmechanismus der Traumarbeit beschrieben. Auch in der Fallgeschichte vom kleinen Hans diente ihm die Verschiebung dazu, dessen Angst vor Pferden zu erklären, die »ursprünglich gar nicht den Pferden galt, sondern sekundär auf sie transponiert wurde« (Freud 1909, S. 286) und sich unbewusst auf den Vater bezog. Damals gebrauchte Freud beide Begriffe, Projektion und Verschiebung, um ein und denselben Sachverhalt zu benennen.

Übertragung galt in diesem Konzept als Abwehr, als Schutz des Ichs vor dem Erinnern der pathogenen frühen Objektbeziehungen. Der Patient überträgt dabei seine frühen Objekterfahrungen auf den Analytiker und wiederholt sie in der Beziehung mit ihm, anstatt sie als Erinnerung zu reproduzieren. Dieses Agieren galt als Widerstand. Es hat sehr lange gedauert, bis der Begriff des Agierens etwas von seinem negativen Bedeutungsgehalt verloren hatte (Gill 1982). Erst seit wenigen Jahren wird das Agieren nicht mehr als Widerstand gegen den Fortschritt, sondern als ein natürlicher und konstruktiver Vorgang betrachtet (Bohleber et al. 2013, Streeck 2004).

Das behandlungstechnische Vorgehen bestand darin, dem Patienten die Unangemessenheit seiner Reaktion aufzuzeigen und sie über genetische Deutungen auf die ursprünglichen kindlichen Erfahrungen zurückzuführen, wie es Greenson (1975) im oben angeführten Beispiel illustriert. Die Übertragung diente dazu, Gefühlsreaktionen aus den Symptomen zu locken und sie auf die Person des Analytikers zu verschieben, um sie dann auf die »eigentlichen« Ursachen zurückführen zu können, deren Rekonstruktion lange Zeit als der wesentliche therapeutische Wirkfaktor angesehen wurde. Nach Freud (1912) sollte der analytische Sieg auf dem Felde der Übertragung (S. 374) gewonnen werden. Wie Freud wirklich gearbeitet hat, können wir heute trotz interessanter Arbeiten über Freuds Arbeitsweise (Cremerius 1981, May 2015, Roazen 1999) und trotz historischer Berichte von Analysanden (Blanton 1975, Pohlen 2006, Wortis 1994) nicht mehr definitiv wissen. Aus der Untersuchung von Zeugnissen über Freuds Behandlungstechnik schließt Cremerius (1981) jedoch, dass Freud in seinem praktischen Vorgehen der Übertragung vermutlich keinen sonderlich großen Stellenwert eingeräumt hat (s. a. Leitner 2001) und mit Übertragungsprozessen sehr unbefangen und eher unreflektiert oder aber rational erklärend (Koellreuter 2009) umgegangen ist.

2.4 Übertragung als Projektion

Freud beschrieb die Projektion als Abwehrmechanismus, bei dem innere Anteile auf andere Personen projiziert und im Außen wahrgenommen werden. Melanie Klein (1972) erweiterte ihn zum Begriff der projektiven Identifikation, der dann in einer Weiterentwicklung von Money-Kyrle (1956) und Bion (1990, 1984) als archaischer Kommunikationsvorgang begriffen wurde (s. a. Gilch-Geberzahn 1994, Jimenez 1992, Kernberg 1989, Mertens 1991, Ogden 1988, Porder 1991, Schore 2003). Dabei werden unbewusste und wegen ihres starken Affektgehaltes unerträgliche Anteile des eigenen Selbst auf das andere Objekt verlagert und im Falle der reinen Projektion bei einem relativ gut strukturierten Patienten als ein Gedanke über den anderen wahrgenommen. Bei Patienten mit ichstrukturellen Störungen nimmt dieser Vorgang mehr die Form einer projektiven Identifikation an. Hier besteht die Gefahr eines destruktiven Gegenübertragungsagierens aufseiten des Therapeuten, da er die projizierten und (durch subtile nonverbale Signale des Patienten) induzierten Anteile des Patienten als intensive eigene Gefühle und Handlungsimpulse verspürt (Götzmann und Holzapfel 2003, Kernberg 1988a, Streeck 2009). Mit derartigen »Stimmungsübertragungen« und »interagierten Affekten« befasst sich auch die Arbeit von Herdieckerhoff (1988), in der dieser kommunikative Vorgang bei der Stimmungsinduktion näher untersucht wird. Aus neurobiologischer Sicht spielen bei diesem Vorgang der Gefühlsansteckung und dem Erzeugen von Gefühlen im Analytiker sicherlich auch die Spiegelneuronen im Frontalhirn eine große Rolle (Bauer 2015). Diese kommunikativen Mikroprozesse wurden von Streeck (2004) und Krause (2006) auf der Basis von videounterstützten Interaktionsanalysen und von Buchholz (2019) mithilfe von Diskursanalysen therapeutischer Dialoge eingehender untersucht.

2.5 Übertragung als einseitiger Vorgang – der Analytiker als passive Projektionsfläche?

Zu einer Beschreibung weiterer Kennzeichen der ursprünglichen Übertragungsarbeit soll im Folgenden ein sehr detaillierter Fallbericht von Wurmser (1988) herangezogen werden, wobei notgedrungen viele wichtige Details weggelassen werden müssen.

> Eine zu Beginn der Analyse 45-jährige Patientin hatte auf ihren Analytiker u. a. eine negative Vaterübertragung entwickelt. Sie fühlte sich als Mädchen von ihrem Vater oft lächerlich gemacht und drehte nun in der Analyse den Spieß um, wurde vom passiven Opfer zum aktiven Täter, indem sie den Analytiker und die Analyse permanent entwertete und verspottete und auch nur ein 30 % geringeres Honorar zu zahlen fähig und bereit war. Der Analytiker war damit einverstanden und erkannte erst spät in der Analyse, dass er damit begonnen hatte, eine grundlegende Spaltung im Leben der Patientin mitzuagieren. Während lange Zeit nur der Ehemann der Patientin wusste, dass sie durchaus vermögend waren, waren andererseits nur dem Analytiker die häufigen außerehelichen sexuellen Affären der Patientin bekannt. Sie habe es immer so gehalten, dass niemand die ganze Wahrheit wisse, führte so ein unehrliches Leben und habe ihr wirkliches Selbst aus Angst, von den Eltern verstoßen zu werden, immer verleugnet.
>
> Beispiel für Wurmsers Übertragungsarbeit (1988, S. 306): »*Sie kam auf ihren jetzigen Geliebten zu sprechen und bemerkte beiläufig, dass er vier oder fünf Monate jünger sei als sie: Auf meine Frage kam es heraus, dass es sieben Monate waren. Ich wies auf ihr Spielen mit den Zahlen hin, gleich wie in Bezug auf die Finanzen. ›Ich lasse Sie unbestimmt‹, bestätigte sie, ›als ob dies etwas Liebenswertes und Charmantes wäre, nicht rechnen zu können. Meine Mutter tut dasselbe. […] Ich dachte immer, welche Lügnerin meine Mutter war. Ich hab's so an ihr gehasst, und doch tu ich's nun selber. Ich schäme mich über den Teil in mir.‹ ›Und Sie versuchten, auch mich zu Beginn heute nochmals dafür zugewinnen [sic], dieses Stück mitzuspielen, in der Frage nach einem Aufschub der Vollbezahlung; und wie Sie ja auch lange damit Erfolg gehabt haben, mich damit einzubeziehen, indem ich damit einig war. Als ich es jedoch erkannte, was vorging, habe ich es noch eine Weile weiter angenommen, damit wir Gelegenheit hatten, es herauszuarbeiten, was es bedeute.‹ ›Ich verstehe es ja auch jetzt noch nicht. Ich soll doch besser noch nicht den vollen Preis zahlen.*

Wir würden der Einsicht verlustig gehen, wenn ich jetzt einwilligte.‹ ›Es wäre eher darauf angelegt, dass Sie auch mich durch die Herausforderung als enttäuschenden und geldgierigen Vater überführen könnten.‹ ›Ich möchte eher die Meinung behalten, dass Sie darüberstehen.‹ ›Und doch mich zum Gegenteil provozieren.‹ ›Ich hatte einen Mann geheiratet, der das Gegenteil dieses Ideals war, jemand, der sehr am Geld interessiert war.‹ ›Wie er ja auch die Analyse nur bei stark reduziertem Preis zugelassen hat, obwohl er die richtige Finanzlage kannte.‹ ›Er hätte es gar nicht anders erlaubt, das ist wahr.‹ ›So wurde es von Anfang an so inszeniert, ohne dass Sie sich darüber ganz im klaren [sic] waren, dass ich übervorteilt wurde. Und die Fiktion, dass Sie unbemittelt waren und sich nichts leisten könnten, war nicht mehr aufrechtzuerhalten, als Sie selbst diesen Sommer die Finanzverwaltung übernahmen.‹ [...] ›Es frappiert mich, welch Doppelspiel sich da ergeben hat. Auf der einen Seite wusste Ihr Mann die eine Hälfte der Geschichte nicht, die ich wusste – nämlich, Ihre außerehelichen Beziehungen – und darin wurde er zum Narren gehalten. Andererseits kannte er die korrekte Geldsituation, die mir unbekannt geblieben war und worin ich zum Narren gehalten wurde. Sie bemerken den Parallelismus.‹ ›Wie können Sie noch mit mir arbeiten? Sie müssen ein großes Ressentiment haben.‹ ›Als ob ein Chirurg nicht mehr operieren könnte, nachdem der Patient sich erbrochen hat. Gerade dies führt uns doch zum Kern der Neurose.‹«

Zwei Sitzungen später: »*Die folgende Stunde [...] begann sie mit Klagen über ihr gegenwärtiges Verhältnis. [...] Letzte Nacht habe sie die ganze Gewalt ihres Hohnes auf ihn losgelassen, ihre ganze entfesselte sexuelle Eifersucht. Nachher fühlte sie sich dann schrecklich: ›Ich bohrte in ihm, wann und wie er Geschlechtsverkehr mit seiner Frau habe, vor mir oder nach mir.‹ Sie klagte über ihre hässliche Streitsucht und schämte sich darüber, wie sie sich benommen hatte. ›Soll ichs abbrechen? Soll ich weitermachen? All das Reden hier ist nutzlos; ich habe genug davon. Die Gefühle werden dadurch nicht aufgelöst. Es hilft mir nichts, dass ich so etwas wiederhole. Es ist alles ein Agieren.‹ ›Von einem Geheimnis.‹ [...] ›Sogar gegenüber meinem Geliebten. Es ist nicht die gleiche Leidenschaft, wie mit dem vorherigen Geliebten.‹ ›Oder Ihre Absage der Stunde gestern, damit Sie die Zeit mit ihm verbringen können.‹ ›Oh, ich habe gedacht, Sie seien weg? Nicht? Wirklich nicht? Das hätte mir gepasst. Es ist typisch dafür, was ich tue.‹ ›Sie spielten es in der Wirklichkeit aus – als Schutz gegen die Erinnerung an etwas, das, wie ich vermute, sich ebenfalls in der Wirklichkeit abgespielt haben muss.‹ ›Als Spiegelbild oder in veränderter Form? Da geht wirklich etwas Seltsames mit Geheimnissen vor. Gestern abend [sic] war ich dabei, wie mein Freund mit seiner Frau daheim telefonierte. Wir hatten die zwei Tage miteinander verbracht. Nun schilderte er ihr, wie er in Philadelphia Unterredungen geführt habe. [...] Ich hörte ihm zu, wie er log und log. Ich schaute vor mir selber schäbig aus – dass er so heucheln könne und ich selbst daran teilnahm!‹ [...] ›Wenn ich höre, was Sie berichten, die wiederholte In-Szene-Setzung eines bestimmten Vorganges, frage ich mich, ob Sie nicht ein Geheimnis sexueller Art Ihres Vaters oder Ihrer Mutter entdeckt haben mögen, und zwar in Wirklichkeit. [...] Und doch weist alles in diese Richtung, und zwar als Wiederholung in der Gegenwart. Das Doppelgeheimnis mit Ihrem Mann und mir, das Spiel mit Ihrer Chefin, und nun das Doppelspiel gestern abend [sic].‹ ›Das ist eine gute Theorie,‹ sagte sie gönnerisch. ›Ich muß sehr jung gewesen sein. Vielleicht las ich draußen im Auto.‹«*(S. 309f.)

2.5 Übertragung als einseitiger Vorgang – der Analytiker als passive Projektionsfläche?

Wurmser unterscheidet hier zwischen dem Analytiker als Subjekt und der Patientin als Objekt der Behandlung. Die Patientin entfaltet quasi naturgemäß die in ihr angelegte innere Objektwelt in der therapeutischen Beziehung und es entsteht so die für sie typische Übertragung. Ein interaktioneller Vorgang im Sinne der gegenseitigen Beeinflussung und beidseitig bedingter Mitgestaltung der entstehenden Übertragung wird von Wurmser nicht berücksichtigt. Der Beitrag des Analytikers beschränkt sich in seiner Schilderung auf sein Einverständnis bezüglich des verringerten Honorars. Da Wurmser das ausschließlich als einen Faktor der realen Beziehung zwischen beiden ansieht und er weder seine eigene Motivation noch die der Patientin eingehender hinsichtlich ihrer psychodynamischen und ihrer aktuellen Bedeutung in der therapeutischen Beziehung reflektiert, bleibt die darauf aufgebaute Reinszenierung der Patientin lange unbekannt. So wird zwar berichtet, welche Rolle dieses Entgegenkommen in der Übertragung spielte, die aktuelle Reaktion der Patientin darauf wird jedoch offensichtlich nicht frühzeitig in den Prozess einbezogen. So hätte z. B. gefragt und bearbeitet werden können, wie die Patientin diese Freundlichkeit empfindet. Der ganze Komplex der bewussten und vorbewussten Wahrnehmung des Analytikers durch die Patientin bleibt somit ausgespart und wird nicht in den therapeutischen Prozess einbezogen.

Gerade solche Settingfaktoren enthalten jedoch oft eine wichtige, sich in der aktuellen Therapeut-Patient-Beziehung entfaltende psychodynamische Bedeutung, worauf Langs (1989) schon eindrücklich hingewiesen hat.

Wurmser lässt seine eigene Gegenübertragung weitgehend aus dem Spiel und erwähnt sie nur insofern, als er sich vom Spott der Patientin, den er nur selten »konfrontiert« (1988, S. 308) habe, gelegentlich »zu sarkastisch-ärgerlichen Bemerkungen« (a.a.O.) reizen ließ. Diese betrachtet er zwar als technische Fehler, er unterlässt es jedoch, diese durch sein gegenaggressives Mithandeln aktuell entstandene Situation als szenische Wiederholung zu sehen und aktiv in die Bearbeitung einzubeziehen. Er hätte z. B. der Patientin explizit erklären können, dass es ihr gelungen sei, ihn zu diesem Verhalten zu bewegen, und er könnte systematisch darauf eingehen, wie die Patientin diese Reaktion des Analytikers und die gesamte Situation jetzt wahrnahm.

Der hochinteressante Bericht von Wurmser konzentriert sich auf die Psychodynamik der Patientin, deren Entstehung in der Kindheit und die Übertragung auf den Analytiker. Möglicherweise liegt es auch an dieser Zielsetzung, dass er auf einige hier diskutierte Punkte nicht eigens eingeht. Zu seiner insgesamt linearen Betrachtung der Gegenübertragung als Reaktion auf die Übertragung der Patientin und zur fehlenden Reflexion der gegenseitigen interaktionellen Beeinflussung passt es jedoch, dass er zwar beschreibt, wie er den sehr verletzenden und schwer erträglichen Stolz der Patientin immer wieder in seine Deutungen einbezieht, dessen Widerstands- und Wiederholungsaspekt als Schutz des wahren Selbst auch erkennt, ihn aber in der Übertragung erst ganz am Schluss etwas aufweichen kann, worauf die Patientin allerdings bald die Behandlung abbricht. Er fragt sich nie, warum er diesen Stolz so selten konfrontiert hat, und erwähnt mit keiner Silbe, wie er die drastische Honorarminderung selbst erlebt hat, insbesondere als ihm nach einigen Jahren dieser (mit Unterbrechungen) neunjährigen Behandlung die recht gute Vermögenslage der Patientin bekannt wurde.

So entgeht der Wahrnehmung von Wurmser möglicherweise die genaue Kenntnis seines Involviertseins in den gegenseitigen Prozess, in dem er nicht nur Beobachter, Container und Deuter, sondern auch ein durch das interaktionelle Feld Beeinflusster ist.

Langs (1989) beschreibt in seiner Arbeit über die Angst des Therapeuten vor validen, d. h. sich direkt auf die Übertragung beziehenden Deutungen, eine Behandlung, in der die gut gemeinte Honorarverminderung zum unbewussten Bestandteil einer therapeutischen Szene wurde, in der der Patient neben der Erleichterung auch eine masochistische Demütigung erlebte. Es kam zu einer monatelangen Stagnation des therapeutischen Prozesses, weil die Therapeutin aus eigener Angst die Bearbeitung der konkreten Wahrnehmungen des Patienten in der analytischen Situation vernachlässigt hatte. Sie war zum unbewusst mithandelnden Teil der pathologischen Übertragungsszene geworden, nicht deshalb, weil sie entgegenkommend und eine gute Mutter sein oder eine korrigierende emotionale Erfahrung vermitteln wollte, sondern deswegen, weil die dadurch entstandene tatsächliche Beziehung zwischen beiden nicht konkret reflektiert und in den Deutungsprozess einbezogen wurde.

Der Begriff des Gegenübertragungswiderstandes kommt in der Beschreibung von Wurmser ebenso wenig vor wie in der langjährigen Theorie und Technik der psychoanalytischen Behandlung, ausgenommen einige Arbeiten aus den letzten Jahren (z. B. Blankenburg-Winterberg 1988, Ehrenberg 1985, Ermann 1984 und 1987, Storck 2020). Der langanhaltende Übertragungswiderstand der Patientin in Form einer Abwertung der analytischen Arbeit wird von Wurmser als Verkehrung der Beziehung zu ihrem Vater ins Aktive und als Abwehr von Scham gesehen. Er wird somit rein individualistisch konzipiert, seine Quelle ist also ausschließlich die Persönlichkeit der Patientin. Dass auch im Analytiker, insbesondere bei einer derart lang anhaltenden schwierigen Situation, Widerstände entstehen können bzw. müssen, und dass solche Gegenübertragungswiderstände den Widerstand aufseiten der Patientin aufrechterhalten können und es in besonderen Fällen sogar zu einer Übertragungs-Gegenübertragungs-Kollusion kommen kann, wurde in der traditionellen Literatur wie auch bei Wurmser noch nicht berücksichtigt.

Wurmser verfolgt deutlich eine andere, sehr gebräuchliche Zielrichtung. Manchmal zu sehr theoriegeleitet, greift er Übertragungsgefühle und andere Assoziationen der Patientin auf und verknüpft sie etwas gewaltsam zu Deutungen und genetischen Rekonstruktionen, für die jedoch meines Erachtens das vorliegende Beweismaterial nicht ausreicht und die dem Erleben der Patientin so fern sind, dass sie darauf zunächst nur mit Widerstand reagiert, der aber nicht bearbeitet wird. Diesen Widerstand als Kriterium für die Richtigkeit der Rekonstruktionen anzusehen, entspräche zwar einer analytischen Tradition, wäre jedoch meines Erachtens ein Ausdruck eines analen, um Macht orientierten Agierens, bei dem die Reaktion der Patientin nicht ernstgenommen wird. Wurmser beginnt eher zurückhaltend: »Wenn ich höre, was Sie berichten […], frage ich mich, ob Sie nicht ein Geheimnis sexueller Art Ihres Vaters oder Ihrer Mutter entdeckt haben mögen, und zwar in Wirklichkeit« (1988, S. 309). Es bleibt letztlich unklar, wie er zu dieser schwerwiegenden Rekonstruktion kommt. Auch

2.5 Übertragung als einseitiger Vorgang – der Analytiker als passive Projektionsfläche?

wenn die Patientin in ihrer Reaktion konzediert, es sei »durchaus möglich, dass ich meinen Vater mit jemandem gehört oder gesehen habe« (a. a. O., S. 310), geht sie doch sofort in den Widerstand, indem sie diese potenzielle Wahrnehmung verharmlost und als ihr eigenes Missverständnis abtut. In den darauf folgenden Interaktionen ist es beeindruckend, mit welch einer Entschiedenheit Wurmser der Patientin überaus gekonnt und nahtlos nachweist, dass sie ihren Vater »tatsächlich bei einem Akt der Untreue« (a. a. O., S. 310) entdeckt habe. Er gebraucht dabei ein übliches Vorgehen, indem er versucht, die unbewussten Hintergründe der Assoziationen zu verstehen und sie der Patientin zu deuten. Er verliert jedoch den Kontakt dazu, wie sie selbst diese Zusammenhänge erlebt.

Letztlich gibt sie angesichts der gewaltigen Deutungskompetenz des Analytikers nach, zunächst noch herablassend, indem sie zugesteht, das sei »eine gute Theorie« (a. a. O., S. 310), sich aber dann doch zunehmend damit identifizierend. Ihre Aussage in der nächsten Stunde: »Wir haben etwas sehr Plausibles konstruiert, aber es lässt mich noch baumeln« könnte darauf hinweisen, dass es bis dahin eher zu einem intellektualisierten Nachvollzug der Deutungen gekommen ist. Immerhin spüre sie aber eine instinktive zustimmende Resonanz (a. a. O., S. 311). Wir können nicht wissen, ob diese Deutung zu einer wirklichen emotionalen und mutativen Einsicht geführt hat. Es wäre auch denkbar, dass sich die Patientin wieder einmal einer übermächtigen Vaterfigur unterworfen und sich i. S. eines falschen Selbst verhalten hat, wofür sie sogar noch bewundert wurde. Denn »um von ihren Eltern geliebt zu werden, musste sie deren Mythen und deren Wahrnehmungen der Realität annehmen« (a.a.O.,, S. 313). In diesem Falle hätte Wurmser auf einer unbewussten und »latenten« Ebene (Bettighofer 1994, Katz 1998) ihre pathologische Beziehungsform mitgestaltet. Wurmser fügt noch hinzu, dass die Patientin zwar nun voll gezahlt habe, sie »verwirklichte aber ihren ursprünglichen Vorsatz recht unvermittelt, nämlich die Analyse im Sommer [...] abzubrechen« (Wurmser 1988, S. 312).

Vielleicht hatte sie diesen Entschluss gefasst, weil sie ihren tiefen Gefühlen von Schmerz, Scham und Verlassenheit bedrohlich nahegekommen war. Vielleicht aber auch, weil sie sich von ihm nicht verstanden gefühlt hatte oder vor dem übermächtigen Vater-Analytiker fliehen musste.

Für den Stil, mit dem Wurmser die Übertragungsanalyse durchführt, ist der anfangs oben zitierte Ausschnitt möglicherweise nicht typisch. In dieser Sequenz verweilt er im Vergleich zu anderen Sequenzen relativ lange in der gegenwärtigen Beziehung zwischen Therapeut und Patient. Häufig macht er von einer Übertragungsreaktion einen eher instrumentellen Gebrauch, z. B. um daran eine genetische Deutung anschließen zu können. Es ist erkennbar, dass die Suche nach Einsichten in psychodynamische und genetische Zusammenhänge im Dort und Damals einen deutlichen Vorrang vor der Bearbeitung von Vorgängen im Hier und Jetzt der therapeutischen Beziehung hat.

Fallschilderungen wie diese suggerieren den Eindruck einer objektiven Klarheit und Eindeutigkeit, die bei genauerem Hinsehen in keiner Hinsicht gegeben ist und die schon von Argelander (1979) in seiner Arbeit über die kognitive Verarbeitung und Organisation des therapeutischen Geschehens im Analytiker kritisch reflektiert worden ist. Unter Bezugnahme auf die folgende kurze Fallvignette von Moeller (1976) nennt er einige in dieser Darstellung implizierten und damals nie reflektierten Gesichtspunkte:

> Der Patient beginnt die Stunde und redet und redet. Lebhafte und farbige Szenen. Trotz der scheinbaren Lebendigkeit und Affektivität kann ich mich nicht richtig konzentrieren, auch nicht richtig auf ihn einstellen. Ich schweife selbst ab. Mir wird dann klar, dass ich hier keine Beziehung herstellen kann. Ich verstehe jetzt, dass sich der Patient vor der Aufnahme einer Beziehung zu mir scheuen muss. Unter dem quasi korrekten analytischen Verhalten, nämlich seinen freien Assoziationen folgend, wehrt der Patient die (homosexuell getönte) Bindung zu mir ab. Ich meine, dass es sich hier um eine Gegenübertragungsreaktion handelt. Der Patient induziert sie in mir. Ich nehme damit Aspekte seines Selbst wahr. (Moeller 1976, S. 148)

Das Beispiel ist paradigmatisch, weil jeder Analytiker diese Sprache versteht und sie auch gebraucht, ohne sich darüber klar zu werden, wieviele Stufen der Erkenntnis er zusammenfassend überspringt. [...] Man kann sich des Eindrucks nicht erwehren, dass die implizit dargestellten Formen von Interaktion, Kommunikation, Übertragungsvorgänge, Folgerungen und begriffliche Erläuterungen, in einen kognitiv organisierten Zusammenhang gehören, dessen funktionelle Bezüge, die sich in Erlebnissen, Handeln, Nachdenken, Erkennen usw. äußern, in einer selbstverständlichen Aussage zusammengefasst werden, ohne sich über diese Prozesse Rechenschaft abzulegen. Sie sind in die Professionalisierung so selbstverständlich eingegangen, dass ein Problembewusstsein für sie kaum noch existiert. (Argelander 1979, S. 12/13)

Moeller arbeitet hier noch mit einem spezifischen Gegenübertragungsbegriff, der »Lackmustheorie« der Gegenübertragung (König 1993), indem er von seiner Gegenübertragung einen direkten instrumentellen diagnostischen Gebrauch macht. So nimmt er an, dass sich der Patient aus Angst vor Homoerotik vor einer Beziehungsaufnahme scheut und die Bindung zu ihm abwehrt. Diese diagnostische Folgerung muss nicht unbedingt falsch sein, sie übersieht jedoch die Seite des Analytikers und die Möglichkeit, dass die Übertragung des Patienten auch eine Reaktion auf die Person und das Verhalten des Analytikers sein könnte. So bleibt er letztlich dem damals vorherrschenden instrumentellen Gegenübertragungsbegriff verhaftet, der auf Paula Heimann (1996/1950) zurückgeht, wonach der Analytiker die intrapsychischen Vorgänge des Patienten in sich aufnimmt und sich in seiner Gegenübertragung ausschließlich die Übertragung des Patienten widerspiegelt. Die Gegenübertragung war für Heimann (1996/1950) eine reine »Schöpfung« des Patienten. Eine irgendwie geartete Eigenbeteiligung des Analytikers wie auch ein interaktives Zusammenwirken zwischen beiden wurde hier noch nicht konzeptualisiert. Von dieser einseitigen Sichtweise hat sich Heimann selbst erst 1978 distanziert (zit. n. Stirn 2002, S. 50).

3 Ansätze zu einem erweiterten Konzept von Übertragung und Gegenübertragung

3.1 Die Subjektivität des Analytikers

Den hier im Folgenden dargestellten Ansichten geht es darum, die klassische analytische Konzeptualisierung von Übertragung als einseitig zu erkennen und Ergänzungen anzubieten, die der wirklichen Situation der therapeutischen Beziehung mehr entsprechen.

Den klassischen behandlungstechnischen Theorien liegt ein Konzept der analytischen Situation zugrunde, das die Interaktion zwischen Patient und Therapeut nur sehr einseitig und unvollständig erfasst. Rangell (1954) verwendete zur Beschreibung der Position des Analytikers die Metapher eines Tennisspieles, bei dem der Analytiker »wie ein Schiedsrichter« (S. 741) am Spielfeldrand sitzt und den Spieler beobachtet, gerade soweit von ihm entfernt, dass er vom »magnetischen Feld« (S. 741) seines Patienten noch berührt wird, sich aber nicht in eine Interaktion mit ihm hineinziehen lässt. Als objektiver Beobachter betrachtet er also vom Spielfeldrand aus bzw. hinter der Couch das Geschehen auf dem Spielfeld und beurteilt es nach seinen eigenen objektiven Kriterien. Eine direkte auch ihn beeinflussende Interaktion wird in dieser Konzeptualisierung für geringfügig gehalten und deshalb auch nicht eigens berücksichtigt. Um die »maximale Entwicklung« (Greenson, 1975, S. 201) der Übertragungsneurose zu fördern, »wird sich der Psychoanalytiker große Mühe geben, die Übertragungssituation abzusichern und jede Beeinträchtigung zu verhindern.« Insbesondere »jedes Eindringen der persönlichen Eigenschaften und Wertmaßstäbe des Analytikers wird als Faktor erkannt, der die Reichweite der Übertragungsneurose des Patienten beschränken könnte« (S. 201).

Wesentlich früher hatte schon Ferenczi (1982a) mit enthusiastischen Worten beschrieben, dass mit der Einführung der Lehranalyse »die Bedeutsamkeit der persönlichen Note des Analytikers« (S. 382) immer mehr schwinde. »Jeder, der gründlich analysiert wurde, der seine unvermeidlichen Schwächen und Charaktereigenheiten voll zu erkennen und beherrschen gelernt hat, wird bei der Betrachtung und Behandlung desselben psychischen Untersuchungsobjekts unvermeidlich zu denselben objektiven Feststellungen gelangen und logischerweise dieselben taktischen und technischen Maßnahmen ergreifen« (S. 328).

Meistens jedoch waren sich die Analytiker darüber im Klaren, dass ein Eindringen persönlicher Werthaltungen nie ganz zu vermeiden ist. Lange nachdem am Berliner Institut die Analytiker zum Gruß nicht die Hand reichten und den Ehering auszogen, um die Übertragung des Patienten nicht zu kontaminieren, ist die Diskussion des persönlichen Einflusses des Analytikers noch keineswegs beendet, sondern gerade auch während der letzten Jahre von großer Aktualität (Jänicke 2010, 2014). Die Frage, wie z. B. mit Geschenken, Wünschen, Fragen oder auch nur mit Weihnachtskarten umgegangen werden kann, ruft immer wieder große subjektive Unsicherheit bei den KollegInnen hervor und ist insofern heute noch genauso aktuell wie vor Jahren, als Klauber (1980, S. 82) seine Arbeit über »einige wenig beschriebene Elemente der psychoanalytischen Beziehung und ihre therapeutischen Implikationen« veröffentlicht hat.

3.1.1 Beobachten ist das Herstellen von Bedeutungen

Seit den 1990er Jahren lässt sich in der Psychologie wie auch in der Psychoanalyse eine deutliche Tendenz erkennen, im Hinblick auf die Möglichkeit objektiver Erkenntnis immer mehr von einem positivistischen Ansatz abzuweichen und stattdessen von einem sozialkonstruktivistischen Ansatz auszugehen (Gergen 1985, 2002), der in der amerikanischen Psychoanalyse am eindeutigsten von Hoffman (1991, 1998, 2006) vertreten wird. So wurde es jahrzehntelang kaum in Zweifel gezogen, dass der Analytiker vor dem Hintergrund seiner Beobachtungen und Gedanken über den Patienten die entsprechenden Deutungen gab, zu denen er mithilfe seiner theoretischen Hintergrundsannahmen gelangt war. Er wurde stets als getrennter und unabhängiger Beobachter des Patienten gesehen mit der Implikation, dass ihm sein eigener Erkenntnisprozess (Argelander 1979, Haubl und Mertens 1996, Mertens und Haubl 1996, Mertens 2009) die Möglichkeit zur Unterscheidung gibt, was in den Fantasien und im Verhalten des Patienten unangemessen sein könnte und somit als Übertragung gelten kann.

Die Wirklichkeit der therapeutischen Begegnung ist jedoch weitaus komplexer und komplizierter. Der im klassischen Konzept eingenommene klare und eindeutige Standpunkt des Analytikers ist bei genauerer Betrachtung ein Kunstprodukt, das zwar unsere alltägliche Arbeit erleichtert und deshalb auch nicht einfach überflüssig ist und aufgegeben werden muss.

Der sozialkonstruktivistische Ansatz (Herold 1995, Hoffman 2006) geht davon aus, dass weder der Analytiker noch der Patient in der Lage sind, eine a priori gegebene und von ihnen unabhängige und vorgefundene Wirklichkeit zu erkennen. Vielmehr wird diese Wirklichkeit durch die Wahrnehmung eigentlich erst konstruiert. Eine objektive Erkenntnis ist deshalb nicht möglich, weil jede Erkenntnis schon das Produkt eines äußerst komplexen neurobiologischen und kognitionspsychologischen Informationsverarbeitungsprozesses ist.

So sind in der therapeutischen Situation der Analytiker wie auch der Patient bemüht, auf der Basis ihrer eigenen Erfahrungen, ihrer Kenntnisse und den von daher abgeleiteten Erwartungen ihre jeweiligen Eindrücke und Bilder voneinander zu einem sinnvollen Bild zusammenzufügen. Eine objektive Erkenntnis im Sinne des Erkennens eines objektiven und vom Analytiker unabhängigen Sachverhalts gibt es auch in der therapeutischen Situation nicht. Auch objektive Fakten wie z. B. das äußere Erscheinungsbild von Patient und Therapeut, das analytische Setting, Honorarfragen etc. werden eingeordnet und bekommen damit einen subjektiven Bedeutungsgehalt in der Übertragung.

Wenn Therapeut und Patient zusammentreffen, entspricht diese Begegnung zunächst also eher der Situation, die der Psychologe Alex Bavelas in seinen Noncontingent-Reward-Experimenten künstlich hergestellt hat (zit. n. Watzlawick 1985, S. 13, ▶ Kasten). Analytiker und Patient finden sich vielfältigen Informationen, äußeren Eindrücken und inneren Erfahrungen ausgesetzt, die sie notwendigerweise strukturieren und ordnen müssen, um sich orientieren zu können. Das Bedürfnis, das Wahrgenommene zu strukturieren und nach bekannten Mustern zu ordnen, kann mit Fosshage (1994) als eine anthropologische Grundkonstante angesehen werden, ohne die Orientierung und ein der jeweiligen Situation angepasstes Verhalten nicht möglich wären.

Bei den sogenannten Noncontingent-Reward-Experimenten handelt es sich um Tests, in denen kein Zusammenhang zwischen der Leistung der Versuchspersonen und deren Bewertung durch den Versuchsleiter besteht, was aber die Versuchsperson selbst nicht weiß.

In einem von vielen derartigen Experimenten, die der Psychologe Alex Bavelas vor Jahren an der Stanford-Universität durchführte (leider aber nicht veröffentlichte), wird der Versuchsperson eine lange Reihe von Zahlenpaaren vorgelesen (zum Beispiel »31 und 80«).

Nach Nennung jedes Zahlenpaars hat die Versuchsperson anzugeben, ob diese beiden Zahlen »zusammenpassen« oder nicht. Auf die nie ausbleibende, verblüffte Frage, in welchem Sinne denn diese Zahlen »passen« sollen, antwortet der Versuchsleiter nur, dass die Aufgabe eben im Entdecken der Regeln dieses Zusammenpassens liegt. Damit wird der Eindruck erweckt, es handle sich um eines der üblichen »Versuch- und Irrtum«-Experimente. Die Versuchsperson beginnt also zunächst mit wahllos gegebenen »Passt«- oder »Passt nicht«-Antworten und erhält vom Versuchsleiter natürlich zunächst fast ausschließlich »falsch« als Bewertung der Antworten. Langsam aber »bessert« sich die Leistung der Versuchsperson, und die Richtigerklärungen ihrer Antworten nehmen zu. Es kommt so zur Ausbildung einer Hypothese, die sich im weiteren Verlaufe als zwar nicht vollkommen richtig, aber doch immer verlässlicher erweist.

Was die Versuchsperson – wie erwähnt – nicht weiß, ist, dass zwischen ihren Antworten und den Reaktionen des Versuchsleiters keinerlei unmittelbarer Zusammenhang besteht. Der Versuchsleiter gibt die Richtigerklärungen der Antworten vielmehr aufgrund der ansteigenden Hälfte einer Gauß'schen Kurve, das heißt, zuerst sehr selten und dann mit immer größerer Häufigkeit. Dies aber erschafft in der Versuchsperson eine Auffassung von der »Wirklichkeit« der den Zahlenpaaren zugrundeliegenden Ordnung, die so hartnäckig sein kann, dass an ihr auch dann festgehalten wird, wenn der Versuchsleiter ihr schließlich erklärt, dass seine Reaktionen nichtkontingent waren. Gelegentlich nimmt die Versuchsperson sogar an, eine Regelmäßigkeit entdeckt zu haben, die dem Versuchsleiter entgangen ist.

Die Versuchsperson hat also im wahren Sinne des Wortes eine Wirklichkeit erfunden, von der sie mit Recht annimmt, sie gefunden zu haben. Der Grund für diese Überzeugung liegt darin, dass das so konstruierte Bild der Wirklichkeit in die Gegebenheiten der Testsituation passt, was nur bedeutet, dass es mit diesen Gegebenheiten nicht in Widerspruch steht. Es bedeutet aber keineswegs, dass das Bild daher auch stimmt, das heißt, dass es die den Zahlenpaaren (vermeintliche) zugrundeliegende Ordnung in ihrem So-Sein richtig wiedergibt. Denn welche Beziehung auch immer die Versuchsperson zwischen den Zahlen »herausfindet«, kommt deswegen auch nicht im Entferntesten an ein Erkennen der tatsächlichen Versuchsanordnung heran, da in dieser von Anfang an keine solche Beziehung besteht.

Von Glasersfeld (1981), ein Vertreter des sog. radikalen Konstruktivismus, schreibt in diesem Sinne:

> Wissen wird vom lebendigen Organismus aufgebaut, um den an und für sich formlosen Fluss des Erlebens soweit wie möglich in wiederholbare Erlebnisse und relativ verlässliche Beziehungen zwischen diesen zu ordnen. Die Möglichkeiten, so eine Ordnung zu konstruieren, werden stets durch die vorhergehenden Schritte in der Konstruktion bestimmt. (S. 37)

Der entscheidende Mangel in bisherigen analytischen Konzeptionen bestand darin, dass die konstruierte Erfahrung, zumindest aufseiten des Analytikers, für eine relativ objektive Abbildung der Wirklichkeit des Patienten gehalten wurde – der wissende Analytiker: »Diese, die Grandiosität befeuernde Haltung prägt bis heute die Beziehungsgestaltung in psychoanalytischen Behandlungen« (Krutzenbichler 2019, S. 221). Dagegen wurden die Erfahrungen des Patienten in der therapeutischen Situation immer schon als Projektion innerer Erlebnismuster und somit nur als bedingt objektiv angesehen.

Beobachtung wird also von vorhandenen Hintergrundmustern gesteuert und führt zu Ergebnissen, die diesen Mustern bereits inhärent sind und wie im Wiederholungszwang dieses zugrundeliegende Ordnungsschema bestätigen und verstärken können. Das konnte auch schon der Sozialpsychologe Rosenhan (1973) in einer bekannten Untersuchung zeigen, in der sich gesunde Mitarbeiter von ihm in psychiatrische Kliniken einweisen ließen und angaben, dass sie Stimmen hörten und Behandlung bräuchten. Bald nach Aufnahme gaben sie an, keine Symptome mehr zu haben und verhielten sich wieder normal. Die ihnen anhaftende Diagnose »Schizophrenie« hatte jedoch zur Folge, dass auch die in einer normalen Umgebung angemessenen Verhaltensweisen bei diesen Pseudopatienten als Bestätigung für die ursprüngliche Krankheitsdiagnose gewertet wurden. Dass keiner von diesen Pseudopatienten als Simulant erkannt wurde, zeigt auf eine drastische Weise, welch geringe Informationen schon ausreichen, um eine globale Wahrnehmungseinstellung mit den entsprechenden Erwartungen zu schaffen. Diese Wahrnehmungseinstellung beeinflusst wiederum erheblich, wie die darauf folgenden Beobachtungen interpretiert werden. Diese so konstruierten Wahrnehmungen werden dann als vorgefundene »Wirklichkeit« verstanden.

Das Bedürfnis des Menschen, seine Erfahrungen zu organisieren und sinnvolle Bedeutungszusammenhänge zu suchen, ist geradezu überwältigend. Wie aus der Wahrnehmungspsychologie schon lange bekannt ist, beginnt dieser Prozess bei der Erkennung relativ einfacher Zeichen, wobei auch hier schon ein komplexes

Zusammenwirken vieler Nervenzellen erforderlich ist. Offensichtlich sind unser Nervensystem und die Gehirnzellen so konstruiert, dass schon auf dieser noch relativ niedrigen Ebene Organisierungs- und Mustererkennungsprozesse ablaufen. So wird z. B. ein und dasselbe jeweils in der Mitte stehende Muster (▶ Abb. 1) ganz in Abhängigkeit von dem jeweiligen Kontext, in dem es vorkommt, unterschiedlich gedeutet.

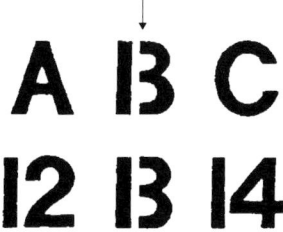

Abb. 1: Kontextabhängigkeit der wahrgenommenen Bedeutung (aus: Kebeck 1994, S. 69)

3.1.2 Die Person des Analytikers

Diese einfache Darstellung (▶ Abb. 1) entspricht der Situation des Analytikers, wenn er mit einem Patienten zusammen ist und aus der Fülle der Informationen sinnvolle Zusammenhänge zu erkennen versucht. Das mittlere Zeichen (▶ Abb. 1) bekommt seine Bedeutung durch seinen Kontext. Auch der Therapeut befindet sich während seiner Arbeit unter dem Einfluss von vielfältigen Kontextbedingungen. Dazu zählen seine eigene Persönlichkeit sowie die Person des Patienten, ebenso auch die Beziehung, die sich zwischen beiden vor dem Hintergrund psychoanalytischer Rahmenbedingungen (Schneider-Lehmann und Abeken 2001, Bleger 1993, Körner 1995) entwickelt.

In Zeiten von distanzierter Abstinenz war es Thomä (1981, 2007), der mit Gill (1982) forderte, die Illusion von der Passivität des Analytikers, also dass dessen Person und Verhalten keinen Einfluss habe, aufzugeben und zu erkennen, dass selbst der Versuch, passiv, neutral und abstinent zu bleiben, eine Handlung ist, die einen Einfluss auf den Patienten und seine Übertragung hat. Das kommunikationstheoretische Axiom, dass man »nicht nicht kommunizieren« könne (Watzlawick et al. 1969), weist darauf hin, dass selbst das Bemühen des Analytikers um Neutralität eine Handlung ist, die einen Effekt auf den Patienten hat und dessen Übertragung hat.

3.1.3 Der Therapeut und seine Werthaltungen und Konzepte

Die Person des Analytikers als Kontextbedingung einzuführen bedeutet zuzugestehen, dass seine Erkenntnisleistung wesentlich von seiner eigenen Persönlichkeit geprägt wird Demnach stellen theoretisches Wissen und Arbeitsmodelle, kognitive Aktivität, empathisches Mitgehen und eigene Selbst- und Lebenserfahrung den Hintergrund bzw. den inneren Kontext für die Arbeit des Analytikers dar (König 2010). Aus diesen Quellen bezieht er seine Ideen, mit deren Hilfe er im Material des Patienten nach sinnvollen Zusammenhängen suchen kann (Cooper 1996, König 1996).

Ein weitgehend vernachlässigter Faktor sind seine Werthaltungen und die impliziten theoretischen Vorstellungen, die sein therapeutisches Vorgehen lenken. Die Therapeuten sind mit diesen stark identifiziert, sodass viele Werthaltungen ichsynton sind und sich daher einer gezielten Reflexion entziehen. So wird die Einstellung eines Therapeuten zu Partnerschaft und Trennung sowie seine eigene Lebenserfahrung erheblich bestimmen, welche Deutungslinien er bei einer mit ihrem Ehemann sehr unzufriedenen Patientin verfolgen wird und wie er sich bei ihr einen therapeutischen Fortschritt vorstellt (Cooper 1996). Er wird ihr dies auch durch subtile Signale vermitteln.

Viele Werthaltungen beziehen sich auch auf die Regeln der analytischen Technik, die lange Zeit nicht mehr hinterfragt wurden. So kann man inzwischen auch ein ehemals als sinnvoll betrachtetes Konzept wie das der therapeutischen Ich-Spaltung dahingehend kritisch reflektieren, ob es nicht auch dazu dienen könnte, die manchmal heftige Emotionalität des Patienten einzudämmen. Körner (1989) weist darauf hin, dass Sterba (1934) dieses Konzept in einer schwierigen Behandlungssituation entwickelt hat. Sterba sah sich von den intensiven Liebesgefühlen einer Patientin überwältigt und versuchte, sich über dieses Konzept eine »Insel der Betrachtung vom Agieren« (Sterba 1934, S. 72, zit. n. Körner 1989, S. 389) zu verschaffen, um Raum für die Bewältigung der heftigen Emotionen zu haben. Von dieser Entstehungsgeschichte abstrahiert, wurde die Fähigkeit zur therapeutischen Ich-Spaltung dekontextualisiert und dadurch einer weiteren Reflexion entzogen. Mithilfe dieses Konzepts entscheiden aber auch heute noch Analytiker über die Eignung eines Patienten für die analytische Behandlung.

In der analytischen Standardtechnik wie auch in den psychodynamischen Behandlungsverfahren gibt es einige implizite Wertentscheidungen dieser Art, die die Arbeitsweise des Therapeuten und seine Deutungen steuern (Kutter et al. 1998) und reflektiert werden müssten.

In einer Arbeit zu einer Ethik der psychoanalytischen Technik zeigt auch Treurniet (1996) sehr eindrücklich, dass sich solche impliziten Wertentscheidungen oft über eine lange Zeit halten können, sich jedoch gerade während der letzten Jahre in einem intensiven Reflexionsprozess befinden.

So sind heute nur noch wenige Analytiker der Meinung, dass die Begriffe von Abstinenz, Neutralität und Spiegelhaltung in der ursprünglich vertretenen Form in der Lage sind, die damit gemeinten Haltungen und Prozesse auch nur annähernd zu erfassen (Privitera 2013).

In weiten Kreisen der Psychoanalyse lässt sich eine Tendenz zur De-Idealisierung der Psychoanalyse und ihrer Konzepte und Theorien (Aron & Starr 2013, Cooper 1993, Jaenicke 2006, Renik 2006) feststellen. Auch die angestrebten hohen Behandlungsziele unterliegen allein schon durch den Einfluss der Krankenkassenregelung einer allmählichen Veränderung. Heilungsideale wie das sog.

Durchanalysiertsein, das Erreichen von Ganzheit, Reife, Individuation, Selbstverwirklichung und Autonomie werden zunehmend als Ideale erkannt, die letztlich unerreichbare Utopien bleiben. Blomeyer (1989) stellt diesen »Reifungsphantasien« die »praktische Zielsetzung« als realistische Alternative gegenüber, wo es nicht mehr um Heilung und die darin oft implizierte Fantasie eines harmonischen und relativ konfliktfreien Lebens gehe. Zugleich findet auch ein Abbau der irrationalen Idealisierung des Analytikers als Person statt, indem auch von seiner Fehlbarkeit (Cooper 1993), seiner Verwundbarkeit (Pflichthofer 2007) und von seiner Angst (Walter 2015, Zwiebel 2007) gesprochen wird.

Dieser allmähliche Wertewandel hat weitreichende Konsequenzen auch für die Behandlungstechnik, wie an folgendem Beispiel kurz dargestellt werden soll.

Eine Patientin die an einer schweren schizoiden Beziehungsstörung gelitten hatte, war nach zweijähriger Analyse soweit, dass sie eine Partnerschaft eingehen konnte. Sie lernte einen Mann kennen, zu dem sie die Beziehung trotz weiterbestehender innerer Konflikte dauerhaft aufrechterhalten konnte, womit sie recht zufrieden war. Das kann einerseits als ein schöner Erfolg für die Patientin und die gemeinsame Arbeit mit der Analytikerin bewertet werden. Mit gleichem Recht könnte man andererseits auch behaupten, dass es sich hier vielleicht doch nur um das Ausagieren einer positiven oder negativen Übertragung, also um einen Widerstand, handelt. In einem solchen Dilemma befinden sich Psychotherapeuten sehr häufig. Da beide Argumentationen für sich genommen richtig sein können, ist es letztlich immer auch eine Frage der persönlichen Gewichtung des Psychoanalytikers, hier eher den Reifungs- oder den Abwehraspekt zur Leitlinie seines Vorgehens zu machen.

Werte und theoretische Konzepte

Große Abweichungen in der Sichtweise und der zugehörigen Behandlungstechnik ergeben sich naturgemäß bei Vertretern verschiedener psychoanalytischer Strömungen, die ein- und dasselbe Phänomen entsprechend ihren eigenen Theorien unter Umständen ganz verschieden deuten.

So geht Melanie Klein von der These einer angeborenen Aggression aus, die das Kind auf die Mutter projiziert, die dadurch zur verfolgenden bösen Mutter wird. In Anlehnung an diese These empfiehlt Kernberg (1993) bei der Behandlung von Borderline-Patienten, schon früh die Aggression des Patienten zu deuten. So fasst er das Misstrauen des Patienten schon beim ersten Kontakt als Hinweis dafür auf, dass dieser seine abgespaltene Aggression auf den Therapeuten projiziert und diesen deshalb als bedrohlich erlebt. In einer anderen Situation empfiehlt er folgende Deutung: »Sie haben immer leiser gesprochen, obwohl ich Sie wiederholt darauf aufmerksam gemacht habe, dass ich Sie nicht verstehen kann. Das passt zu meinem Eindruck, dass Sie wütend auf mich sind« (Kernberg 1993, S.101). Sowohl das Misstrauen als auch die leise Sprechweise des Patienten könnten auch anders interpretiert werden , z.B. als Anzeichen einer klassischen Übertragung. Für die Behandlungstechnik von Kernberg ist entscheidend, dass er sich insbesondere in seinen ersten großen Werken der Theorie M. Kleins anschließt und von einem erhöhten Aggressionspotenzial des Kindes ausgeht, das die guten und liebevollen Beziehungsanteile zur Mutter zu zerstören droht und deswegen abgespalten bleiben muss. Inwieweit dieses erhöhte Aggressionspotenzial eher von traumatischen familiären Situationen herrührt, wird meines Wissens von Kernberg zwar inzwischen registriert, in seiner theoretischen Konzeptualisierung jedoch nicht genügend berücksichtigt. Diese theoretische Konzeption ist die Grundlage für Kernbergs eher konfrontative Behandlungstechnik bei Borderline-Störungen.

Eine alternative Konzeptualisierung von Aggression und ihren Entstehungsbedingungen vertreten demgegenüber die Selbstpsychologen (Milch 2001), nach deren Vorstellungen Aggressivität kein Trieb, sondern primär die Folge von traumatisierenden Erfahrungen ist. Die Entwicklung der Selbstpsychologie im Anschluss an die grundlegenden Arbeiten von Kohut (1976, 1979) führte demnach auch zu einer grundlegenden Änderung im therapeutischen Vorgehen. Die Idealisierung des Analytikers durch den Patienten wurde von triebtheoretischer und ich-psychologischer Seite (s. Greenson 1975, S. 353) als Abwehr gesehen, die dem Patienten als Widerstand und als Störung des Realitätssinns gedeutet wurde. Er wurde auf die »darunter liegende Feindseligkeit« hingewiesen und wurde damit konfrontiert, dass er seine Idealisierung und seine Wünsche an die ideale Mutter aufgeben und sich damit abfinden müsse, dass es diese ideale Mutter nicht gebe. Schon Kohut (1976) erwähnt bezüglich der Gegenübertragung die »häufig anzutreffende Neigung des Analytikers, auf die narzisstischen Fixierungen des Analysanden mit gereizter Ungeduld zu reagieren« (S. 255) und zu schnell mit genetischen und dynamischen Deutungen zu reagieren, indem etwa gleich nach einer idealisierten Person der Kindheit geforscht oder hinter der Idealisierung eine abgewehrte feindselige Neigung vermutet wird. Idealisierung und Größenselbst sind für ihn keine pathologischen Strukturen wie für Kernberg, sondern kindliche Strukturbildungen, die sich durch Fixierungen nicht entwickeln konnten und deren Entfaltung er in der Übertragung mit empathischer Einfühlung fördert und damit über eine umwandelnde Verinnerlichung zur konstruktiveren Strukturbildung im Bereich des Selbst beiträgt (Lachmann 2010).

Werte, theoretische Konzepte und Behandlungstechnik

Die Psychoanalytikerin Bennett Simon (1993) hatte die Gelegenheit, ihre Analyse bei vier verschiedenen Analytikern zu machen. Alle vier gehörten dem Mainstream der nordamerikanischen Psychoanalyse an und waren in klassischer Analyse ausgebildet. Ihrem Bericht zufolge waren diese Analytiker hinsichtlich ihrer Persönlichkeiten und ihres Arbeitsstiles sehr verschieden. Sie wurden von ihr auch sehr unterschiedlich erlebt, was sich auch in den therapeutischen Veränderungen niederschlug. So zeigte sich z. B. eine wesentliche Differenz darin, ob vorwiegend in der Übertragung gearbeitet oder eher die Zusammenhänge außerhalb der Übertragung gedeutet wurden. Auch hinsichtlich der Traumbearbeitung, der Rekonstruktion der Kindheit, der Erwähnung politischer Ereignisse und auch der Selbstoffenbarung des Analytikers verhielten sich die vier Analytiker höchst variabel und in einem jeweils sehr persönlichen Stil.

Auch Klauber (1976) berichtete schon von einem Patienten, der ohne eigenes Verschulden drei verschiedene Analytiker gehabt hatte und diese Erfahrung folgendermaßen kommentierte: »Es ist außerordentlich lehrreich, auf welchen persönlichen Gewohnheiten von unsereinem der einzelne Analytiker besonders herumreitet« (S. 151).

> Streeck (1986) hat diese Fragestellung in einem kleinen wissenschaftlichen Projekt systematischer untersucht. Dazu wurde ein Ausschnitt des Verbatim-Protokolls einer psychoanalytischen Sitzung angefertigt und drei Lehranalytikern vorgelegt. Diese stimmten in wesentlichen theoretischen und technischen Grundpositionen überein und sollten sich voneinander unabhängig über die in diesem Abschnitt zum Tragen kommenden Konflikte des Patienten und den Verlauf äußern. Zusätzlich sollten sie auch noch einen eigenen Interventionsvorschlag machen. Wer Fallkonferenzen über Patienten kennt, ist sicher nicht überrascht über die verschiedenen Gesichtspunkte, die bei der Kommentierung durch die drei Analytiker herausgearbeitet wurden. Hinsichtlich des technischen Vorgehens gab es sogar zwei diametral unterschiedliche Standpunkte. Zwei von ihnen stimmten in etwa darin überein, dass der Patient das Bedürfnis nach Angenommensein zum Ausdruck bringe. Deshalb schlug einer von ihnen vor, eher früh und öfters zu intervenieren und den Patienten mit kleinen Äußerungen empathisch anzuregen und zu begleiten, um »die Sache ins Laufen« (S. 105) zu bringen. Der dritte hingegen sah in diesem Stundenprotokoll eher einen analen Ambivalenzkonflikt wirken und würde es daher vorziehen, abzuwarten und zu schweigen, um die Spannung anwachsen zu lassen, »damit der Patient seine Kritik und seinen Ärger noch deutlicher spüren könne« (S. 105).
>
> Es wurde in dieser Untersuchung sehr deutlich, dass sogar theoretisch identische behandlungstechnische Konzepte in der Praxis sehr unterschiedlich umgesetzt wurden. Es wäre deshalb nach Streeck (1986) sehr wünschenswert, nicht nur in allgemeiner und in Theoriesprache über komplexe Sachverhalte zu reden, sondern über die tatsächliche Vielfältigkeit der Erfahrungen und über die diesen zugrundeliegenden Hintergrundannahmen zu debattieren.

So hatte der der Selbstpsychologie nahestehende nordamerikanische Psychoanalytiker Fosshage klinisches Material über eine Behandlung zur Kommentierung an Analytiker verschiedener Schulrichtungen gegeben. Exemplarisch schieden sich die Geister an einem sog. »Cadillac-Vorfall«. Fosshage hatte auf die Frage einer Patientin, ob der vor der Praxis stehende Cadillac ihm gehöre, direkt verneinend reagiert und war insofern von der analytischen Standardtechnik abgewichen (Fosshage 1990, S. 605). Er betont ausdrücklich, dass er die Frage auch dann, wenn das Auto ihm tatsächlich gehört hätte, direkt beantwortet hätte, weil er vor dem Hintergrund der aktuellen Übertragungssituation die Ausdrucksfähigkeit der Patientin fördern und nicht entmutigen wollte und weil er der Analyse von Kritik und Wut den Vorrang einräumte und dies nicht vermeiden wollte.

Von seinen Mitdiskutanten bekam Fosshage zahlreiche sehr kontroverse Stellungnahmen. Burland und Mitchell hielten seine Reaktion für ein Gegenübertragungsagieren mit dem Ziel, sich selbst als gutes Objekt zu erhalten und die Konfrontation mit der negativen Übertragung zu umgehen. Aber gerade die weitere Äußerung von Anteilen einer negativen Übertragung hatte Fosshage ja wiederum durch sein Vorgehen fördern wollen und dieses seiner Ansicht nach auch erreicht. Curtis war der Meinung, dass Fosshage irrtümlicherweise die narzisstische Verletzbarkeit der Patientin in den Vordergrund seiner Betrachtung gerückt habe. Deshalb habe er ihre narzisstische Abwehr der Idealisierung verstärkt, anstatt sie mit ihrer Wut zu konfrontieren. Fosshage betont ausdrücklich, dass er nicht die Vermeidung der kritischen Gefühle im Sinn hatte. Die anschließenden Reaktionen und Äußerungen der Patientin hätten auch deutlich gemacht, dass er sie mit seinem Vorgehen erst ermutigt habe, ihre kritischen Gedanken über den Analytiker etwas angstfreier zu äußern (Fosshage 1990, S. 606f.).

Die entscheidende Frage in einer solchen Situation ist laut Fosshage, welches Vorgehen dem Fortgang der Therapie und der Entwicklung des Patienten eher nützt. Diese Entscheidung ist sehr einleuchtend und kann auch heute als Leitlinie für Interventionen dienen. Immer mehr Analytiker sind heute abgekommen von einem rein an Regeln orientierten Vorgehen und geben an, sich wesentlich flexibler und der jeweiligen Situation angemessen zu verhalten. Sie betonen, dass z. B. die Beantwortung einer Frage davon abhänge, in welcher Übertragungssituation sie gestellt werde. Das wiederum setzt jedoch eine sehr schnelle Einschätzung der therapeutischen Situation, der aktuellen Übertragungssituation und der Psychodynamik des Patienten voraus. Auch dafür liegen jedoch keine klaren Kriterien vor, auf die der Therapeut zurückgreifen könnte. Deshalb setzen gerade an diesem Punkt die verschiedenen Konstruktionsversuche der einzelnen Analytiker an. Zudem wird dann auf der Basis des jeweiligen theoretischen Hintergrundes sehr unterschiedlich beurteilt, was dem Patienten in dieser speziellen Situation helfen könnte. Bacal (1985) führt den Begriff der »optimalen Antwortbereitschaft« ein, in der er die Verantwortung des Analytikers dafür sieht, die vom Patienten in der jeweiligen Situation benötigte Intervention zu geben. Allerdings liegt es wiederum allein im subjektiven Ermessen des Analytikers, was er in einer gegebenen Situation als »optimal« ansieht, ob er z. B. bei einem stark regredierten Patienten eine Deutung für erforderlich und ausreichend hält oder ob er sich dafür entscheidet, ihm einen Finger oder seine Hand als Halt zu geben, wie das Kohut bei einer Patientin (1981, zit. n. Bacal 1985, S. 215) und offensichtlich auch Freud bei Marie Bonaparte (Bacal 1985, S. 215) getan hatten. Um zwischen Frustration und reiner Übertragungsbefriedigung für die optimale und die emotionale Präsenz des Analytikers vermittelnde Antwort zu sorgen, hat Melanie Klein ihrer Patientin Eva Rosenfeld (1966) sogar ein Glas Sherry während der Sitzung gegeben (zit. n. Bacal 1985, S. 215).

Die Brisanz der oben zitierten »optimalen« therapeutischen Maßnahmen zeigt sich auch darin, dass sie nur im relativ privaten Rahmen und in biografischen Zusammenhängen preisgegeben, in der öffentlichen behandlungstechnischen Diskussion jedoch immer noch verleugnet werden oder ihnen bestenfalls ein Ausnahmecharakter zugestanden wird. So hat keiner der oben genannten Autoren (Freud, M. Klein, Kohut) mit Ausnahme von Balint (1973) über diese Maßnahmen berichtet und sie hinsichtlich des therapeutischen Umgangs mit Patienten in regressiven Zuständen reflektiert oder zur fachöffentlichen Diskussion gestellt. Durch dieses Abdrängen ins rein Private und die öffentliche Verleugnung von Interventionen, die aus dem üblichen Regelkanon fallen, konnte sich deren behandlungstechnische Relevanz nicht entfalten. Nur so war es möglich, dass jahrzehntelang an den überzogenen klassischen Konzepten von Anonymität, Abstinenz und Neutralität festgehalten werden konnte, obwohl sie der analytischen Situation nicht mehr angemessen waren und in der Praxis offensichtlich oft nicht eingehalten und sogar für destruktiv gehalten wurden (Mitscherlich-Nielsen 1988).

Eine zunehmende Anzahl von Analytikern ist bereit, die ubiquitäre Geltung der konstruktivistischen Erkenntnistheorie anzuerkennen und eine Behandlungstheorie zu entwickeln, die dem Aspekt der »interpretativen Fehlbarkeit« des Analytikers (Cooper 1993, S. 95, 2010) Rechnung trägt und infolgedessen eine offenere Diskussion von Behandlungen möglich macht (Brodbeck 1993, Cooper 1993, Fosshage 1994, Goldberg 1994, Greenberg 1995, Hoffman 1991 u. 1998, Levine 1994, Mertens 1991, Zwiebel 2007).

Hoffman (1991, 1998) und Wallerstein (1998) verwenden in diesem Zusammenhang einen Begriff des Wissenschaftshistorikers Kuhn (1973) und sprechen sogar von einem Paradigmenwechsel. Sie betonen dabei ausdrücklich, dass damit nicht der Wechsel von der Trieb- zur Objektbeziehungstheorie gemeint sei, sondern der viel grundlegendere Fortschritt vom positivistischen zum konstruktivistischen Modell, von einer Ein- zu einer wirklichen Zwei-Personen-Psychologie (Bettighofer 2014), der sich darin zeigt, die therapeutische Situation als grundsätzlich interaktionell zu konzeptualisieren. Beide Achsen, Trieb- vs. Objektbeziehungsmodell und positivistische vs. konstruktivistische Sichtweise sind voneinander unabhängig und dürfen nicht miteinander verwechselt werden. Das bedeutet, dass einerseits Triebpsychologie nicht gleichbedeutend ist mit positivistisch und andererseits Objektbeziehungspsychologie nicht mit konstruktivistisch gleichgesetzt werden darf. Die objektpsychologischen Ansätze von M. Klein und Kernberg implizieren z. B. einen klassischen positivistischen Ein-Personen-Ansatz und auch Kohuts Konzeption ist diesem noch weitgehend verpflichtet. Erst seine Schüler Stolorow, Brandchaft und Atwood (1987) entwickelten im Rahmen ihrer Intersubjektivitätstheorie einen konsequenten Zwei-Personen-Ansatz, in dem sie systemische und konstruktivistische Modelle integrieren.

Die allgemeine Annahme des konstruktivistischen Modells ist, dass das Verständnis des Therapeuten immer Resultat einer aktiven Erkenntnissuche ist, die sich in einem interpersonalen (Sullivan 1953) und intersubjektiven Feld (Jaenicke 2006, 2010, 2014, Mitchell 2003, Orange et al. 2001, Orange 2004) abspielt und dadurch beeinflusst und ausgerichtet wird, wie sich Eisenspäne nach den Energien eines Magnetfeldes ausrichten. »Konstruktivistisch« bedeutet in diesem Zusammenhang nicht, dass unsere Gedanken, Schlussfolgerungen und Intuitionen einfach falsch sind. Allerdings sind es unsere eigenen interpretativen Konstruktionen und sind insofern rein subjektiv, obwohl sie natürlich die Wahrnehmung von Fakten beinhalten. D. h. man muss über Beobachtungen und Deutungen reden im Sinne von Annahmen und Hypothesen und sich über ihren Charakter als Hypothesen bewusst sein. Der wesentliche Punkt ist also, dass wir uns der relativen Objektivität bzw. der Subjektivität unserer Erkenntnisprozesse stets bewusst sind und ihr Eingebundensein in einen intersubjektiven Kontext stets anerkennen und berücksichtigen sollten (Ferro 2003). Die Wirklichkeit in der therapeutischen Situation, also das, was Therapeut und Patient wahrnehmen und erleben, ist eine dialogische Konstruktion einer gemeinsamen Wirklichkeit (Sandweg 2015). Die zeitgenössischen Ansätze wie die Intersubjektivitätstheorie (Jaenicke 2006, Orange et al. 2001, Stolorow et al. 1987), systemische Modelle auf der Basis der Säuglings- und Bindungsforschung (Beebe und Lachmann 2004, Stern 2004, Stern et al. 2012) und die relationale Psychoanalyse (Kuntzke 2011, Mitchell 2005, Ringstrom 2007, Sassenfeld 2012) werden diesen Kriterien bereits gerecht.

3.2 Übertragung – die Aktivierung innerer Schemata des Patienten

Der Vorgang der Übertragung beinhaltet im Kern die Annahme, dass der Patient nicht eine vorgefundene objektive Wirklichkeit erkennt, sondern dass er in wesentlichen Punkten seine eigene Innenwelt projiziert und wahrnimmt.

Mehr noch als der Analytiker befindet sich der Patient am Anfang der Behandlung in einer Situation, die dadurch für ihn sehr schwierig ist, weil die üblichen Diskursregeln für den Alltagsdialog nicht mehr gelten (Flader et al. 1982). Sie ist deshalb für den Patienten verunsichernd, weil er keine andere ihm bekannte Erfahrung direkt auf die therapeutische Situation anwenden kann. Der Analytiker verhält sich weder wie ein Arzt noch gleicht sein Verhalten demjenigen einer anderen dem Patienten bekannten Autorität. Der Patient sieht sich gezwungen, nach Hinweisen und Signalen zu suchen, die für ihn bekannt sind und auch solchen Beobachtungen einen Sinn zu geben, die er aufgrund seiner bisherigen Erfahrung nicht kennt. Dieser Organisierungsvorgang (Fosshage 1995, Herold 1995, Stolorow et al. 1987), durch den der Patient mithilfe seiner erlernten inneren Schemata die gegenwärtige Situation einzuordnen und ihr einen Sinn zu geben versucht, wurde von Piaget (1966) im Hinblick auf die kognitive Entwicklung als Assimilation beschrieben und von Wachtel (1980) zur Beschreibung der Prozesse in der Übertragung verwendet (s. a. Fischer 1996, Thomä und Kächele 2010).

Im Prozess der Organisierung seiner Erfahrung konstruiert der Patient seine Wahrnehmungen vom Analytiker und der Situation und nimmt Einschätzungen und Bedeutungszuschreibungen vor (Abend 1993, Levine 1994). Durch die aktualisierten inneren Erlebnisschemata (Gillett 1996) befindet er sich im Zustand einer selektiven Wahrnehmungseinstellung und Erwartungshaltung (Beebe und Lachmann 2004, Herold 1995), die ihn für bestimmte Hinweisreize des

Therapeuten besonders empfänglich und für andere wiederum weniger zugänglich macht. Auf diese Weise entstehen die Feinstrukturen der globalen Übertragungen (z. B. Vater, Mutter, Geschwister, Über-Ich, Es etc.), die am besten als Denk-, Gefühls- und Verhaltensmuster beschrieben werden können und in Einstellungen, Haltungen, Absichten, Erwartungen etc. zu erkennen sind (Gill 1993). Ihre Aktualisierung nimmt häufig eine spezifische Wahrnehmung bezüglich der Person des Therapeuten als Übertragungsauslöser zum Anlass, um die herum das jeweils aktivierte Interpretationsmuster aufgebaut wird (Smith 1990). Behandlungstechnisch sollten diese Wahrnehmungen, soweit sie eine erkennbar reale Gegebenheit betreffen, auch bestätigt werden (Hübner 2011, Thomä 2001).

> Im zweiten Vorgespräch für eine analytische Psychotherapie entsteht eine Gesprächspause, in der die junge Patientin für kurze Zeit nachdenklich und zunehmend verunsichert vor sich hinschaut. Es liegt eine deutliche Spannung in der Luft und der Analytiker spürt einen Druck, ihr etwas zur Spannungslinderung zu sagen oder einen Rat zu geben. Als sich ihr Gesichtsausdruck etwas verändert und der Analytiker etwas später fragt, was denn in ihr vorgehe, sagt sie: »Ich weiß nicht genau, was Sie mir damit sagen wollten. Vielleicht wollten Sie mir sagen, dass ich das nicht machen darf.« Es war deutlich, dass die interpretativen Hinweise des Therapeuten für diese Patientin zu wenig greifbar waren. Zwar suchte sie nicht gerade aktiv eine Verhaltensanweisung oder Kritik, sie war jedoch auf eine derartige Reaktion des Analytikers eingestellt. Daraufhin angesprochen, kam ihre Antwort: »Vielleicht kommt das daher, dass mir immer gesagt worden ist, was ich machen muss oder nicht tun darf, bei meinem Vater kenne ich nichts anderes.«

Diese Patientin hat in ihrer Erwartungshaltung minimale Hinweise im Verhalten des Therapeuten dafür benutzt, ein für ihr Leben typisches Szenario herzustellen. Sie hatte einerseits befürchtet, der Analytiker würde sich genauso verhalten wie sie es von ihrem Vater gewohnt ist und hatte gleichzeitig die zaghafte Hoffnung, er würde sie annehmender und gleichberechtigter behandeln als dieser. Hier sind die beiden Pole erkennbar, die dem Wiederholungszwang und möglicherweise jeder Übertragung zugrunde liegen. Der Angst vor der Wiederholung der traumatischen Erfahrung, also der eigentlichen objektalen Übertragung, steht die unbewusste Hoffnung auf eine neue positive Erfahrung mit dem Therapeuten als Entwicklungsobjekt (Emde 2011, Mertens 2011, Tähkä 1993, Walter 2019) gegenüber oder zumindest die Sehnsucht nach dem Angebot einer Beziehungserfahrung, die günstigere Bedingungen für die Bewältigung einer bisher unlösbaren Konfliktsituation schafft (Control-Mastery-Theorie von Weiss und Sampson 1986, Weiss 1990, Thomä und Kächele 2007).

Die dargestellte Auffassung betrachtet die Übertragung nicht primär und prinzipiell als eine Störung der Realitätswahrnehmung infolge eines Projektions- oder eines sonstigen Abwehrvorganges. Sie sieht darin vielmehr die typische Art, in der ein Patient sein individuelles Erleben gestaltet und wie er sich selbst, seine Beziehungsobjekte und die Beziehung zwischen sich und dem anderen erlebt

(Erazo 1997). Die partielle Realitätsverzerrung ist die Folge, nicht aber der Kern einer Übertragungsreaktion.

Übertragung ist also keine pathologische Reaktion, sondern sie ist der Ausdruck und die Wirkung einer ubiquitären natürlichen menschlichen Tendenz, die dem Überleben in einer überaus komplexen Umwelt dient. Die jeweilige inhaltliche Ausgestaltung eines inneren Schemas kann allerdings mehr oder weniger adäquat und konstruktiv im Sinne des sozialen Überlebens sein.

Schon vor langer Zeit hatte der Psychiater Sullivan in seiner interpersonalen Theorie der Psychiatrie den Begriff des Musters gebraucht (Sullivan 1953, S. 409), um die Ursache für sich wiederholende Erfahrungen zu benennen. Während Fosshage (1994) und Stolorow et al. (1987) dieses Konzept im Rahmen der Selbstpsychologie vertreten, favorisiert auch Thomä die Möglichkeit, die Übertragungsdisposition als Schema oder Klischee zu sehen (Thomä 1991, S. 426).

> Schemata bestimmen die Auswahl dessen, was wir wahrnehmen und nach welchen Kategorien wir unsere Wahrnehmungen organisieren. Gleichzeitig werden die der Wahrnehmung zugrundeliegenden Schemata mit jedem Wahrnehmungsakt durch das Wahrgenommene angereichert, differenziert, modifiziert, da die objektiv gegebene Umweltinformation mehr oder auch anderes enthält als nur das, was wir mit unseren bestehenden Schemata an die Umgebung herantragen. Ein Teil der Umgebungsinformation lässt sich in die bestehenden Schemata einfügen: Sie wird an die Schemata assimiliert. Dadurch werden die bestehenden Schemata allmählich angereichert. In dem Maße, in dem die Umweltinformation sich nicht an die bestehenden Schemata assimilieren lässt, müssen die Schemata sich an die Umgebung akkommodieren [...]. Im Vorgang der Akkommodation werden die Schemata differenziert oder neue Schemata herausgebildet. Gelingt es dem Individuum nicht, seine Schemata an die tatsächliche Umgebungsinformation anzupassen, so muss ein Teil dieser Information aus der Wahrnehmung ausgeblendet werden, oder er wird im Sinne der bestehenden Schemata, d. h. objektiv ›verzerrt‹ wahrgenommen. (Grawe et al. 1994, S. 758)

»Akkommodation« bezeichnet nach Piaget den Vorgang, in dem die bisher entwickelten und bestehenden inneren Strukturen durch neue und nicht erwartete Erfahrungen verändert werden. Übertragung ist somit der dialektische Prozess zwischen Assimilation und Akkommodation, in dessen Verlauf die inneren Schemata zunächst die Erfahrungen in der Beziehung zum Analytiker strukturieren und dadurch im Laufe der »realistischen« Begegnung (Bräutigam 1988) mit dem Therapeuten der Bearbeitung zugänglich werden und eine Korrektur erfahren. Die Introjektion dieser Erfahrung mit dem Analytiker als einem neuen Objekt verändert und differenziert das auf ihn übertragene innere Schema, das sich auf diese Weise an die neue Umwelt akkommodiert, also etwas Neues aufnimmt und sich dadurch verändert. Eine Voraussetzung für die konstruktive Veränderung eines Schemas ist allerdings, dass sich die am Therapeuten als einem neuen Objekt gemachten Erfahrungen als hinreichend bekannt und vertraut erweisen, sich jedoch auch ausreichend von der ursprünglichen traumatischen Erfahrung unterscheiden. Fischer spricht hier in Anlehnung an Piaget von einer »optimalen Differenz« (1996, 2000, S. 174) zwischen der negativen Übertragungserwartung und einer positiven therapeutischen Beziehung. Grimmer (2006) weist in seinem Beziehungskonzept der Kreditierung darauf hin, dass dem Patienten im Rahmen einer positiven therapeutischen Beziehung nicht nur Mut gemacht werden soll, sondern dass auch das dosierte und gezielte »Zumuten« von Konfrontation und zeitweiliger Verunsicherung im Sinne einer optimalen Frustration (Kohut 1976) Bestandteil einer bewältigungs- und ressourcenorientierten analytischen Beziehungsgestaltung sein muss.

Auch Weiss und Sampson (1986) gehen in ihrer Control-Mastery-Theorie des therapeutischen Prozesses davon aus, dass der Patient sich mit spezifischen unbewussten Plänen in die therapeutische Beziehung einlässt, den Therapeuten in bestimmte Situationen bringt und ihn dadurch testet, ob dieser seine neurotischen Erwartungen bestätigt oder nicht. Das geschieht in der Hoffnung, dass der Analytiker mit dem konflikthaften Material anders umgehen kann als die Personen seiner Vergangenheit. Sie gründen also ihre Behandlungstechnik implizit auf die Annahme innerer Schemata, die bewirken, dass der Patient mit spezifischen Befürchtungen, Erwartungen und unbewussten Plänen in die analytische Situation kommt und die dort gemachten Wahrnehmungen entsprechend diesen unbewussten Schemata organisiert (Andreas et al. 2019).

Die Psyche als System

Die logische Struktur, die im Falle eines misslingenden therapeutischen Dialoges, etwa wenn der Therapeut die Tests des Patienten nicht besteht, zu einer Retraumatisierung im Sinne des Wiederholungszwangs führt, entspricht den Vorgängen in einem geschlossenen System, in dem zirkuläre rückbezügliche Prozesse ablaufen. »Die zirkuläre Organisation impliziert somit die Voraussage, dass eine Interaktion, die einmal stattgefunden hat, wiederum stattfinden wird« (Maturana 1985, S. 36).

In einem operational geschlossenen System (Luhmann 1992) stehen dessen strukturelle Bestandteile und Funktionen in einem solchen Verhältnis zueinander, dass dadurch ebendiese Strukturen aufrechterhalten und immer wieder reproduziert werden. Es findet ein permanenter selbstbezüglicher Rückkopplungsprozess zwischen den einzelnen Elementen statt, indem ein strukturelles Element einen Prozess in Gang setzt, durch den dieses Element wiederum erzeugt wird. Der von der Biologie und der Neurophysiologie ausgehende Erkenntnistheoretiker Maturana (1985) verwendet zur Kennzeichnung dieser Dynamik den Begriff der Autopoiese, um den grundsätzlichen Wirkungsmechanismus innerhalb eines geschlossenen Systems zu beschreiben. So assimiliert z. B. eine Nervenzelle ihre biochemische Umwelt auf eine für sie typische Weise, mit der sie sich selbst immer wieder reproduziert und ihre Identität als Nervenzelle aufrechterhält und neu schaffen kann.

Das Ergebnis der autopoietischen Arbeit ist somit weitgehend mit dem Ausgangszustand identisch. Dabei kreieren die strukturellen Bestandteile der Zelle die Zellwand, die ihrerseits wiederum die Voraussetzung dafür schafft, dass der Stoffwechsel der Zelle stattfinden kann (Simon 1995). Ich halte es für naheliegend, diese Position mit der Psychoanalyse zu verbinden und die Psyche als ein System zu betrachten, das sich im Sinne dieser autopoietischen Prozesse bis zu einem gewissen Ausmaß selbst reproduziert, d. h., dass immer wieder dieselben

Erfahrungs- und Interaktionsmuster und dieselben interpersonellen Erfahrungen auftreten (Brocher und Sies 1986, Kemper 1992).

3.2.1 Die Beschaffenheit der inneren Schemata

Die hier postulierten inneren Schemata sind Bestandteil der inneren Strukturen, die in der Psychoanalyse als innere Repräsentanzen bezeichnet werden. Ursprünglich wurde von Objekt- und Subjektrepräsentanzen, also von inneren Bildern von den Mitmenschen und von sich selbst (Jacobsen 1964) gesprochen. Die Interaktion zwischen Subjekt und Objekt wurde dabei, wenigstens in der theoretischen Konzeptualisierung, völlig außer Acht gelassen. Man sprach so z. B. von Introjektionen der Mutter ins Über-Ich oder von reiferen Identifikationen mit der Mutter im Sinne einer Aufnahme mütterlicher Aspekte ins eigene Ich oder Über-Ich. Unter dem zunehmenden Einfluss von Objektbeziehungstheorien musste diese individualistische Sicht jedoch schließlich korrigiert werden. So sprach man davon, dass nicht nur Aspekte der Beziehungsobjekte introjiziert werden, sondern dass es vor allem auch die Interaktionserfahrungen mit diesen Objekten sind, die verinnerlicht werden und die psychischen Strukturen bilden (Kernberg 1988b, Stern 1994).

In einer frühen Rezeption der Kleinkindforschung gehen Sandler und Sandler (1978) in einer Arbeit über die Entwicklung der Objektbeziehungen ebenfalls über die ursprüngliche Theorie hinaus, indem sie postulieren, dass nicht nur von Wünschen und anderen Es-Inhalten gesprochen werden kann. Vielmehr beinhaltet jeder Wunsch neben einer Selbstrepräsentation auch eine Objektrepräsentanz und ein Bild der interaktionellen Beziehung zwischen diesen beiden: »Der Wunsch enthält die Repräsentation einer Objektbeziehung« (Sandler und Sandler 1978, S. 290). Kernberg (1988b) formuliert diese Erkenntnis aus und erweitert damit die ichpsychologische Trieb-Abwehr-Theorie, indem er schreibt: »Unbewusste intrapsychische Konflikte sind niemals nur einfache Konflikte zwischen Impuls und Abwehr; vielmehr findet der Triebabkömmling in einer primitiven Objektbeziehung Ausdruck (einer bestimmten Einheit der Selbst- und Objektrepräsentanz), und auch die Abwehr spiegelt sich in einer bestimmten verinnerlichten Objektbeziehung. Der Konflikt besteht zwischen diesen intrapsychischen Strukturen« (S. 175). Sowohl das Bedürfnis wie auch die Über-Ich-geleitete Abwehr sind in dieser Sicht somit eingebettet in den interpersonellen Kontext, in dem sie entstanden sind (Kahlenberg 2010).

3.2.2 Entstehung der inneren Schemata – der Einfluss der Säuglings- und Kleinkindforschung

Die moderne Kleinkindforschung hat unser Verständnis von der Entstehung der inneren Repräsentanzen und Schemata ein großes Stück vorangebracht. So sprach Bowlby (1980) bereits von inneren »Arbeitsmodellen« (S. 146), die aufgrund der Bindungserfahrungen des Kleinkindes entstehen, »die die Hauptmerkmale der Welt um es herum und die seiner selbst als Handelndem in ihr repräsentieren« (S. 146). Diese inneren Arbeitsmodelle bestimmen seine Erwartungen hinsichtlich der Reaktionen des Anderen und bedingen seine Handlungspläne.

Durch die Rezeption der Säuglingsforschung (Dornes 1997, 2000, Beebe und Lachmann 2004) und den Versuch, auch die Erkenntnisse der Bindungstheorie (Fonagy 2001, Grossmann und Grossmann 2004) für die Weiterentwicklung der Psychoanalyse fruchtbar zu machen, kam es zu einer Reihe weiterer Begriffsbildungen mit dem Ziel, den Vorgang der intrapsychischen Repräsentation dessen, was ein Kind erlebt, exakter zu erfassen. So entsprechen Fosshages (1994) »developmental configurations« (S. 277) weitestgehend dem, was Lichtenberg (1991) mit den »affektiven Wahrnehmungs- und Handlungsmustern« (S. 85) meint, die sich auf der Basis »angeborener und rasch erlernter Schemapräferenzen« (S. 85) entwickeln. Buchholz (1988) spricht von »internalisierten Beziehungsmodellen«, die als »invariante Muster« (S. 287) im Unbewussten abgelagert werden und kommt damit Daniel Stern (1994) sehr nahe, der diese relativ stabilen Repräsentationen von Beziehungsmustern sehr treffend als »representations of interactions that have been generalized (RIGs)«, also als generalisierte Interaktionsrepräsentanzen bezeichnet hat. Zelnick und Buchholz (1991) ziehen zur Definition der inneren Repräsentanzen den Begriff der »unbewußten interaktionalen Organisationsstrukturen« (S. 842) vor.

Die Entwicklung der inneren Schemata nach D. Stern

Den bisher differenziertesten Beitrag zur Entwicklung der inneren Repräsentanzen hat meines Wissens Daniel Stern (1994, 1995) in seinen Arbeiten über die Repräsentation von Beziehungsmustern geliefert. Im Gegensatz zu den vorher genannten Autoren unterscheidet Stern (1995) zwischen dem formalen und dem inhaltlichen Aufbau der Repräsentanzen, wobei sich der inhaltliche Aspekt nicht auf die Struktur, sondern auf den spezifischen Bedeutungsgehalt einer Introjektion bezieht.

Die internalisierten Interaktionseinheiten haben nach Stern (1995) eine hierarchische Struktur. Der formale Aufbau der Bildung eines inneren Schemas beginnt nach Stern mit der kleinsten Einheit einer Interaktion, einer kurzen einzelnen Interaktion zwischen Mutter und Kind, dem sog. »L-Moment« (L = lived) (Stern 1995, S. 197), der sich täglich oft wiederholt und direkt im Gedächtnis abgebildet wird. Das Kind lächelt z. B. die Mutter an, und sie lächelt zurück. Dieser gelebte Moment wird als eigene begrenzte Interaktionserfahrung vom Säugling aufgenommen. Hier handelt es sich noch nicht um eine Repräsentanz, sondern nur um die Speicherung einer tatsächlichen gelebten Erfahrung, »eine einzelne Erinnerungsspur an ein gelebtes Moment« (S. 199).

Größere Einheiten von Interaktionserfahrungen, die aus einer Sequenz von einzelnen Mikrointeraktionen, den L-Momenten bestehen, bezeichnet Stern als »L-Szenarios« (S. 208), d. h. gelebte und direkt im Gedächtnis aufbewahrte Interaktionseinheiten.

3 Ansätze zu einem erweiterten Konzept von Übertragung und Gegenübertragung

> **Ein Beispiel**
>
> Das acht Monate alte Kind krabbelt von der Mutter weg und freudig auf eine Wasserpfütze zu. Kurz davor hält es an, dreht sich zur Mutter um und schaut sie etwas ambivalent, halb lächelnd und halb prüfend an. Sie lächelt ermutigend zurück, worauf das Kind lustvoll und ohne Hemmung weiter in die Pfütze krabbelt.

Die direkte Gedächtnis- bzw. Erinnerungsspur solcher L-Momente und L-Szenarios nennt Stern »M-Moment« und »M-Szenario« (M = memory), um deutlich zwischen der tatsächlichen Interaktion und der inneren Aufnahme als Erinnerungsspur zu unterscheiden. Gerade bei den M-Szenarios, die ja schon komplexere Interaktionseinheiten sind, die so ins Gedächtnis eingehen, wie sie subjektiv erfahren werden, ist die Verzerrung einer Wahrnehmung durch den jeweiligen affektiven Zustand des Säuglings durchaus schon möglich.

Als nächste Stufe im hierarchischen Aufbau eines inneren Schemas folgt darauf die eigentliche innere Repräsentation der erlebten Interaktionserfahrungen. Aus wiederholten Einzelerfahrungen, den M-Momenten und M-Szenarios, bildet das Kind allmählich ein inneres Bild von einer bestimmten Situation, gewissermaßen einen Entwurf von einer interaktionellen Szene, indem es die immer gleichbleibenden invarianten Merkmale dieser Interaktion erkennt, sie abstrahiert und eine Vorstellung von ihrem typischen Ablauf ausbildet. Diese inneren Modelle, die kognitive und affektive Elemente sowie Handlungsentwürfe enthalten, helfen dem Kind, sich in seiner Umwelt zusehends besser zurechtzufinden, indem es aus dem bisher Erlebten eine Vorstellung davon bildet, was in einer spezifischen Situation zu erwarten ist (Beebe und Lachmann 2004).

Die ausgebildeten inneren Repräsentationen dienen dem Kind dazu, jede neue Erfahrung im Sinne eines Mustererkennungsprozesses gemäß den bisherigen inneren Bildern nach Bekanntem abzusuchen, sie zu assimilieren und das innere Schema unter Umständen zu erweitern.

Auf dieser Ebene geht es ausschließlich um innere Verarbeitungsprozesse, die den Charakter von autopoietischen Selbstorganisationsprozessen haben und denen insofern eine eigene Dynamik innewohnt, als sie immer komplexer und von der realen Erfahrung unabhängiger werden, diese jedoch im Sinne dieser inneren Schemata verarbeiten. Es finden Generalisierungen statt, die zu einer fortschreitenden Kategorisierung von Erfahrungen führen. Diese generalisierten Interaktionserfahrungen wurden von Stern (1994) als RIGs bezeichnet.

> Um die Entstehungsweise solcher Interaktionsmuster zu verdeutlichen, führt Stern (1995) ein Experiment von Mark Strauss (1979) an, in dem die Bildung eines visuellen Gesichtsmusters verfolgt werden kann. Einer Gruppe von zehn Monate alten Säuglingen wurden mehrere schematische Zeichnungen eines menschlichen Gesichts gezeigt. »Jedes Gesicht war unterschiedlich in Größe und Stellung der Augen oder der Ohren oder der Länge der Nase. Am Ende der Serie wurden die Säuglinge getestet, welche Zeichnung sie als die gesamte

Serie ›repräsentierend‹ auswählten, d. h. welche ihnen am wenigsten fremd bzw. am vertrautesten schien. Sie wählten eine Zeichnung aus, die sie noch nicht gesehen hatten, die aber den mathematischen Durchschnitt aller Merkmalsgrößenstellungen darstellte, die sie vorher gesehen hatten. Bei der Beobachtung der Bild-Serie vollzogen die Säuglinge offenbar einen fortlaufenden Prozeß der Durchschnittsbildung und gelangten so zu einem Prototyp, durch den die gesamte Sequenz gut ›repräsentiert‹ wurde – obwohl das ausgewählte Bild in der ursprünglich gezeigten Serie gar nicht enthalten war« (Stern 1995, S. 202f.). Auf diese Weise bildet nach Stern der Säugling die R-Momente und R-Szenarios.

Bowlbys Konzept des inneren Arbeitsmodells lässt sich ohne Schwierigkeiten in die Auffassung von Stern integrieren. Ein inneres Arbeitsmodell ist demnach eine um einen spezifischen Inhalt gruppierte Repräsentationseinheit, die sich aus verschiedenen gelebten Momenten und Szenarios und den entsprechenden generalisierten Repräsentanzen zusammensetzt. So müssen für unterschiedliche Motivationssysteme und für die einzelnen Entwicklungsphasen spezifische innere Arbeitsmodelle postuliert werden. Was Bowlby und seine Mitarbeiter bezüglich Bindung und Bindungstypen erforscht haben (Bowlby 1980, Ainsworth et al. 1978, Grossmann et al. 1989, Grossmann und Grossmann 2004, Spangler und Zimmermann 1995), müsste analog auch für die weiteren von Lichtenberg (1989, 1991) postulierten Motivationssysteme erarbeitet werden (physiologischen Bedürfnisse, Selbstbehauptung und Exploration, Rückzug und Aversion sowie sinnliches Vergnügen und Sexualität).

Aus der bisherigen Beschreibung der Schemaentstehung geht hervor, dass es sich schon auf der untersten Ebene der M-Szenarios um Erinnerungsspuren handelt, in denen die subjektiv erlebten Interaktionssequenzen festgehalten werden. Insbesondere bei der Weiterverarbeitung zu generalisierten Interaktionsmustern bzw. Repräsentanzen gibt es reichlich Möglichkeiten, Verzerrungen in die Welt der inneren Repräsentanzen bzw. der verinnerlichten Objektbeziehungen zu bringen. Auch Stern (1995) beansprucht nicht, dass sich in diesen internalisierten Interaktionsmustern eine direkte und einfache Abbildung des tatsächlich Erlebten darstellt. Allerdings hat die Kleinkindforschung in der Psychoanalyse zu einer wichtigen Korrektur geführt. Man hat nach heftigen Kontroversen dadurch gelernt, nicht mehr ausschließlich die fantasierte Erinnerung zu berücksichtigen, sondern sehr viel genauer auf die tatsächlichen Interaktionen zu achten, die äußerst subtil zwischen Kind und Eltern stattfinden, und ist nun eher bereit, in Kindheitserinnerungen den realen interaktionellen Kern anzuerkennen, um den sich dann mithilfe der komplexen Fantasietätigkeit eine »Narration« (Spence 1982), also eine erzählbare Geschichte (Retzer 1994) herausbildet hat. Auf diese Kontroverse zwischen analytischer Trieb-/Ich-Psychologie und Säuglingsforschung (s. Arlow 1991, Reed 1995) kann hier jedoch nicht näher eingegangen werden.

Auch das von Lichtenberg (1989, 2005) eingeführte Konzept der »Modellszene« dient vor allem dazu, die Verstehensarbeit des Analytikers zu erleichtern und zu konkretisieren. Es meint nicht, dass die in der Übertragung entstehende Szene ein wahrheitsgetreues und quasi fotografisches Abbild einer real erlebten kindlichen

Szene ist. Der Begriff der »Modellszene« ist unspezifischer als Sterns Begriff der »RIGs«, da er sich auf die subjektive Erfahrung einer Kindheitsszene bezieht und im Gegensatz zu Stern (1995) nicht zu differenzieren versucht zwischen tatsächlich erlebten Interaktionsmomenten und deren innerer Repräsentation als RIG.

Zusammenfassend lässt sich sagen, dass ein inneres Erlebnisschema, dem eine internalisierte Interaktionsfigur zugrunde liegt, ein bestimmtes in dieser Erfahrung erlebtes Gefühl und gleichzeitig ein kognitives Bild von der Beziehungsperson umfasst. Ein Kind entwickelt allerdings erst relativ spät in der Entwicklung die Fähigkeit zur Mentalisierung (Dornes 2004, Fonagy et al. 2004, Fonagy 2009, Klöpper 2005) und zur reiferen Affektregulierung. Erst auf dieser Basis ist das Kind in der Lage, komplexere Vorstellungen von sich selbst und den Anderen zu entwickeln (Köhler 2006). Das jeweilige Bild von sich selbst im Rahmen einer Interaktion, also der Selbstanteil der inneren Repräsentanz (Kernberg 1988b, Sandler 1978) beinhaltet vor dem Erreichen dieser höheren Entwicklungsstufe nicht die Wahrnehmung des eigenen Verhaltens und die Fähigkeit zur Perspektivenübernahme. Wenn die Eltern sich den Bedürfnissen des Kindes entsprechend verhalten (Lichtenberg 1989), fühlt sich das Kind in seiner Art angenommen, geschätzt und geliebt. Für eine sehr lange Zeit ist es das Wesentliche für das Kind, ob es angenommen wird oder nicht, ob es geliebt oder zurückgewiesen wird und ob es sich in seinen Erfahrungen bestätigt fühlt. Zu einem wesentlichen Teil besteht der Inhalt der Selbstrepräsentanzen, also das Selbstbild und das Selbstwertgefühl, aus diesen durch die Eltern vermittelten Bedeutungen. Erlebt das Kind die Eltern als ablehnend, so ist es noch nicht in der Lage, die zugrundeliegende Interaktion symbolisch zu repräsentieren, das Verhalten der Eltern und das eigene Verhalten getrennt zu erfassen, wie es später möglich wäre, sondern es fühlt sich einfach ungeliebt und hält sich selbst für böse, da eine Trennung und Differenzierung zwischen Selbst und Objekt noch nicht möglich ist. Im günstigen Fall fühlt es sich zufrieden, sicher, in seiner Person bestätigt und hat in dieser Situation ein positives Bild von sich und ein gutes Gefühl für sich. »Das Erleben, das die eigene Subjektivität in der inneren Welt eines Anderen existiert und positive Resonanz findet, ermöglicht die Wahrnehmung der eigenen Einzigartigkeit« (Kahlenberg 2010, S. 70). Das Selbsterleben ist also ein Abbild von intersubjektiven Beziehungserfahrungen.

3.2.3 Strukturelle Regression

Bei einer Regression handelt es sich nicht einfach nur um eine chronologische Rückkehr zu früheren Objekt- und Subjektbildern, die auf den Analytiker übertragen werden und dort zu einem »Irrtum in der Zeit« (Greenson 1975, S. 163) und dadurch zu einer verzerrten Wahrnehmung führen. So wie die inneren Repräsentanzen oder Schemata aufgebaut sind, besteht der strukturelle Aspekt der Regression vielmehr in einer Aktivierung von früheren und primitiveren Denk- und Erlebnisstrukturen (Ermann 1996). Denn die inneren Schemata enthalten ganz unterschiedliche Ebenen der Abstraktion, der Integration und der Verarbeitung durch Symbolisierungs- und Gedächtnisprozesse, die zudem den verschiedenen Lebensaltern entstammen und die jeweiligen altersgemäßen Verarbeitungsmodi repräsentieren. So kann in der Übertragung bei einem strukturell gefestigten neurotischen Patienten z. B. eine relativ hohe Verarbeitungsform eines RIGs aktualisiert werden, wohingegen Borderline-Patienten eher dazu neigen, auch die frühen Vorformen der RIGs, also gelebte Momente und direkte im Gedächtnis gespeicherte interaktionelle Erfahrungen, zu aktivieren, die traumatischen Charakter hatten. Auf dieser strukturell sehr tiefen Regressionsebene sind es praktisch einfache unverarbeitete Erinnerungen mit intensiven affektiven Begleitreaktionen ohne symbolische Verarbeitung und noch vor der Entwicklung einer ausreichenden Mentalisierungsfähigkeit (Dornes 2004, Fonagy 2009), sodass deren Aktualisierung sehr schnell und affektiv intensiv sein kann und den Therapeuten deshalb ebenso stark emotional anspricht und einbezieht. Dadurch können heftige Affekte und Handlungsimpulse in der Gegenübertragung entstehen, die ein deutlicher Hinweis auf eine strukturelle oder traumatische Störung beim Patienten sind (Barwinsky 2014, Rosenfeld 1987).

3.2.4 Transgenerationale Weitervermittlung innerer Schemata

Innere Schemata, Arbeitsmodelle oder RIGs zeigen interessanterweise auch eine ausgeprägte Konstanz über die Generationsgrenzen hinweg. So konnten beispielsweise hinsichtlich des Bindungsverhaltens hochsignifikante Zusammenhänge gefunden werden zwischen der Feinfühligkeit der Mutter für die Signale ihres Kindes und ihren eigenen internalisierten Elternbildern. Mütter, die über positive Bindungserfahrungen mit ihren eigenen Müttern berichteten oder wenigstens die Bereitschaft hatten, eigene bindungsrelevante, wenn auch negative Erfahrungen zu überdenken, hatten ein feineres Gespür für die Bindungsbedürfnisse ihres Kindes als solche Mütter, die ihre Eltern einfach entwerteten, sie einseitig idealisierten oder nur wenige Erinnerungen an ihre Kinderzeit hatten. Bei Kindern derjenigen Mütter, die die Erfahrung einer sicheren Bindung und somit diesbezüglich ein überwiegend positives mütterliches Introjekt hatten, ließ sich ebenfalls überwiegend ein sicheres Bindungsmuster ihren Kindern gegenüber feststellen (Grossmann et al. 1988, Grossmann und Grossmann 2004, Levine et al. 1991, Steele und Steele 1995). Auch Fonagy und seiner Arbeitsgruppe (Fonagy et al. 1993) war es aufgrund von Elterninterviews über deren eigene Kindheitserfahrungen möglich, die Bindungsqualität, die deren Kinder entwickeln würden, richtig vorherzusagen. Dabei wurden die Gespräche mit diesen Eltern selbstverständlich vor der Geburt der später untersuchten Kinder durchgeführt (ausführliche Zusammenfassungen bei Fonagy 2003, Spangler et al. 1995, Grossmann und Grossmann 2004).

3.2.5 Die Aktualisierung der generalisierten Interaktionsschemata in der therapeutischen Beziehung

Anhand eines Beispiels soll im nächsten Kapitel (▶ Kap. 3.3.1.2) gezeigt werden, wie eine Übertragung dadurch zustande kommt, dass eine Patientin in dem Versuch, mit der ihr unvertrauten und befremdlichen analytischen Situation zurechtzukommen, verschiedene innere Denk- und Interpretationsmöglichkeiten ausprobiert, um das Verhalten und die Absichten des Therapeuten verstehen und einschätzen zu lernen und in ihnen einen Sinn zu erkennen.

3.3 Die Interaktion zwischen Therapeut und Patient

3.3.1 Der Einfluss des Analytikers auf die Übertragung

Es ist nur schwer nachvollziehbar und fast nur unter gruppendynamischen, organisations- und wissenschaftssoziologischen Aspekten verstehbar, dass sich der gestaltende Einfluss, den der Analytiker mit seiner Person, seinen Einstellungen, Erwartungen und seinem Verhalten auf die spezifische Ausformung der jeweiligen Übertragung hat, sich in der Konzeptualisierung des analytischen Prozesses so lange der gezielten Aufmerksamkeit und der systematischen Erforschung entziehen konnte. Berühmte Fälle wie Guntrips (1975) Bericht über seine beiden Analysen bei Fairbairn und Winnicott sowie die Berichte von Margaret Little (1994) über den völlig unterschiedlichen Verlauf ihrer Langzeitanalysen bei einem Herrn »Dr. X.«, anschließend bei Ella F. Sharpe und Winnicott hätten ebenso mit aller Deutlichkeit das Augenmerk auf den bestimmenden Einfluss des Analytikers auf die Ausgestaltung der Übertragung lenken können. Als weiteres prominentes Beispiel wären hier die beiden Analysen des Herrn Z. bei Kohut zunächst im klassischen Verfahren und dann mit Kohuts veränderter Technik zu erwähnen, die einen sehr unterschiedlichen Verlauf genommen hatten (Kohut 1979).

Offensichtlich war jedoch die Zeit nicht reif dafür. Zu stark war auf der Basis einer Ein-Personen-Psychologie (Bettighofer 2014) noch der Einfluss des ursprünglichen Übertragungsparadigmas, wonach der reale Einfluss des Therapeuten, seiner Deutungen wie auch der therapeutisch wirksamen Aspekte der Beziehung erst in der Durcharbeitung und der Auflösung der Übertragungsbeziehung zur Geltung kommen. Der Beitrag des Analytikers zur Entstehung der Übertragung und zur Aktivierung bestimmter innerer Schemata beim Patienten wurde hingegen noch nicht gesehen. Die Übertragung als »falsche Verknüpfung« (Freud 1895) oder als »Irrtum in der Zeit« (Greenson 1975) zu sehen, belässt den Analytiker und seine Verletzlichkeit in einem Schonraum, der nicht angetastet wurde, »denn was kann beruhigender für einen Therapeuten sein, als sich der Auffassung zu vergewissern, daß der Patient nicht ihn persönlich meint, sondern Vater oder Mutter?« (Mertens 1990, S. 172). Diese Theorie hat es dem Analytiker ermöglicht, sich vom Patienten zu distanzieren und sich aus dem interpersonellen Feld herauszulösen, seinen Einfluss bei der Herstellung der Übertragung zu verleugnen und sich ausschließlich in seiner Funktion eines therapeutischen Katalysators zu sehen.

3.3.1.1 Die Einladung des Patienten zum Dialog und die Antwortbereitschaft des Therapeuten

Schon in den ersten Momenten einer therapeutischen Begegnung, angefangen vom Erstkontakt am Telefon über die erste persönliche Begrüßung bis hin zu der verbalen Eröffnung des Gespräches, konstelliert sich eine Anfangsszene, die für den Patienten und den Analytiker kennzeichnend ist. Die initialen und mehr oder weniger intensiven Gegenübertragungsreaktionen, denen schon eine zentrale diagnostische Bedeutung zukommt (Wegner 1992), sind unvermeidlich und zeigen, dass von jedem Patienten eine spezifische Wirkung ausgeht, auf die der Analytiker in einer ebenso typischen Weise innerlich reagiert. Es entsteht immer und unvermeidlich ein spezifischer Handlungsdialog (Klüwer 1983), zumindest die Voraussetzungen dafür im Inneren eines jeden Therapeuten, der allerdings solange beherrscht werden kann und nicht ausagiert werden muss, solange die durch den Patienten vermittelten Eindrücke und Emotionen nicht allzu intensiv sind und der Analytiker mit ihnen innerlich gut zurechtkommen und äußerlich adäquat reagieren kann, indem er sich diese Antwortneigungen zunutze macht. Dafür haben Sandler und Sandler (1978) die bereits beschriebene theoretische Voraussetzung geliefert, indem sie die inneren Repräsentanzen als aus einem Objekt- und einem Subjektpol bestehend konzipierten, wobei sowohl dem Selbst- wie auch dem Objektaspekt ein bestimmtes Rollenverhalten entspricht.

Diese »intrapsychische Rollenbeziehung« (Sandler 1976) des Patienten wird durch die »Bereitschaft zur Rollenübernahme« des Therapeuten in der therapeutischen Beziehung unweigerlich aktiviert. Sie beinhaltet den Kern eines inneren Schemas und die der Abwehr und Bewältigung dienenden Mechanismen und Kompromissbildungen. Durch deren Aktualisierung spürt der Therapeut das vom Patienten ausgehende »Drängen« (Sandler 1976, S. 299), auf eine bestimmte Weise zu reagieren. Je nach der Schwere der neurotischen oder der strukturellen Störung dringen die Projektionen unterschiedlich tief in uns ein, sodass diese unbewussten Übertragungsmanipulationen und die Gegenübertragung verschieden stark sein können. Vorhanden sind sie jedoch in jedem Fall, manchmal so subtil, vertraut und kaum spürbar, dass wir uns keine Rechenschaft darüber abgeben und sie deshalb der Bearbeitung entgehen können.

Das kann z. B. geschehen, wenn der Patient auf der Basis eines guten Arbeitsbündnisses aktiv mitarbeitet, der Therapeut sich zufrieden zurücklehnt und die darin evtl. aktualisierte subtile unterwürfige Übertragung nicht bearbeitet wird, wie dies Ermann (1992) und Deserno (1990) anhand eines ausführlichen Fallbeispiels von Greenson herausgearbeitet haben.

Die Unvermeidlichkeit und Universalität dieses Handlungsdialoges kann nicht genug betont werden. Jeder Therapeut entwickelt mit jedem einzelnen Patienten einen ganz spezifischen Umgang, der den aktualisierten inneren Schemata und Rollenbeziehungen des Patienten und den Möglichkeiten des Analytikers entspricht. Es lässt sich kaum vermeiden, dass der Therapeut zumindest partiell auch auf deren neurotische Anteile handlungsdialogisch einsteigt und sie erst später zur Bearbeitung aufgreifen kann (Siebert 1996, Steiner 1996, Streeck 2004, 2009). Dabei wird bis heute immer noch mit einer deutlich negativen Konnotation von einem Mitagieren der Gegenübertragung gesprochen, zu dem man sich hatte verführen lassen und das eigentlich möglichst vermieden werden sollte (Focke 2004). Erst während der letzten Jahre setzt sich zunehmend der Standpunkt durch, diese Verwicklungen durch Mitagieren nicht nur zu tolerieren, weil sie sich als unvermeidlich erwiesen haben, sondern darin sogar einen äußerst fruchtbaren Bestandteil des analytischen Prozesses zu sehen, der die einzigartige Individualität einer jeden therapeutischen Dyade kennzeichnet (Benjamin 2007, Bettighofer 2007, Bohleber 2018, Bohleber et al. 2013, Götzmann und Holzapfel 2003, Hübner 2014, Jacobs 2000, Jaenicke 2010, Scharff 2009, Schmidt 2020, Slavin 2010, Zwiebel 2004, 2007).

Die jeweils in der Übertragung aktualisierten inneren Schemata zeigen sich oft nicht nur in großen und globalen Übertragungsreaktionen, sondern schon anhand von kleinen Nuancen in der konkreten Interaktion und in der Reaktion des Therapeuten.

Eine Patientin begann, nachdem sie sich hingelegt hatte, die Stunde mit den Worten, sie wisse gar nicht mehr, wo wir beim letzten Mal aufgehört hätten. Ich verstand das für mich als Ausdruck ihres Gefühls, unwichtig zu sein und gleichzeitig als einen unbewussten Test, ob sie mir so wichtig ist, dass ich mir das gemerkt habe. Da ich mich in diesem Moment tatsächlich nicht mehr erinnern konnte, sagte ich spontan und unreflektiert, wir könnten ja auch da weitermachen, wo jetzt ihre Gedanken hinwanderten. Diese Erinnerung an die Grundregel war zwar eine Interventionsmöglichkeit und nicht unbedingt falsch, ich empfand sie angesichts meines plötzlichen Gefühls des Ungenügens dennoch als einen pädagogischen Lapsus und als ein abwehrendes Agieren. Anschließend fand ich den Mut, ihr zu sagen, dass ich mich momentan auch nicht an die letzte Stunde erinnern könne, und dann war es möglich, diese gemeinsame Szene gewinnbringend zu bearbeiten.

Oft sind es sehr subtile nonverbale Signale, die den Therapeuten manipulieren und ihn zu einer bestimmten Reaktion provozieren sollen. So spürte ich z. B. bei einer Patientin, die sich in ihrer künstlerischen Tätigkeit nie ernstgenommen fühlte, oft den mir sonst unbekannten starken Drang, mich provokativ über sie lustig zu machen und dabei ein ihr sehr bekanntes Beziehungsmuster mitauszuleben. Mir war das erst bewusst geworden, nachdem ich einige Male auf sie »hereingefallen« war, also mitagiert und sie sehr gekränkt hatte, obwohl ich dabei durch meine bewusste Absicht geleitet war, sie zu einem selbstbewussteren Verhalten zu animieren.

Bei einer angstneurotischen Patientin bemerkte ich schon nach einigen Sitzungen, wie ich immer wieder bemüht war, Sätze, die sie begonnen hatte, fortzusetzen oder zu beenden. Ich konnte dann feststellen, dass sie sehr unsicher und zaghaft sprach, immer wieder Pausen machte und ich dabei das Bedürfnis hatte, ihr entgegenzukommen. Deshalb beendete ich ihre begonnenen Sätze, wie wenn ich ihr die Hand reichen oder ihr eine Brücke bauen wollte, um eine Beziehung herzustellen.

3.3.1.2 Vom spiegelnden zum aktiven Analytiker

Das ursprüngliche Übertragungsmodell ist sehr einseitig und hat Analytiker häufig in schwere Gewissenskonflikte zwischen eigenem Anspruch oder analytischem Über-Ich und der Realität ihres behandlungstechnischen Vorgehens gebracht, da nicht zwischen »idealtypischer« und »realtypischer« Stunde (Zwiebel 2004) unterschieden wurde. Psychoanalytiker haben das Bedürfnis, ihre Arbeit auch dann noch als analytisch zu betrachten, wenn sie vom offiziell vertretenen Standard aus gebotener Notwendigkeit einmal abweichen. Freud soll nach Blanton (1975) gesagt haben:

»Was nun die Schriften über die Technik der Analyse anbelangt, so meine ich, daß sie völlig inadäquat sind. [...] Natürlich brauchen Anfänger einiges Wissen zu ihrem Start. Andernfalls hätten sie nichts, womit sie fortfahren könnten. Aber wenn sie den Direktiven wissentlich folgen, werden sie bald in Verlegenheit kommen. Dann müssen sie beginnen, ihre eigene Technik zu entwickeln.« (S. 43)

Trotz einer wesentlich größeren Offenheit im Hinblick darauf, was als analytische Behandlungstechnik gelten kann, befinden sich doch nach wie vor viele Analytiker in einem Dilemma zwischen den offiziell vertretenen behandlungstechnischen Standards und der davon abweichenden Umsetzung in der konkreten Behandlungspraxis.

Viele Jahre lang wurde der Standpunkt vertreten, dass die optimale therapeutische Reaktion auf die »Einladungen« und die unbewussten interaktionellen Rollenzuweisungen des Patienten in einer möglichst gleichbleibenden wohlwollenden und neutralen Reaktion bestehe. Das dem Analytiker dabei angesonnene Rollenverhalten sollte von ihm in der Gegenübertragung zwar über »gleichschwebende Introspektionsbereitschaft« (Wegner 1992) und eine »selbstreflexive Empfänglichkeit« (Mitchell 2003) wahrgenommen und kognitiv verarbeitet werden. Aber es sollte zu keiner antwortenden Reaktion kommen, indem der Analytiker auf die ihm zugewiesene Rolle interaktionell eingeht. Er sollte sich vielmehr mit seinen Interventionen abstinent und neutral in einem relativ eng begrenzten und vorwiegend deutenden Verhaltensspielraum bewegen.

Diese neutrale Haltung, die immer wieder als Empfehlung zur Passivität, zur Zurückhaltung und zum Schweigen missverstanden wurde (siehe z. B. den Lehranalyse-Bericht von Kaiser 1996), sollte gewährleisten, dass der Patient seine Autonomie behalten kann und durch den Analytiker nicht beeinflusst, manipuliert oder gar zur Befriedigung dessen eigener narzisstischen oder libidinösen Bedürfnisse missbraucht würde. Es wurde dabei jedoch übersehen, dass in keiner Interaktion zwischen zwei Personen die Wahrung von Neutralität im Sinne einer Nicht-Beeinflussung durch die Person des Therapeuten möglich ist. Dies ist der Grundgedanke einer Zwei-Personen-Psychologie (Balint 1973, Bettighofer 2014), der sich während der letzten Jahre zunehmend durchgesetzt hat und insbesondere von der intersubjektiven Schule (Jaenicke 2006, Stolorow et al. 1987, Orange et al. 2001), der relationalen Psychoanalyse (Mitchell 2003) und den auf der Säuglingsforschung basierenden systemischen Ansätzen (Beebe und Lachmann 2004, Stern 2004) vertreten wird.

In einer mitmenschlichen Kommunikation wie der analytischen Situation ist es nicht möglich, sich persönlich herauszuhalten und nicht zu kommunizieren (Watzlawick et al. 1969), der »isolierte Geist« ist ein Mythos (Jaenicke 2006). Auch Nicht-Kommunikation ist ein kommunikativer Akt, der vom Anderen wahrgenommen und interpretiert wird. Die Negation einer Handlung, also ein Nicht-Handeln gibt es nicht, denn schon die reine Anwesenheit des Therapeuten ist eine kommunikative Handlung. Auch der um Passivität, Neutralität und Anonymität bemühte Analytiker wird, wie immer er diese Ziele konkret umsetzen mag, von seinem Patienten wahrgenommen und entsprechend dessen gerade vorherrschender Übertragungsdisposition interpretiert und verstanden. Gill (1982) und Hoffman (1991) im angloamerikanischen und Thomä (1981, 1984a) im deutschen Sprachraum gehörten zu den ersten Analytikern, die den Standpunkt vertraten, dass auch die sog. Neutralität ein aktives Verhalten des Therapeuten ist.

Deshalb hat es keinen Sinn, den Einfluss der Person des Therapeuten auf den Patienten vermeiden zu wollen. Es kann behandlungstechnisch nur darum gehen, diesen Einfluss vorauszusetzen, ihn ernst zu nehmen und seine konkrete Wirkung auf den Patienten systematisch zu untersuchen, um ihn für das Verstehen der gesamten Übertragungssituation fruchtbar zu machen. In jeder therapeutischen Situation tragen sowohl der Patient als auch der Therapeut im Sinne einer »interaktionellen Symmetrie« (Ermann 1992, S. 289) gleichermaßen dazu bei, die jeweils aktivierte Übertragung mitzugestalten und zu ko-kreieren (Beebe u. Lachmann 2004). Der Analytiker bietet Anlässe für die Aktualisierung von bestimmten infantilen Modellszenen oder inneren Schemata des Patienten. Die Übertragung ist wohl immer eine Schöpfung von beiden, wobei nicht außer Acht gelassen werden darf, dass der Einfluss des Analytikers bei der Ausgestaltung der Übertragung eine große Bandbreite umfassen oder auch nur sehr gering sein kann.

Grundsätzlich ist es wichtig, in jeder speziellen Ausprägung einer Übertragung zu berücksichtigen, inwieweit sie eine unmittelbare und oft unbewusste Antwort des Patienten auf das jeweilige Interaktionsangebot des Analytikers sein kann. Die Übertragung entfaltet sich nicht naturgemäß in der Form, dass festgelegte verinnerlichte Objektbeziehungen einfach nur externalisiert oder projiziert werden, denn der Patient bezieht seine Beobachtungen vom Therapeuten, die er auf der Basis einer spezifischen Übertragungsbereitschaft und der daraus resultierenden Erwartungshaltung gemacht hat, i. S. von Übertragungsauslösern sehr wohl in seine Übertragungsfantasien mit ein (Gill 1982, Smith 1990, Thomä 2001).

Das nun folgende Beispiel verdeutlicht, wie eine Patientin versucht, mit der vorgefundenen analytischen Situation zurechtzukommen und dabei eine wichtige Übertragung entwickelt, die aber erst sehr spät als solche erkannt wurde. Die Patientin aktiviert innere Schemata, macht sich ihre Gedanken und versucht, in der sie sehr verunsichernden Situation etwas mehr an Sicherheit und Orientierung für sich zu gewinnen, indem sie sehr angestrengt versucht, dem für sie ungewöhnlichen Verhalten des Therapeuten eine sinnvolle Bedeutung abzugewinnen.

Ich habe die Patientin für ca. zwei Jahre mit einer Frequenz von ein bis zwei Wochenstunden analytisch orientiert behandelt. Die schizoide und sehr misstrauische junge Frau war oft von so großer Unruhe erfüllt, dass sie kaum ruhig sitzen konnte und unruhig und ängstlich im Raum hin- und herging. So versuchte sie, eine stärkere Begegnung mit dem Analytiker zu vermeiden und ihre Abhängigkeitsbedürfnisse und -gefühle in einigermaßen erträglichen Grenzen zu halten. Das gelang ihr jedoch letztlich nicht und sie geriet in eine zunehmende Regression, auf deren Höhepunkt sie eine Freundin fand, die sich ihrer zunächst hilfreich annahm und mit der sie einige Zeit danach eine sehr intensive lesbische Beziehung einging. Im Anschluss hatte sie die therapeutische Behandlung beendet und agierte die nicht bearbeitete präödipale Mutterübertragung mit dieser Freundin.

Etwa zehn Jahre später kam sie wieder zu mir und wollte ihre Behandlung fortsetzen. Ihre Freundin hatte sich von ihr getrennt und war inzwischen verheiratet. Bei dieser Therapie, die primär Prüfungsschwierigkeiten behandeln sollte, kam es zu einer ähnlichen Sprachlosigkeit wie bei der ersten Behandlung und nach einem Jahr ebenfalls wieder zu einer malignen Regression, wobei ihr die massiven Abhängigkeitsbedürfnisse unbewusst waren. Diese wurden der Bearbeitung erst dann zugänglich, als sie nach einer Therapiesitzung, in der sie nicht mehr reden konnte und in der auch ich keinen Zugang zu ihr gefunden hatte, einen Zusammenbruch erlitt, bei dem sie sich selbst in einem tranceartigen Zustand Schnittwunden am Unterarm und Oberschenkel zugefügt hatte.

Durch ein in der Folge aktiveres Vorgehen meinerseits konnte allmählich das volle Ausmaß ihrer regressiven Abhängigkeit von mir zugelassen werden. Es erfüllte die Patientin zunächst mit großer Scham. Erst jetzt zeigte sich, dass durch die bisher ausschließlich positive und idealisierende Übertragung die negativen Übertragungsanteile abgewehrt und agiert worden waren. So stellte sich auch jetzt erst heraus, dass sie das Psychologie-Studium unter anderem in einer Identifikation mit mir und aus dem vorbewussten Bedürfnis heraus gemacht hatte, mein ihr unverständliches Verhalten begreifen zu können. Jetzt konnte sie sich und mir allmählich eingestehen, wie sehr sie sich durch meine empathisch gemeinte oft schweigende Zurückhaltung überfordert und hängen gelassen gefühlt hatte und diese Haltung von mir eigentlich als gemein ihr gegenüber empfunden hatte. Im Rahmen der Durcharbeitung dieser Situation begann sie, ihre Tagebuch-Aufzeichnungen wieder zu lesen, die sie damals als Kommentierung der Übertragung und als Bewältigungsversuch geschrieben, jedoch mir gegenüber nie erwähnt hatte. Aus diesem Tagebuch stammt das folgende leicht gekürzte Protokoll einer gemeinsamen Stunde:

»Ich ging zuerst im Zimmer auf und ab und fing zugleich zu reden an (ich war nicht total real da, fühlte mich schwebend abwesend). Ich setzte mich dann für den Rest der Stunde auf den leeren Schreibtisch und quasselte beinahe ununterbrochen, das totale Gegenteil von der letzten Stunde, soviel wie heute habe ich noch nie geäußert. Alles, was ich mir vorgenommen hatte, machte ich nacheinander durch (Weinbedürfnis unterschwellig vorhanden, z. T etwas wässrige Augen). Anschauen konnte ich ihn ein paar mal durch bewusstes Vornehmen. Zu alledem, was ich erzählte, nahm er wie üblich keine Stellung, ließ es einfach so stehen. Als ich dann mal auf die Uhr schaute, war es schon 10 Minuten nach halb drei (ich war überrascht, erschrocken, die Zeit ging so rasch vorbei). Ich sagte: ›Die Zeit ist um, ich bitte Sie, dass Sie mich jetzt allein lassen‹ [Da ich mit der Patientin nicht in meinem üblichen Behandlungszimmer war, stimmte ich ihrem Wunsch, noch eine Weile allein dableiben zu können, ziemlich unreflektiert zu. S. B.]. Er sagte ja, stand sofort auf und verließ das Zimmer, beinahe fluchtartig. Er verstand nicht, was ich bezwecken wollte, wenn er mich verlässt und nicht, wie üblich, ich aus seinem Raum gehe. Ich fühlte mich auch nicht zurückgelassen. Ich hielt mich dann noch am Boden sitzend und liegend ca. ½ Stunde auf. Es tat gut – es konnte nachklingen (kleines Freudempfinden wurde sofort unterdrückt). Ich fühle mich mit mir zufrieden, weil ich meine Vornahme so gut verwirklichen konnte. Es war heute nichts Spontanes aufgetreten, alles lief nach Plan. Das Störfaktorempfinden war nicht spürbar. Mich würde jetzt sehr interessieren, was er aus dem heutigen Schwall herausgefiltert hat, was ihm wichtig erschien. Ich habe ihn heute überfordert, wenn er richtig zugehört hat. Jetzt zuhause fühle ich mich schon wieder unsicher, bereue alles.

Was ich glaube, dass er herausgefiltert hat: Dass ich eine Bitte an ihn richtete, aktiv auftrat, eine Änderung wagte. Dass ich unter Mitteilungsdruck stehe, nur ausgewählte Dinge anspreche. ›Sauhund‹ hat er sich bestimmt gemerkt. ›Power of love-Tod‹, akzeptier oder stirb, eine Beziehung ist für mich ein Ichverlust. Was habe ich heute für mich gewonnen? Da ich mich selbst beobachte, dadurch verstandesmäßig kontrollieren kann, bin ich also außer mir und beobachte mich von außen, analysiere meine Gefühle als Außenstehende. Deshalb bin ich u. a. auch in Zweifel mit der Therapie, da dies meiner allzu hingebungsvollen Introspektion nur förderlich ist. Verzichtet er deshalb auf rationale Einwürfe, Fragen, Hinweise, Problematiken, Widersprüche und dergl.? Er geht also nicht auf rationaler Ebene mit mir um, sondern auf zwischenmenschlicher Beziehung, die er auf Schweigen, Zuhören und Verständnis reduzieren muss. Aber er könnte doch zumindest sagen, ob ich da falsch oder richtig denke.

Sein Verhalten, was er damit bezwecken will: Möglichst wenig Fremdeinmischung, ich soll selbst erkennen. Abhängigkeit auf ein maximales Minimum zu beschränken. Er hält sich zurück (brauche seinen Rat nicht, komme selbst drauf, erwachsen werden, redet mir nicht drein). Ich überlege ja eh schon viel zu viel, er will nicht noch mehr herausholen. Bremsung, damit's nicht zu viel wird. Es soll sich Stück für Stück entwickeln. Er geht mit mir nicht rational um, sondern ist einfach da, auf einer anderen Ebene. Ich bekomme von ihm keine Sicherheit. Er lässt mich hier im Stich. Will er eine frühere Situation wieder herstellen? Ich, das Kind in Hilflosigkeit, wie es damals war. Mit dieser Situation muss ich ja fertig werden und sie überwinden lernen. Deswegen meine Angst? Für diese Theorie spricht, dass er immer *noch zurückhaltender geworden ist, je mehr er annehmen konnte, dass ich bleibe. Er ist ja dann in der Schwierigkeit, mir das Gefühl von Hilflosigkeit zu vermitteln und zugleich größtes Vertrauen aufzubauen. Was ist sein oberstes Prinzip?«*

Von all diesen Gedanken hatte ich damals nichts erfahren, sodass wir ihre innere Situation auch nicht bearbeiten konnten. Als die Patientin diese Tagebucheintragung eines Tages vorlas, war ich sehr beeindruckt und berührt darüber, mit welch verzweifelter Anstrengung sie sich Gedanken über den Prozess und mich gemacht hatte, um sich gewisse, für sie unverständliche Aspekte meines Verhaltens verständlich zu machen und ihnen eine Bedeutung zu geben, mit der sie sich besser orientieren konnte. Meine passive, mitfühlende und zu vorsichtige Haltung hatte eine maligne regressionsfördernde Wirkung, ebenso mein unreflektiertes Angebot, noch einige Zeit dazubleiben, vor allem jedoch deshalb, weil es nicht mehr in den Prozess einbezogen und bearbeitet, sondern totgeschwiegen wurde. Meines Wissens habe ich bei dieser Patientin nie nach der Wirkung meiner Haltung und meines Verhaltens ihr gegenüber gefragt, denn sonst wäre es wohl eher möglich gewesen, diese aus der therapeutischen Beziehung abgespaltenen Erfahrungen der Patientin wenigstens partiell zu integrieren. In der jetzigen Behandlung habe ich nach ihrer malignen Regression mein Verhalten geändert, habe viel mehr geredet, interpretiert und meine Gedanken gesagt. Jedoch erst dann, als sie mir ihre Tagebucheintragung vorgelesen hatte und wir diese andere Seite kennenlernten, konnten wir allmählich besser verstehen, dass wir zusätzlich zu der Bearbeitung ihrer aktuellen Konflikte ganz nebenbei und unbemerkt auf einer anderen Ebene die Beziehungs- und Sprachlosigkeit wiederholt hatten, die in der Kindheit zwischen ihr und ihren Eltern bestanden hatte. Ich war damals der Überzeugung, eine empathische Haltung der Patientin gegenüber gut verwirklicht zu haben. Das war mir auch gelungen, denn sonst hätte sie sich angesichts ihres extremen schizoiden Misstrauens gar nicht auf eine therapeutische Beziehung zu mir einlassen können. Meiner Aufmerksamkeit war allerdings entgangen, dass mein wohlwollendes und vorsichtig zurückhaltendes Vorgehen für die Patientin noch eine andere Bedeutung bekommen hatte, sodass ein Grundtrauma ihrer Kindheit sich auch in der therapeutischen Beziehung zu mir konstellierte und wiederholte, das lange Zeit unerkannt geblieben war.

3.3.1.3 Der aktive Anteil des Analytikers an der Entwicklung der therapeutischen Beziehung

Die konkrete Ausgestaltung der therapeutischen Situation durch den Analytiker bietet sehr viele Möglichkeiten und hängt in hohem Maße von der Person des Analytikers ab. Er bringt seine eigenen inneren Schemata, seinen Bindungsstil und seine Persönlichkeitsstruktur (König 2010), bewusste und unbewusste Arbeitsmodelle und seine Kompromissbildungen in die therapeutische Situation mit ein.

Manche Determinanten der entstehenden therapeutischen Beziehung entstammen nicht der therapeutischen Situation selbst, sondern sind bereits vorher entschieden und kommen aus anderen Quellen. Bereits die Berufswahl und die Entscheidung für die Psychoanalyse oder irgendeine andere therapeutische Methode, insbesondere jedoch die jeweilige individuelle Gestaltung der therapeutischen Arbeit durch den Analytiker zeigen seine spezielle Eigenart. Sie haben sich vor dem Hintergrund seiner eigenen psychodynamischen Kompromissbildungen zwischen Bedürfnissen und Ängsten entwickelt. Seine spezielle Art, psychoanalytisch zu arbeiten, ist ein organischer Bestandteil seiner Lebensart und seiner spezifischen Charakterstruktur. Sie beruht auf diesen und hält sie gleichzeitig wiederum aufrecht. Seine inneren Schemata fließen in seine therapeutische Arbeit und in die Gestaltung seiner therapeutischen Beziehungen mit ein und vermitteln ihm seinerseits ein gewisses Maß an emotionaler Befriedigung und narzisstischer Gratifikation. Im Rahmen seiner eigenen vertrauten Interaktionsmuster zu arbeiten, sorgt zugleich für ein ausreichendes Maß an innerer Sicherheit.

Die andere Seite ist zwangsläufig, dass die psychosozialen Kompromiss- und Abwehrstrukturen des Psychotherapeuten (Heigl-Evers und Heigl 1979, König 1993 u. 2002, Mentzos 1976) durch ihre unbewusste Funktion als Abwehr unlustvoller Erfahrungen dessen Erlebnis- und Handlungsfreiheit selektiv einengen können und die Konstruktion seiner eigenen Wahrnehmungen erheblich beeinflussen. So ist es zu verstehen, dass anhand ein und desselben Patientenmaterials verschiedene Analytiker zu völlig unterschiedlichen Sichtweisen gelangen können und vermutlich auch in der Praxis unterschiedliche Aspekte aufgreifen und ein voneinander differierendes Vorgehen realisieren würden.

Den Aspekt des Selbstschutzes, den die Wahl einer bestimmten Therapiemethode dem jeweiligen Therapeuten bietet, zu erkennen und zu hinterfragen, ist verunsichernd. Er stellt auch lang eingeübte, liebgewonnene und vertraute Umgangsweisen mit Konfliktmaterial infrage. Erschwerend kommt hinzu, dass die eigenen Kompromissbildungen auf ihrer professionellen Ebene durch das offizielle theoretische und behandlungstechnische Regelsystem oft unterstützt werden, darin eingebunden sind und fachlich rationalisiert werden können.

So ist es z. B. einem depressiv strukturierten Therapeuten ohne weiteres möglich, seine eigenen unbewussten Ängste vor Verlassenwerden und Konfrontation zu vermeiden, indem er einen schwerpunktmäßig empathischen Behandlungsstil entwickelt und für dessen Notwendigkeit und Sinnhaftigkeit auch entsprechende gute Argumente finden kann. Die gleiche Situation würde jedoch wiederum ein hysterisch strukturierter Analytiker ganz anders wahrnehmen und gestalten. Auch würde er vermutlich andere behandlungstechnische Schwerpunkte setzen.

Das jeweilige Unbewusste bleibt durch die stabilisierende Kraft der individuellen Technik in der Verdrängung. Das haben Balint und Balint (1965) wohl gemeint, als sie davon sprachen, »daß wir höchst persönliche Motive dafür haben, unsere individuelle analytische Methode so eifrig zu verteidigen« (S. 253).

»Mutative« Deutungen, die sich nach Strachey (1934) immer auf die gegenwärtige Übertragungssituation beziehen, sind deshalb manchmal so schwer, weil sie nicht selten auch realitätsgerechte Wahrnehmungen über den Therapeuten aufgreifen müssten und in das Abwehr- und Kompromisssystem des Analytikers eingreifen könnten, wodurch sie zu einer Bedrohung für dessen eigenes narzisstisches Gleichgewicht würden (Langs 1989).

3.3.1.4 Die therapeutische Beziehung als zirkulärer Prozess

Kommen Analytiker und Patient mit ihrem je persönlichen Hintergrund zusammen, beginnt eine aufeinanderfolgende und sich gegenseitig bedingende Abfolge von Interaktionen, in der sich beide in subtiler Weise aufeinander einstellen und sich miteinander abstimmen. Durch ihre jeweiligen Beiträge erschaffen sie sehr schnell und schon in der nonverbalen Anfangsszene des Erstinterviews (Wegner und Henseler 1991) eine gemeinsame Übertragungssituation, die nicht nur etwas über den jeweiligen Patienten aussagt, sondern auch das charakteristische Interaktionsangebot des Analytikers in sich trägt. Für das Verständnis dieses subtilen Aufeinander-Bezogensein-Seins von Patient und Therapeut eignen sich deshalb auch Begriffe aus der Kleinkindforschung wie »matching« und »affect attunement«, wie sie von Stern (1994) beschrieben und von Rayner (1992) zur Kennzeichnung prä- und nonverbaler Vorgänge im Rahmen des analytischen Gesprächs verwendet wurden.

Patient und Therapeut stellen sich aufeinander ein, wie es Bateson (1981) anhand eines Baumfällers beschrieben hat, wo keiner der aufeinanderfolgenden Axthiebe vom vorhergehenden unabhängig ist, sondern vielmehr durch ihn bedingt wird und den nächsten mitbestimmt: »Jeder Hieb der Axt wird entsprechend dem Aussehen der Schnittkerbe [...], die durch den vorherigen Schlag hinterlassen wurde, modifiziert und korrigiert« (S. 410).

Der Patient ist durch seine Hilfsbedürftigkeit in einem erhöhten Maße bereit, sich mehr oder weniger bewusst dem Interaktionsangebot des Analytikers anzupassen, »um so mehr, als der Mensch hinter einem so viel bedeutet« (Moser 1974, S. 75). Die meisten Anpassungen an den therapeutischen Stil des Analytikers dürften jedoch eher auf einer vorbewussten Ebene erfolgen, wo sich dann möglicherweise eine bestimmte Erfahrung in der Übertragung unerkannt wiederholt. Auch die anschließend zitierte Episode konnte von der Patientin nicht im Rahmen der Übertragung mit ihrer Analytikerin bearbeitet werden. Vielmehr wurde sie, wie das auch bei der Tagebuchaufzeichnung meiner vorher genannten Patientin der Fall war, als eigene Entscheidung für sich behalten und entzog sich somit der weiteren systematischen Bearbeitung.

Dieser abgrundtiefe Hass war ein Teil von mir. Sie (die Analytikerin) hat gesagt: Kein Schreien! Ich habe mich abgelehnt gefühlt von ihr deswegen. Das hat etwas Verstandesarbeit gefordert von mir, da habe ich zu mir gedacht: Halt! So schafft sie die Möglichkeit, wie sie bei mir bleiben kann. Ich versuchte, es so herum zu sehen, dass sie bereit ist, mit mir weiterzumachen, und dass sie für sich eine Möglichkeit sucht, das auch zu können, und dafür muss sie sich für sich selber schützen. Das war die Basis, die ich dann gefunden habe.

Weiter oben war das gesamte psychische Erleben eines Menschen mit den Eigenschaften eines Systems verglichen worden, in dem die verschiedensten inneren Schemata komplex zusammenwirken und immer wieder zu vergleichbaren Erlebnissen führen, wie bei dieser Patientin zu dem Gefühl, erneut abgelehnt zu werden. Solche inneren Zirkel wiederholen sich im Rahmen der therapeutischen

Interaktion, die im ungünstigen Fall ein sich selbst regulierender zirkulärer Prozess mit zunehmender Geschlossenheit wird. D. h., dass die starke Tendenz vorhanden ist, sich auf bestimmte Interaktionen und Kommunikationsverläufe einzuspielen. Dabei ist jede Aktion selbst schon wieder eine Reaktion und bedingt ihrerseits die darauf folgende Reaktion und die Reaktion auf diese Reaktion usw. […] Durch diese Aufeinanderfolge vergrößert sich die Wahrscheinlichkeit bestimmter Verhaltensweisen sowohl beim Patienten wie auch beim Analytiker, während das Auftreten anderer alternativer und möglicherweise konstruktiver Interaktionen sich verringert.

Es entsteht hier also eine spezifische Übertragungssituation, die sowohl die Inszenierung des Patienten beinhaltet und andererseits die Züge der persönlichen Gleichung des Therapeuten trägt (Altmann et al. 2020, Gumz 2020, König 2010, Orange et al. 2001, Streeck 1998, 2002, 2004, 2009, Wöller 2016).

Besonders soll hier nochmals betont werden, dass dabei nicht nur der Patient auf den Analytiker reagiert und ihn in seine pathologische Übertragungsszene einbaut oder sich wachstumsfördernd seiner Person bedient, sondern dass ebenso auch der Therapeut sehr subtil auf das Interaktionsangebot des Patienten reagiert. So zieht Strupp (1996) als Fazit seiner langjährigen Erfahrung als Psychotherapeut und Psychotherapieforscher, dass Therapeuten »sehr schnell etwas, was man als allgemein positive oder negative Einstellung gegenüber dem Patienten bezeichnen könnte« (S. 84) entwickeln und dass »diese Einstellung […] einen großen Einfluß auf die diagnostischen und prognostischen Beurteilungen des Patienten durch den Therapeuten, auf Behandlungspläne und […] auf die empathische Qualität der hypothetischen Mitteilungen des Therapeuten an den Patienten« (S. 85) hat. Diese grundsätzliche positive oder negative Einstellung aufseiten des Therapeuten ist letztlich das Ergebnis eines sehr komplexen Interaktionsvorganges zwischen beiden.

Auch der Analytiker ist nicht unabhängig vom Patienten und von der analytischen Situation. Er steht in einem bipersonalen Feld (Ferro 2003), in dem ein intersubjektives Zwei-Personen-Unbewusstes (Lyons-Ruth 1999, Mertens 2013) wirkt und auch die Geschichte der bisherigen therapeutischen Begegnungen in sich trägt. Der Analytiker kann nicht mehr als ein unabhängiger Beobachter seines Patienten gesehen werden, vielmehr gehen in seine Beobachtungen und Deutungen schon die Wirkungen der bisherigen Transaktionen zwischen den beiden ein. Somit sind auch seine gleichschwebende Aufmerksamkeit, ebenso seine innere Antwortbereitschaft (Sandler 1976) und »gleichschwebende Introspektionsbereitschaft« (Wegner 1992) nur bedingt frei und unterschwellig subtil wie durch ein Magnetfeld beeinflusst und gelenkt durch die zwingende Macht des intersubjektiven Feldes und der bisherigen Interaktionen.

Dadurch, dass der Therapeut als Beobachter mit dem Beobachteten in einer gemeinsamen Beziehung steht, beeinflusst er selbst den beobachteten und behandelten Patienten und ist wiederum selbst durch das Beobachtete in seiner Beobachtung beeinflusst (Maturana 1985, Maturana und Varela 1987). Diesen komplexen Vorgang des gegenseitigen Sich-Behandelns von Therapeut und Patient, in dem sie beide ihre Übertragungs- und Gegenübertragungsgefühle erzeugen und eine gemeinsame Inszenierung erschaffen (Streeck 1998, 2000, 2002, 2009), haben auch

D. Stern und seine Bostoner Arbeitsgruppe (2004, 2013) als einen systemischen Prozess beschrieben, in dem eine permanente wechselseitige Regulierung stattfindet: »Wechselseitige Regulierung impliziert keine Symmetrie zwischen den Interagierenden, sondern setzt lediglich eine bidirektionale Beeinflussung voraus.« (S. 981) »Ständige Bemühungen, Verhandlungen, Fehlschläge und Korrekturen, Kursberichtigungen und Unterstützungsmaßnahmen sind erforderlich, damit die Regulierungsprozesse sich innerhalb eines bestimmten Gleichgewichts bewegen oder zu diesem zurückfinden können.« (S. 982). Bänninger-Huber (2014), Steimer-Krause (1996) und Streeck (2004, 2009) konnten in ihren videogestützten Untersuchungen von therapeutischen Gesprächen sehr schön diese überwiegend prä- und nonverbalen gegenseitigen affektiven Regulierungsvorgänge zeigen.

Wird damit nun alles relativ? Ist eine Erkenntnis überhaupt noch möglich? Oder wird alles beliebig? In einer Antwort auf Hoffmans »sozial-konstruktivistischen« Ansatz (1991, 2006), in dem auch er die Teilnahme des Analytikers am analytischen Prozess, die Konstruktion von Bedeutung und die gegenseitige Beeinflussung betont, und auf Reniks (1993) Betonung der unvermeidlichen Subjektivität des Analytikers greift Almond (1995) zurück auf das Konzept der »analytischen Rolle«, die dem Analytiker als Gesamtergebnis seiner professionellen Sozialisation im Strudel der Übertragungsereignisse zur Verfügung steht und ihm Modelle dafür liefert, wie er diese beurteilen und wie er damit umgehen kann. Anlässlich eines Fallbeispiels bezieht sich Almond auf seine »[...] Fähigkeit, von einer rein reaktiven Position überzuwechseln auf eine mehr auf den Patienten gerichtete und selbstreflektive Haltung. Es war das Vorhandensein der analytischen Rolle, die aus einem Agieren nicht nur eine Wiederholung im Rahmen der Übertragungs-Gegenübertragungs-Beziehung hat werden lassen, sondern daraus eine analytische Erfahrung gemacht hat« (S. 287). Und er betont: »So hat sich sogar inmitten meiner emotionalen Reaktion ein Teil von mir daran erinnert, daß wir uns im Rahmen einer professionellen Rollen-Beziehung befanden (Analytiker-Patient), die im Gegensatz zu der Beziehung stand, die wir gerade affektiv erlebten. Nach meiner emotionalen Reaktion half mir meine analytische Rolle, halbbewußt zu erkennen, was ich getan hatte, und den speziellen Punkt im Prozeß zu lokalisieren, der meine Reaktion zu einem Ausagieren der übertragenen Objektbeziehung gemacht hat« (Almond 1995, S. 488).

Alle Psychotherapeuten arbeiten mit solchen Modellen. Insofern ist Almond ohne weiteres beizupflichten. Worauf es jedoch ankommt, ist nicht, diesen behandlungstechnisch sinnvollen Modellen und Konstrukten ihren heuristischen Wert abzustreiten, sondern sie gegebenenfalls in Frage zu stellen und zu erkennen, inwieweit sie den analytischen Prozess behindern.

So hat Ermann (1992) das Konstrukt der »Realbeziehung« (Greenson 1975) einer Kritik unterzogen und Deserno (1990) wies in einer Untersuchung über den allgemein akzeptierten Begriff des »Arbeitsbündnisses« (Greenson 1982a) nach, dass Greenson, »indem er die Herstellung und Vertiefung des Arbeitsbündnisses anstrebte, sich in wesentlichen Situationen nicht analytisch, sondern pädagogisch verhielt und dabei die Bedeutung seines pädagogischen Verhaltens im Rahmen der Gesamtübertragung nicht erkennen konnte. Während Greenson beruhigt und zufrieden das wiederhergestellte Arbeitsbündnis registriert, bleibt ihm völlig verborgen – und das vermutlich während der gesamten Behandlung –, dass er auf einer latenten Ebene die Grundsituation des Patienten, seine Neigung zur Unterwerfung, mit ihm zusammen noch einmal durchgespielt hatte« (Bettighofer 1994, S. 119). »Greenson äußert sich genau dann, wenn er der Frage nachgehen könnte, wie Herr Z. das Vorgehen seines Analytikers erlebt, zum Stand des Arbeitsbündnisses« (Deserno 1990, S. 61). Deserno (1990) diskutiert auch einen eigenen Fall und stellt fest, wie er, »geleitet von einem allgemeinen anerkannten technischen Vorgehen, der Orientierung an der Grundregel, in eine erwartungsvolle und fordernde Haltung geraten war« (S. 85). Er wies »immer wieder auf den Widerstand im Zusammenhang mit der Grundregel hin« (S. 76f.), wodurch das analytische Gespräch zunehmend wie die »Auseinandersetzungen mit ihrer Mutter« (S. 79) wurde, die für die Patientin stets mit dem Gefühl geendet hatten, »sie könne der Mutter nichts von sich erklären« (S. 79).

Diese Beispiele können verdeutlichen, wie auch das Vorgehen gemäß den allgemein akzeptierten behandlungstechnischen Konzepten das Ausagieren einer unbewusst zugewiesenen Übertragungsrolle nicht verhindern kann. Deshalb versuchen moderne intersubjektive und relationale Psychoanalytiker erst gar nicht, das Involviertwerden in eine Übertragungsinszenierung zu vermeiden, da sie das für nicht möglich halten. Sie plädieren stattdessen für eine grundsätzliche Haltung einer engagierten Selbstreflexion (Mitchell 2005, 2000), auf deren Basis sich der Therapeut auf eine spontane Interaktion einlässt und sie gleichzeitig oder danach selbstreflexiv wahrnimmt und zu verstehen versucht und dadurch zu einer grundsätzlichen Neutralität zurückfinden kann (Löchel 2013, Privitera 2013), wenn er diese vorübergehend situativ verloren hat.

Wann und wo beginnt nun dieser zirkuläre Prozess, der zur Ausgestaltung der Übertragung führt?

Die Übertragung beginnt bereits vor der ersten Begegnung. Ich vertrete hier die Auffassung, dass sowohl vonseiten des Patienten als auch des Therapeuten die Beziehung zueinander, die innere Beschäftigung miteinander, schon vor der ersten tatsächlichen Begegnung im Erstinterview beginnt. Beide, nicht nur der Patient, sondern ebenso auch der Analytiker, haben eine Übertragung auf den Anderen in dem Sinne, dass beide zum Verständnis der Situation und zur Orientierung in der Interaktion anlässlich bestimmter auslösender Hinweise – Smith (1990) spricht von »cues« – innere Schemata oder Muster aktualisieren.

Übertragung und Gegenübertragung sind aus dieser Perspektive nicht mehr zeitlich aufeinanderfolgende Vorgänge, wo die Gegenübertragung als eine Reaktion auf die Übertragung folgt, sondern sind gleichzeitige Vorgänge im Patienten und beim Analytiker. Übertragung und Gegenübertragung entstehen als Folge intrapsychischer und interpersoneller Organisations- und Regulationsvorgänge (Fosshage 1994, Levine 1994, Jaenicke 2006, 2010, Streeck 2004, 2009), die eng ineinandergreifen, aufeinander folgen und sich gegenseitig bedingen. Unbewusst sind beide bestrebt, durch ihre Begegnung ihr inneres Gleichgewicht nicht stören zu lassen, und versuchen, sie so zu gestalten, dass ihr Wohlbefinden und ihre Selbstachtung möglichst wenig verunsichert werden. Die affektive Selbstregulierung ist mit der interaktiven Regulierung des Umgangs miteinander engstens verknüpft (Beebe und Lachmann 2004).

3.3.1.5 Die Eigenübertragung des Analytikers

Man kann den Schwerpunkt in diesem zirkulären therapeutischen Prozess auch anders setzen. So geht nach Neyraut (1974) die Gegenübertragung der Übertragung voraus. Auch der französische Analytiker de M'Uzan (1989) spricht von einer »Vor-Gegenübertragung« (S. 88), von »vorbeugenden Maßnahmen [...], die der Therapeut ohne sein Wissen ergreift« (S. 86), sodass sich »der Widerstand möglicherweise auf die Seite des Therapeuten verschiebt.« Der Patient werde als »möglicher Eindringling« (S. 86) empfunden, der durchaus in der Lage sei, den Therapeuten aufs Höchste zu verunsichern und ihn in große Schwierigkeiten zu bringen, indem er im Allgemeinen stabil verdrängte und gegenbesetzte Tendenzen bei ihm freisetzt. Der Analytiker strukturiert unbewusst durch sein übliches Vorgehen und die gesamte Gestaltung des therapeutischen Settings die Beziehung mit dem Patienten so, dass die Gefahr der eigenen Labilisierung und Regression gering gehalten werden kann. Gegen die potenzielle Bedrohung durch den Patienten ergreift der Therapeut »elementare Maßnahmen des Selbstschutzes«, »die zwar seine Fähigkeit zur Deutung gewährleisten, ihn aber auch vor eventuellen schädlichen Folgen seiner Beziehung zum Patienten schützen« (S. 84). Die Maßnahmen des Selbstschutzes »reichen von einer übertriebenen Beobachtung bis zur Zerstreutheit, vom Schweigen bis zur verführenden Deutung, von der Suche nach Triebbefriedigungen, einschließlich masochistischer, bis zur Suche nach narzißtischer Gratifikation« (S. 84).

M'Uzan greift hier einen äußerst wichtigen und zu wenig beachteten Bereich auf. Der Analytiker wird als Person in der Begegnung mit dem Patienten miteinbezogen, beeinflusst, verändert, unter Umständen auch in Mitleidenschaft gezogen und verletzt (Pflichthofer 2007). Gegenüber der klassischen Ansicht ist die Annahme einer möglichen Eigenübertragung ein entscheidender Fortschritt, weil dadurch die Person des Analytikers mit ihren Idiosynkrasien, ihren eigenen Mustern und Konflikten sowie ihren Selbstschutzmechanismen ernst genommen und deren Einfluss in Form eines behandlungstechnischen Konzepts berücksichtigt wird.

Heuft (1990) definiert Eigenübertragung wie folgt:

> Mit ›Eigenübertragung‹ des Therapeuten in der analytischen Situation werden hier somit alle die innerseelischen Konflikte des Analytikers beschrieben, die ihn nachhaltig daran hindern, die Gegenübertragungsabbildungen im Dienste des Prozesses zu analysieren – entweder aufgrund persistierender neurotischer Fixierungen, deren Konfliktpotenzial zu Trieb- und Über-Ich-Konflikten beim Analytiker führen, oder noch unreflektierter Werthaltungen, oder wegen bisher ihm unbekannter, z. B. den Patienten traumatisierender Situationen, deren Einfühlung bisher nicht ›eingeübt‹ werden konnte. Eigenübertragung markiert damit stets eine aktuell auf der Therapeutenseite wirksame Begrenzung, die über reflexionswürdige momentane Abwehrleistungen des Therapeuten hinausgehen kann. (Heuft 1990, S. 306)

»Wenn das Faktum einer möglichen Eigenübertragung offener diskutiert werden könnte« (Heuft 1990, S. 307), könnten mit Sicherheit therapeutische Prozesse besser verstanden und der analytische Prozess insgesamt zutreffender konzeptualisiert werden.

Auch in der nordamerikanischen analytischen Literatur hat diese Auseinandersetzung erst während der 1990er Jahre begonnen. So wurde z. B. das Ergebnis eines durch die Amerikanische Psychoanalytische Gesellschaft abgehaltenen Panels über nicht erfolgreiche Behandlungen von Chused mit der zentralen Aussage zusammengefasst, dass bei dreien der vier vorgestellten Fälle für den Misserfolg die »Psychologie des Analytikers« eine Rolle gespielt hatte und dass im vierten Fall der Misserfolg nach einer bewussten Reflexion der Situation unter Einbeziehung der Person des Analytikers noch vermieden werden konnte (Nuetzel 1993, S. 751). Auch Levine (1994) betont die unvermeidliche Entwicklung von Übertragungen aufseiten des Analytikers und schließt das Verhaken seiner eigenen unbewussten Konflikte mit dem Übertragungsangebot des Patienten nicht aus. Daraus können auch Probleme mit der Gegenübertragung resultieren, die nach Kächele und Schachter (2014) oft die Ursache für ungute therapeutische Verläufe sind.

Caper (1995) entdeckte erst in der Reflexion seines Falles eine auf den Patienten bestehende archaische Über-Ich-Projektion, die ihn bis dahin unbewusst daran gehindert hatte, eine bestimmte Deutungslinie, die er nachträglich für sinnvoller gehalten hätte, einzuschlagen. Er hatte diese verworfene Deutungsrichtung vermieden, weil er den Patienten nicht unnötigerweise verletzen und die Beziehung zu ihm nicht aufs Spiel setzen wollte. Derartige Rationalisierungen mithilfe behandlungstechnischer Konzepte sind in der täglichen Praxis sicherlich sehr häufig und fallen oft nicht auf, da sie mit nachvollziehbaren behandlungstechnischen Strategien deckungsgleich sind. Jacobs (1986) liefert dafür einige Fallbeispiele, die sich auf das Schweigen, auf Empathie, Neutralität und das Beenden der Behandlung beziehen, wo er stets nachweist, dass mit dem jeweiligen therapeutischen Vorgehen immer auch eine Eigenübertragung kaschiert worden war.

Dazu ein konkretes Beispiel von Jacobs (1986) aus der Behandlung einer berufstätigen Patientin in mittlerem Alter:

> Während einer bestimmten Sitzung wurde mir bewußt, daß ich ein besonders starkes Mitgefühl hatte. In dieser Stunde konnte ich richtig mit den Augen der Patientin sehen, konnte ihr Erleben nachvollziehen und nachempfinden, wie sie sich gefühlt hatte. Nachdem die Patientin meine Praxis verlassen hatte, bemerkte ich mit Staunen, daß ich etwas verwirrt war, und mir fiel auf, daß sie mir nur eine Seite der komplexen Geschichte erzählt hatte. Diese Reaktion veranlaßte mich, mir nochmals Gedanken über diese Sitzung zu machen. Dabei wurde mir klar, daß mir die Szene, die die Patientin herausgegriffen hatte, selbst sehr vertraut war und daß ich während meiner eigenen Adoleszenz schon eine ähnliche Rolle gespielt hatte. Aufgewühlt durch einen Streit mit ihrem Ehemann, konnte die Patientin nicht schlafen. Sie wartete, bis ihr adoleszenter Sohn von seinem abendlichen Ausgang nachhause gekommen war und erzählte ihm ziemlich ausführlich von ihren Problemen. Er hatte ihr zugehört und Verständnis gezeigt, ebenso wie ich selbst das getan habe, als meine Mutter mir unter ähnlichen Umständen erzählt hatte, wie sehr sie das Verhalten meines Vaters verletzte und wütend machte. Als ich Frau A. zuhörte, wurde ich unbewußt wieder der Junge am Küchentisch, der zuhörte und die

Aufregung seiner Mutter mit ihr teilte. Ich war wieder zum guten Zuhörer mit viel Mitgefühl geworden, der aber gleichzeitig auch vor sich selbst verbergen mußte, daß er sich gegen das, was er anzuhören hatte, auch wehren wollte. Ich war auch erst dann, als die Patientin gegangen war und ich allein war, in der Lage [...], mir darüber klar zu werden, daß meine Reaktionen während der Sitzung nur die eine Seite einer komplexen Gegenübertragungsreaktion waren. Die andere Seite, mein Ärger darüber, daß sich die Patientin als hilfloses Opfer und ihren Mann als den brutalen Aggressor darstellte, hatte ich wie früher abgewehrt, indem ich mein starkes Mitgefühl überbetonte. (S. 296f.)

Insbesondere in intersubjektiven analytischen Ansätzen wird inzwischen der eigene unbewusste Beitrag des Analytikers zu einer Übertragungs-Gegenübertragungs-Kollusion mit in die Überlegungen einbezogen und damit eine konsequente Umsetzung einer Zwei-Personen-Psychologie realisiert. So beschreibt Jaenicke (2014) in einem sehr offen und detaillierten Fallbeispiel, wie seine eigenen unbewussten Konflikte sich mit der Übertragung seiner Patientin subtil verschränken und in eine schwierige Konfliktsituation führen.

3.3.1.6 Agieren und Mitagieren der Übertragung

In der eben zitierten kleinen Fallvignette beschreibt Jacobs die Situation eines Gegenübertragungsagierens auf der Basis einer Eigenübertragung. Solche Konstellationen waren den Analytikern immer schon bekannt. Relativ neu ist allerdings die ehrliche Bereitschaft, den pseudoobjektiven Charakter von behandlungstechnischen Konstrukten und Parametern zu erkennen und sie auch in ihrer Bedeutung als Gegenübertragung zu sehen. Dadurch werden diese Konstrukte nicht falsch und unbrauchbar. Aber es wird deutlich, dass ihr Ursprung in einer lebendigen Interaktion liegt, aus der ein Teil herausgelöst, damit de-kontextualisiert und abstrahiert und zum Begriff verfestigt wurde. Der Begriff bekommt dadurch einen substantiellen Charakter, die Qualität eines Dinges, während seine Herkunft aus einer dynamischen interaktionellen Situation völlig verloren geht. So entsteht der trügerische Eindruck, man könnte mit ihm arbeiten wie mit einem beliebigen Handwerkszeug.

Oft geraten Therapeuten, während sie ein bestimmtes Ziel verfolgen oder mit einem methodischen Prinzip arbeiten, unerkannt in die Falle der Übertragung und merken nicht rechtzeitig, dass sie in der Verfolgung ihres behandlungstechnischen Vorgehens die Übertragung unbewusst mitagieren, wie es z. B. in dem bereits erwähnten Bericht von Deserno (1990) gezeigt wurde. Ich kann den Beschreibungen von Jacobs (1986, 2000) in ihrer sympathischen Offenheit nur beipflichten, weil er aufzeigt, wie er bei der Verwirklichung so zentraler Konzepte wie der Empathie, der Neutralität, dem analytischen Schweigen usw. in einer zunächst unerkannten tiefen Identifikation mit der Patientin von der unbewussten Übertragung erfasst wurde und sie unwissentlich mitagiert hatte.

Ferenczis Experimente: Modifizierte Technik oder Gegenübertragungsagieren?

Derartige Vorgänge des Mitagierens waren den Analytikern schon sehr früh bekannt. Sie bezogen sich zunächst auf sehr grobe libidinös-sexuelle Abstinenzverletzungen (Krutzenbichler und Essers 1991, Krutzenbichler 2010). Etwas später löste die Frage des Umgangs mit Regression im Hinblick auf die Experimente von Ferenczi, seinen »Kinderanalysen mit Erwachsenen« (1982b, s. a. Fortune 1993), eine kontroverse Diskussion aus. In der Behandlung von tief regredierten und offensichtlich psychosenahen Patienten war er mit seiner »Technik der Mutterzärtlichkeit« (Freud 1931, nach Jones 1962, S. 198) auf die regressiven präödipalen Bedürfnisse antwortend eingegangen und hatte damit eine Situation geschaffen, wo er tatsächlich zur Mutter geworden war und reale mütterliche Funktionen wie für ein kleines Kind hatte (Bettighofer 1993).

Diese Kontroverse hinsichtlich des Umgangs mit regressiven Prozessen in der Analyse hielt an (Haynal 1988) und wurde durch Ermann (1994) wieder neu aufgegriffen. Er sieht in Ferenczis Vorgehen eine Verstrickung mit den Patienten, denen er durch sein Entgegenkommen den Schmerz des Ungeliebtseins ersparen wollte. So verfolgte er das Ziel, ihnen durch eine Übertragungsbefriedigung in der therapeutischen Beziehung eine korrigierende Erfahrung zu vermitteln und bot sich als fürsorgliche Mutter an.

Ermann (1994) betrachtet dieses Vorgehen von Ferenczi als neurotisches Mitagieren des Therapeuten unter dem Einfluss eines Gegenübertragungswiderstandes. Nach Ermann nutzten Ferenczis Analysanden die therapeutische Beziehung zur Inszenierung der unbewussten Fantasie, ein traumatisiertes abgelehntes Kind zu sein. Indem Ferenczi nun auf die ihm angetragene Rolle der idealen Mutter einging (Sandler 1976) und sich auf einen nicht mehr analysierten Handlungsdialog (Heisterkamp 2002, Klüwer 1983, Lachauer 1990) einer Mutter-Kind-Beziehung einließ, nimmt er nach Ermann die eigentliche negative Übertragungsfantasie nicht an. Vielmehr setzt er ihr etwas Neues entgegen. »Er wehrt sich dagegen, der frustrierende Analytiker zu sein. Aber in der unbewußten Phantasie des Analysanden ist er das bereits« (S. 713).

Obwohl Ferenczi auf der Ebene seines bewussten therapeutischen Handelns den Bedürfnissen der Patienten immer weiter entgegenkam, sah er sich irgendwann doch gezwungen, ihnen Grenzen zu setzen. Ermann bringt Ferenczis Schwierigkeit, die negative Übertragung auszuhalten, in Zusammenhang mit dessen von ihm selbst beklagter unvollständigen Lehranalyse bei Freud und mit seiner ungelösten ambivalenten Mutterbeziehung.

Hat Ferenczi nun, indem er auf einen Teil der Übertragung real antwortend einging, wild mitagiert und möglicherweise seine eigene positive Übertragung auf die Patientin sowie insbesondere die von Ermann aufgezeigte Abwehr der negativen Übertragung ausagiert? Oder war Ferenczi mit seinem Mut, sich auf solche Prozesse einzulassen, ein genuin psychoanalytischer Forscher und auf dem Weg zu neuen und wichtigen Entdeckungen, von deren Konsolidierung er nur durch seinen verfrühten Tod abgehalten wurde? Eine eindeutige und schlüssige Antwort darauf gibt es bis heute nicht. Allerdings gibt es seit Kohut (1989) eine intensive Diskussion darüber, was in der Psychoanalyse heilt und welche Bedeutung dabei die Erfüllung von Übertragungsbedürfnissen hat (Bettighofer 2015). Andererseits weist auch Cooper (2010) darauf hin, wie wichtig es sein kann, die negative Übertragungsfantasie anzunehmen und somit das »new bad object« (S. 151) zu sein, um die bisher abgespaltene Destruktivität durchzuarbeiten.

Aufgrund mangelnder Konzepte war Ferenczi noch nicht in der Lage, diese Übertragungssituationen selbstreflexiv zu analysieren und als Inszenierung zu verstehen, wie wir das heute tun können. Er befand sich mit seinen Patienten sicherlich in einer neurotischen Verstrickung und agierte sie aus. In seinem nachvollziehbaren Bemühen, den Nöten und Bedürfnissen der Patienten mehr gerecht zu werden, neigte er immer schon zum Experimentieren. Eine eindeutige Differenzierung zwischen einem Experimentieren mit neuen behandlungstechnischen Vorgehensweisen und einem simplen Mitagieren (Bokanowsky 1996) ist nachträglich nicht mehr möglich. Ferenczi hat mit seinen Experimenten der Psychoanalyse zweifellos viele kreative Ideen geliefert (Cremerius 1983). Sie haben jedoch in der Folgezeit auch zu einer extrem ablehnenden Haltung gegenüber der partiellen Erfüllung von Bedürfnissen der Patienten in der Übertragung und zur Angst vor tiefen regressiven Prozessen geführt, die die sehr rigide abstinente Haltung der nordamerikanischen Ich-Psychologie, der sog. Klassischen Psychoanalyse, geprägt haben (Will 2003). Erst seit Balint (1973) beginnt wieder ein positiver Gebrauch tiefer regressiver Prozesse in der Behandlung von früh gestörten Patienten (Bettighofer 1992, Haynal 1988, Khan 1977b, Little 1994, Winnicott 83, Volkan 1987). Meine eigene Erfahrung ist, dass die Erfüllung spezifischer Ich-Bedürfnisse des Patienten für einen konstruktiven Verlauf wichtig sein kann und nicht zwangsläufig zu einer malignen Regression und zunehmender Gier beim Patienten führt, auch nicht dazu, dass der Patient danach mehr am Analytiker als an sich selbst interessiert sei, wie es Freud einmal befürchtet hatte (Zur Übertragungsdynamik der malignen Regression s. Bettighofer 1992).

Diese Frage, ob und inwieweit regressive Bedürfnisse von Patienten durch den Therapeuten partiell erfüllt werden können oder sollten, ist letztlich nicht definitiv zu entscheiden und hängt überdies auch sehr vom jeweiligen Heilungsmodell ab, also von der Frage, was man für heilsam hält. So greift Meissner (1998) bei seinen Überlegungen zu Neutralität und Abstinenz eine Intervention von Casement (1982, 1989) auf, der sich bei der Durcharbeitung einer traumatischen Erinnerung geweigert hatte, die Patientin seine Hand halten zu lassen. Diese hatte ihn vor dem Wiedererleben eines in der Analyse reaktualisierten frühen Traumas dringend darum gebeten, um ihre Panik überhaupt aushalten zu können. Diese Intervention hatte damals eine heftige Kontroverse ausgelöst. Sicherlich lässt sich nicht einfach von einem »richtigen« oder »falschen« Vorgehen sprechen. Was jedoch letztlich entscheidend ist, bezieht sich mehr auf die Fragestellung, welche Modellszene durch die eine oder andere Intervention inszeniert würde.

Casement hatte sich geweigert, seine Hand halten zu lassen, weil er das als einen Gegenübertragungswiderstand betrachtet hatte. Das ursprüngliche Kindheitstrauma der Verlassenheit der Patientin entstand dadurch, dass ihre Mutter vor einer Operation der Patientin ohnmächtig geworden war und dem Mädchen die Hand der Mutter entglitten war. Die dabei erlebte Verlassenheit sah Casement als das zentrale Trauma an. Ihr die Hand anzubieten hätte für ihn bedeutet, das bewusste Durcherleben dieses Traumas zu vermeiden. Seine Absicht bestand nun darin, diesen eigentlichen Kern der traumatischen Situation durch seine Weigerung zu reaktualisieren. Er wurde in der Übertragung zur verlassenden Mutter und wollte die aufbrechenden Affekte aushalten (Katz 1998). Es folgte daraufhin eine wochenlange äußerst dramatische Zeit für die Patientin und den Analytiker, in der diese voller Misstrauen und Verzweiflung hoffnungslos bis an den Rand der Suizidalität war, weil sie ihn als sadistisch erlebte und dabei so tief regredierte, dass sie zeitweise eine psychotische Übertragung entwickelte. Die Patientin hatte das Als-ob-Gefühl der Übertragung völlig verloren und der Analytiker war in dieser anhaltenden Situation für sie real zur verlassenden Mutter geworden. Sie war weder fähig zu einem Arbeitsbündnis noch zu einer minimalen Form der therapeutischen Ich-Spaltung in ein erlebendes und ein beobachtendes Ich und erlebte auch keine positive Differenz mehr zwischen der aktualisierten Übertragungsprojektion und dem tatsächlichen Therapeutenverhalten (Fischer 2000). Sie war nur mehr reine Verzweiflung, sodass zunehmend die Situation einer traumatisierenden Übertragung (Holderegger 1993) entstand, bei der der Therapeut in seiner Gegenübertragung die traumatischen Affekte selbst am eigenen Leib erlebt. War das nun eine therapeutisch sinnvolle und notwendige Durcharbeitung des Traumas in der Übertragung (Henningsen 2012)? Oder doch eher eine Retraumatisierung? Wir wissen es nicht wirklich. In seiner eigenen Verzweiflung machte Casement in einem solchen Moment eine Deutung, die auch Holderegger empfiehlt, indem er der Patientin seine eigene Gefühlslage beschrieb, die wie ihre eigene geprägt war von hoffnungsloser Ohnmacht: »Sie lösen in mir dieselben Gefühle von Verzweiflung und Nicht-mehr-weiter-Können aus, die Sie empfinden. […] Und dennoch glaube ich, die einzige Möglichkeit, Ihnen zu helfen, besteht darin, daß ich die Gefühle, die Sie in mir auslösen, zu ertragen bereit bin und weitermache« (Casement 1989, S. 181). Nach dieser Deutung erholte sich die Patientin allmählich wieder, was von Casement darauf zurückgeführt wurde, dass er ihr keine dem Widerstand dienende Übertragungsbefriedigung angeboten, sondern ihr ermöglicht hatte, die traumatische Situation in all ihren Einzelheiten zu reinszenieren, auch die Wut und die Verzweiflung zu erleben, und er bereit und fähig war, diese aufbrechenden Affekte mit ihr durchzuhalten und diese zu überleben. Hätte er ihr seine Hand gegeben, wäre er seiner Ansicht nach ein »zusammengebrochener Analytiker« (S. 182) geworden.

Aus meiner heutigen Sicht fand hier keine heilsame Durcharbeitung, sondern vielmehr eine retraumatisierende Wiederholung des ursprünglichen Traumas statt. Auch scheint mir eine alternative Erklärung für die Verbesserung des Zustandes der Patientin wesentlich plausibler. Durch die entscheidende Deutung der traumatisierenden Übertragung, in der Casement seine eigene Verzweiflung und Hilflosigkeit eingestanden hatte, war es zu einem Moment der persönlichen Begegnung (Stern 2004) gekommen, in dem der Analytiker durch seine Bemerkung als Mensch greifbar und dadurch aus dem Dunst der Übertragung heraustrat und nicht mehr nur als verlassende Mutter, sondern in seiner menschlichen Präsenz wahrgenommen wurde. Er wurde wieder als authentisch fühlende und mitfühlende Person sichtbar, der die Gefühle der Patientin nicht gleichgültig sind, obwohl er sich in ihren Augen sadistisch verhalten hatte. So spürte sie seine menschliche Präsenz und begann, wieder eine positive Teilbeziehung zu ihm aufzubauen. Auf dieser Basis konnte sie nun auch wieder die therapeutische Situation und Beziehung von der ursprünglichen traumatischen im Sinne einer »optimalen Differenz« (Fischer 2000) unterscheiden. Sie konnte auch wieder glauben, dass er nicht sadistisch und ihr gegenüber gleichgültig war.

Interaktionelle Verwicklungen sind keine Ausnahme

Lange Zeit bestand die Tendenz, in solchen Verwicklungen zwischen Therapeut und Patient eher die Ausnahme zusehen, die erst dann bewusst reflektiert wurde, wenn bereits unerwünschte Behandlungsergebnisse wie Stagnation und Sackgassen (Rosenfeld 1987), Verschlimmerung der Symptomatik, zunehmende Regression oder andere Fehlentwicklungen eingetreten waren (Hoffmann et al. 2008, Zwettler-Otte 2007). Der Begriff der Gegenübertragungsneurose (Racker 1978) kennzeichnet eine solche pathologische Situation in der Beziehung zwischen Therapeut und Patient, bei der der Analytiker selbst mit eigenen Anteilen einbezogen ist. Inzwischen ist allgemein anerkannt, dass die therapeutische Situation ein gemeinsames Handeln, ein Miteinander-Umgehen darstellt, bei dem der Therapeut naturgemäß nicht anders kann, als mehr oder weniger miterfasst zu werden, somit mitzuagieren und aus eigenen Übertragungen heraus in die Szene hineinzugeraten. Man kann darin nicht länger einen therapeutischen Verfahrensfehler sehen, wie das lange Zeit üblich war. Mitagieren aus der Gegenübertragung heraus lässt sich auch nicht darauf reduzieren, dass darin nur die Restneurose des Therapeuten zum Ausdruck kommt. Vielmehr verweist es auf die anthropologische Grundtatsache, dass Menschen sich einander interaktionell »anstecken« und dadurch überhaupt erst in Kommunikation zueinander kommen (Bauer 2015, Beebe und Lachmann 2004, Bettighofer 2003 und 2007, Boston Change Process Study Group 2004, 2013, Streeck 2004, 2009).

Während der gesamten Geschichte der Psychoanalyse wurde jegliche Form von Handlung des Therapeuten außer der Deutung als ein Agieren angesehen und geriet somit unter ein strenges Verdikt. Inzwischen liegen Versuche vor, diese irrtümliche und formelhafte Gleichsetzung von Handeln = Agieren aufzubrechen. Nach Streeck (2002) scheint es »problematisch, nichtsprachliches Verhalten und damit auch die subtilen körperlichgestischen Mittel, die so weitreichende Wirkung haben können, mit Agieren im Sinne eines Widerstandes und mit regressivem Verhalten gleichzusetzen« (S. 253). Auch neben Streeck (2004) gibt es Bestrebungen, das Konzept der »Handlung« zu rehabilitieren und ihm in der Psychoanalyse einen eigenen Stellenwert als therapeutischen Wirkfaktor einzuräumen (Schmidt 2020).

Die in sozialen Beziehungen stattfindenden Prozesse von affektiver Ansteckung, Projektiver Identifikation und Übertragung und die darauf basierende Induktion von Handlungsimpulsen beim jeweiligen Gegenüber werden im Wesentlichen über nonverbale Signale vermittelt und sind ein natürlicher und ubiquitärer Vorgang, eine evolutionstheoretisch notwendige Möglichkeit, soziale

Beziehungen herzustellen und zu regulieren. Anstelle der Vermeidung dieser basalen Ebene des Verstehens (Heisterkamp 2002) ist es deshalb behandlungstechnisch weitaus sinnvoller, sich auf Handlungsdialoge einzulassen und diese anschließend zu bearbeiten, sich zu verwickeln und zu entwickeln (Scharff 2009). Eine so konzipierte behandlungstechnische Theorie erlaubt es auch, bei bestimmten Indikationen oder Situationen andere therapeutische Verfahren gezielt einzusetzen, wobei die dann entstandene Übertragungssituation natürlich auch im Hinblick auf ihre unbewusste Bedeutung im Sinne einer Inszenierung reflektiert werden muss. Entwicklungen diesbezüglich zeichnen sich bereits ab hinsichtlich des gezielten Einsatzes von traumatherapeutischen Verfahren wie z. B. EMDR (Hofmann 1999, Shapiro 1999, Wackernagel 2011) und der Verwendung körpertherapeutischer Interventionen (Geißler 2002, Geißler und Heisterkamp 2007, 2013, Moser 2003, Worm 1998, 2003).

Mitagieren ist unvermeidlich und erwünscht – die Mit-Bewegung des Therapeuten

Das Involviertwerden des Therapeuten in einen interaktionellen Prozess, bei dem nicht nur aufseiten des Patienten, sondern auch beim Therapeuten neurotische Strukturen sichtbar werden können, ist somit ein ubiquitärer Vorgang. Er ist nicht nur unvermeidlich, sondern im Interesse der Einsichtsgewinnung (Klüwer 1983) und der Verlebendigung der therapeutischen Beziehung auch erwünscht (Hoffman und Gill 1988, Mitchell 2003, Slavin 2010). Die Begriffe des Handlungsdialogs, des Enactments und der Inszenierung haben inzwischen allgemeinen Eingang in die psychoanalytische Behandlungstheorie gefunden und werden während der letzten Jahre zunehmend positiv gebraucht. Eine grundlegende Bereitschaft zur bewussten oder unbewussten »Mit-Bewegung« des Therapeuten (Heisterkamp 2007, S. 302, Scharff 2007) führt zu gemeinsamen Verwicklungen, deren therapeutische Bearbeitung wesentliche Entwicklungs- und Veränderungsprozesse ermöglicht. Renik (1993) vertritt sogar die radikale Auffassung, dass tiefe Einsicht sich immer als Folge von Übertragungsinszenierungen und nach deren Bearbeitung einstellt. Auch nach Katz (1998) wird der verbale Deutungsprozess immer durch eine »enacted dimension« (S. 1132), also von unbewussten Inszenierungen begleitet und der Ich-Psychologe Busch (2009) vertritt sehr dezidiert die Ansicht, »dass die Handlungssprache die eigentliche Sprache ist, in der sich das Unbewusste in der psychoanalytischen Behandlung an uns wendet.« (S. 66). Introjekte »sprechen« zu uns durch spezifisch gefärbte Atmosphären, durch die Patienten uns spüren lassen, wie es war, mit jemandem zusammen zu sein (Hübner 2007, Pflichthofer 2007).

Es soll hier nicht der Eindruck entstehen, dass ein bedenkenloses und unreflektiertes Mitagieren einen therapeutischen Sinn haben kann. Es geht ausschließlich darum, dass wir uns i. S. einer therapeutischen Ethik unserer großen Verantwortung für den Verlauf des Prozesses bewusst sind und mithilfe einer permanenten engagierten Selbstreflexion (Mitchell 2005) unser Bewusstsein für das unvermeidliche Involviertsein im therapeutischen Prozess schärfen und als

Grundlage für eine Reflexion des gemeinsamen therapeutischen Handlungsdialogs nehmen.

3.3.1.7 Übertragungswiderstand und Gegenübertragungswiderstand – Von der Psychodynamik zur Interaktion des Widerstandes

In der ursprünglichen Behandlungstheorie wurde der Widerstand individualistisch konzipiert und nur aufseiten des Patienten lokalisiert: Der Patient hält eine innere, wenn auch partiell neurotische Kompromissbildung zwischen Wünschen und Abwehr z. B. durch Verdrängung und Gegenbesetzung aufrecht und wehrt sich unbewusst gegen die Labilisierung des dadurch erreichten bestmöglichen Gleichgewichts. In der Behandlungssituation manifestiert sich dieser innere Abwehrvorgang als Widerstand gegen die Übertragung, gegen das Sich-Einlassen und gegen die Veränderung des vertrauten Verhaltens. Er hat seinen Ursprung im Patienten und erschwert den Zugang zu Affekten, Konflikten und deren Veränderung. Widerstand meint dabei ein Verhalten, das dem Schutz vor Verletzungen dient, das Selbstwertgefühl erhalten und Scham- und Schuldgefühle vermeiden soll (Ermann 2014).

Ergänzend dazu hat Glover (1927) schon vor langer Zeit zum ersten Mal von einem Gegenübertragungswiderstand gesprochen. Auch Ehrenberg (1985), der interpersonellen Schule Sullivans nahe stehend, und Katz (1998) vertreten ein interpersonelles Konzept von Widerstand, das im deutschen Sprachraum durch Ermann (1984, 1987) eingeführt wurde (s. a. Blankenburg-Winterberg 1988).

Der Patient dringt in den Analytiker ein

Der Ambivalenz, mit der Patienten eine Psychotherapie beginnen, wo dem Heilungswunsch Ängste vor der Aktualisierung innerer Konflikte in der therapeutischen Beziehung gegenüberstehen, entspricht spiegelbildlich die Ambivalenz aufseiten des Analytikers. Wenn er sich dem Patienten zuwendet und sich auf eine therapeutische Beziehung einlässt, werden auch bei ihm konflikthafte innere Schemata aktualisiert, auch er setzt sich dem Risiko der Verbundenheit (Jaenicke 2006) aus und riskiert es, verletzt zu werden. Dies ist insbesondere bei Patienten mit schweren Persönlichkeitsstörungen und starken regressiven Tendenzen der Fall, deren Behandlung sehr konfliktreich und schwierig sein kann (Reimer 1991). Diese Patienten können auf der Basis von introjizierten archaischen Teilobjektbeziehungen intensive Übertragungsfantasien und -gefühle entwickeln und den Therapeuten sehr schnell in eine Interaktion zwingen, die die Charakteristik einer projektiven Identifizierung annimmt (Schore 2003) und mit starken Gefühlen in der Gegenübertragung erlebt wird (Barwinsky 2014, Weiss 2007).

Je stärker der Patient regrediert und je intensiver sein Übertragungsdrängen deshalb ist, desto mehr wird es vom Psychotherapeuten als intrusiver, manipulativer und provozierender Akt, als ein Eindringen in die eigene innere Gefühlswelt empfunden. Aus dem Bedürfnis heraus, die dadurch entstehende Verunsicherung des eigenen Selbstgefühls und Verletzungen und Kränkungen zu vermeiden oder wenigstens auf einem erträglichen Niveau zu halten, wird er selbst, meist unbewusst, Widerstand leisten, um sich zu schützen. Dem Widerstand liegt somit auch aufseiten des Therapeuten eine Angst vor Verletzung zugrunde (Bacal und Newman 1994).

Wie der Patient seine Übertragung und auch eine Gegenübertragung auf den Analytiker entwickelt, so entsteht auch beim Analytiker eine mehr oder weniger latente Übertragung eigener Schemata sowie die Gegenübertragung auf den Patienten. Und ebenso verhält es sich beim Widerstand. Ebenso wie der Patient einen Übertragungswiderstand hat, so verspürt auch der Therapeut ein inneres Streben gegen die Entwicklung einer Übertragung bzw. Gegenübertragung sowie gegen die Auflösung dieser Übertragung – eine Differenzierung, die von Gill (1993, 1982) eingeführt wurde. Auch er verspürt ein Zögern, sich auf eine Begegnung mit dem Patienten einzulassen.

Gegenübertragungswiderstände sind vermutlich sehr häufig, sie äußern sich jedoch meistens sehr subtil und sind deswegen schwer zu erkennen. Wie der Widerstand begleiten auch Gegenübertragungswiderstände des Therapeuten auf Schritt und Tritt die Behandlung.

Solche Widerstände können sich beispielsweise darin äußern, dass der Analytiker zu spät kommt, keine Lust hat, müde ist und lustlos zuhört oder aber auch überengagiert ist, die Zeit überzieht, abschweift, vergisst und merkt, dass er mit dem Patienten nicht in Kontakt ist. Es ist dann ein Leichtes, eine Deutung dahingehend zu geben, dass der Patient den Kontakt vermeiden, den Therapeuten kontrollieren und ermüden wolle usw. Sehr schön beschreibt Ermann (1984), welche Formen die Widerstände im Analytiker annehmen können und was ihnen zugrunde liegen kann:

> Manchmal spürt man einen deutlichen Unwillen, einen Patienten auf einen Widerstand aufmerksam zu machen, und die Tendenz, sich einfach zurückzuziehen; manchmal ertappt man sich dabei, ausführliche Schilderungen von Einzelheiten zu verlangen, ohne sie zu deuten. Gelegentlich spürt man, wie man sich gegen Vorwürfe verschließt oder eine Deutung als Mittel missbraucht, sich zu verteidigen oder zu verbergen. Das sind Widerstände, die man als Analytiker bei sich selbst erfahren kann. Im Laufe der Jahre spürt man vielleicht deutlich seine Verletzlichkeit als Analytiker oder dass man sich gelegentlich schützt, wenn Wut und Hass sich offen gegen einen richten, oder dass man in Loyalitätskonflikte gerät, wenn man sich vom Liebeswerben seiner Patienten wirklich berühren lässt. Man erkennt rascher: man ist neugierig, schaut gern einmal durchs Schlüsselloch, fühlt sich sadistisch, neidisch, gierig oder voll Eifersucht. Solche Gefühle und Reaktionen bringen einen in Konflikt zwischen seiner triebhaften und seiner vernünftigen Persönlichkeit [...]. Solange dieser Konflikt unbewusst bleibt und nicht greifbar ist, ist es schwierig, im Widerstand die analysierende Rolle nicht aufzugeben. Dann behandelt man den Patienten unbemerkt, als wollte er einen wirklich ausrauben, und vergisst eine Stunde; oder dann fühlt man sich durch seine Angriffe so verletzt, dass man sich unbemerkt zurückzieht; oder dann weidet man sich unbewusst an Fantasien, statt sie zu analysieren. (Ermann 1984, S. 66f.)

Insbesondere im Falle von Stagnationen in einer Behandlung und bei ausbleibendem Behandlungsfortschritt, ebenso wenn sich der analytische Prozess nicht vertieft, sondern abflacht und energielos wird und v. a. bei Behandlungskrisen ist es deshalb dringend geboten, die Möglichkeit eines Gegenübertragungswiderstandes ernsthaft in Erwägung zu ziehen.

Ein Beispiel von Ermann (1992)

Das Institut, in dem ich arbeite, mußte neue Räume beziehen. Ich war natürlich darauf vorbereitet, daß meine Analysanden auf diesen Umzug reagieren würden. Dennoch war ich über die Intensität und Dauer der Reaktionen überrascht. Einer fühlte sich durch die neue Situation dermaßen irritiert, daß er sich in den Analysestunden völlig isolierte und wie erstarrt wirkte, ein zweiter reagierte mit einer Symptombildung, ein dritter mit drastischen Vorwürfen gegen das Institut und weitreichenden Befürchtungen, dieser Umzug sei ein Symptom für ein bevorstehendes Ende der Psychoanalyse. Von dem ersten fühlte ich mich wie abgeschnitten, im Kontakt blockiert; der zweite gab mir das Gefühl verzweifelter Hoffnungslosigkeit und Aussichtslosigkeit; und der dritte erweckte in mir, nach anfänglichen Regungen, ihn zu beschwichtigen, Angriffe – ich fand die Vorwürfe und Befürchtungen ›überzogen‹ und ›unrealistisch‹. In meinen Deutungen zentrierte ich auf die verleugnete Enttäuschung, die wohl alle drei erlebten, weil ich sie nicht genug vor der ›Willkür‹ des Instituts schützen konnte, und auf die schmerzliche Erfahrung, daß ich mein Haus/meinen Raum/mich selbst verändert hatte und damit womöglich nicht nur fremd, sondern verfolgend geworden war. Ich bemerkte, wie schwer es ihnen war, die auf mich bezogenen Gefühle zuzulassen, und ich deutete das als Ausdruck der Angst darüber, daß sie mich überfordert und verletzt erlebten, ihren Angriffen nicht gewachsen, und sich vor Gegenangriffen fürchteten. Dabei ließ ich mich von einem Gefühl diffuser innerer Verwunderung leiten, das ich seit dem Abschied aus den alten Räumen erlebte, und zwar verstärkt in den Analysestunden, wenn ich mich zurückwünschte. Doch obwohl ich mich bei diesen Deutungen auch auf Wahrnehmungen meines eigenen Erlebens bezog, wirkten sie kühl und distanziert und brachten kein weiterführendes Verständnis. Erst im Laufe der Zeit bemerkte ich, wie sehr der Umzug mich selbst tatsächlich belastete; es kam hinzu, daß ich mein persönliches Arbeitszimmer in den neuen Räumen noch nicht beziehen konnte und vorübergehend mit einem Kollegen das Zimmer teilte. Uralte Gefühle der Heimatlosigkeit kamen in mir auf, die ich in der Hektik des Umzugs gar nicht gespürt und durch meine Aktivität wohl auch zur Seite geschoben hatte. Zugleich spürte ich, wie sehr auch die Analysestunden mich belasteten und ich mir wünschte, endlich mit meinen Analysanden wieder zu anderen Themen als dem Umzug zu kommen. Dabei irritierte es mich, wie parallel die Thematik in den drei Analysen in Erscheinung trat; dies ließ bei mir den Verdacht aufkommen, möglicherweise selbst an diesem Verlauf mehr Anteil zu haben als mir deutlich war. Schließlich wurde mir der Wunsch bewußt, von meinen Analysanden durch Intimität und Gefühle der Geborgenheit, die sie in mir erzeugen sollten, vor der Verlorenheit geschützt zu werden, die ich in diesen Wochen verspürte.

Ich erblickte darin eine eigene Übertragung, die mit gleichsinnigen Tendenzen meiner Analysanden zusammentraf und diese möglicherweise fixierten. Seit ich diesen eigenen Anteil klarer wahrnahm und ihn nicht mehr bekämpfte, wurden meine Deutungen lebendiger. Ich bekam das Gefühl, meinen Analysanden wieder besser gerecht zu werden. Dabei bezog ich meinen eigenen Anteil als konstitutiven Faktor der Übertragungsbeziehung auch direkt in eine Deutung mit ein: Ein Analysand zum Beispiel beschäftigte sich in dieser Zeit mit der Erinnerung, wie er als Kind durch eine Unachtsamkeit seiner Mutter gestürzt war und sich die Hand gebrochen hatte. Er berichtete, wie die Mutter in Tränen ausgebrochen war und er sie tröstete. In diesem Zusammenhang sagte ich ihm, daß seine Einfälle auf unsere Situation Bezug nahmen; daß er meine Belastung spürte und nun mich tröstete; und daß dabei für seinen Schmerz kein Raum blieb. (S. 290f.)

Ermann (1987) unterscheidet folgende Widerstände im Analytiker:

1. Widerstand dagegen, sich als Objekt vom Patienten verwenden zu lassen. »Wir können uns den Übertragungsprojektionen des Patienten verschließen und einen Widerstand dagegen aufrichten, uns als Objekte für die Inszenierung von Übertragungen zur Verfügung zu stellen, weil die damit verknüpften Ängste in uns selbst Abwehr hervorrufen.
2. Wir können uns mit dem Widerstand des Patienten verbünden und eine Gegenübertragung entwickeln, die den Widerstand legitimiert [...]« (S. 106).
3. Ausagieren der Gegenübertragung. »In diesen Fällen bleibt die Identifikation mit den Übertragungsprojektionen des Patienten uns unbewußt und wir verhalten uns tatsächlich so, wie die Übertragung des Patienten es uns vorschreibt [...] Diese Art des Widerstandes enthält die Gefahr, mit Krisen in der Behandlungsbeziehung manipulatorisch umzugehen« (S. 106).

3.3.2 Die latente szenische Übertragungs-Gegenübertragungs-Beziehung – die reale Inszenierung des Traumas in der therapeutischen Beziehung

Die in der therapeutischen Situation aktivierten inneren Schemata des Patienten können einen solch starken, vielleicht unbewussten Einfluss auf den Therapeuten ausüben, dass sich unweigerlich die entscheidende traumatische Situation oder die kumulativ traumatisierende kindliche Beziehungserfahrung des Patienten im Rahmen der therapeutischen Situation wiederholen kann. Diese Wiederholung kann auf unterschiedlichen Ebenen geschehen, wie im Folgenden dargestellt.

3.3.2.1 Die direkte Antwort in der Gegenübertragung

Jeder praktizierende Analytiker kennt Patienten, die ihr Gefühl des Ungeliebtseins auf eine Weise ausagieren, dass der Analytiker nach einiger Zeit tatsächlich das Gefühl und die Fantasie bekommt, ihn am liebsten los sein zu wollen, er also in einer komplementären Identifikation (Racker 1978) in sich die zu der übertragenen Rolle eines abweisenden Objekts gehörigen Gefühle empfindet.

Eine Patientin, deren Mutter in ihrer Selbstobjektfunktion versagt hatte und die in sozialen Gruppierungen meist außenstehend war, brachte sowohl in Einzel- wie in Gruppengesprächen ihre Bedürfnisse nach Zuwendung und Zugehörigkeit nonverbal in einer subtilen depressiv-fordernden und unterschwellig aggressiven Art und Weise zum Ausdruck, die ihr selbst völlig unbewusst war. Obwohl sie ihrer Ansicht nach nur versuchte, ihre berechtigten Bedürfnisse und Wünsche zu äußern, erlebte ihr jeweiliger Interaktionspartner wie auch ihr Analytiker in einer geradezu frappierenden Gleichförmigkeit das komplementäre (Racker 1978) zurückweisende Gefühl, das sie von ihrer Mutter kannte und immer wieder erlebt hatte.

Ein anderer Patient hatte in der analytischen Situation den Spieß umgedreht, wodurch der Therapeut nun mit der Selbstrepräsentanz des Patienten identifiziert war, während der Patient selbst mit der Rolle seiner Mutter identifiziert war. Insofern hatte er den Therapeuten in eine Situation gebracht, in der dieser partiell die schmerzende Abwertung zu spüren bekam, unter der der Patient selbst bei seiner Mutter gelitten hatte.

Eine Kollegin berichtete von einem Patienten, dessen Angstsymptomatik die Angst vor Objektlosigkeit zugrunde lag. In der therapeutischen Beziehung suchte er die ersehnte verschmelzende Nähe zu seiner idealisierten Therapeutin auf eine für sie sehr distanzlos und grenzüberschreitend wirkende Weise, indem er z. B., wenn er ihr erster Patient am Tag war, nicht im Wartezimmer der Arztpraxis, sondern vor der Praxistür oder auf der Straße auf sie wartete oder vor Beginn seiner Stunde schon dicht vor der Tür ihres Behandlungszimmers stand. Die Kollegin reagierte mit heftigen Gefühlen des Bedrängtseins, der Angst und sogar des Ekels vor ihm und mit dem Impuls, ihn wegzudrängen und loszuwerden – letztlich in die Objektlosigkeit und Einsamkeit, aus der er herkam.

Im Sinne einer konkordanten Identifizierung in der Gegenübertragung reagierte Jacobs (1986), als er mit überengagiertem Mitgefühl seiner Patientin zuhörte und sich mit ihr gegen ihren Ehemann verbündete. Von der identifikatorischen Übernahme eines Introjekts des Patienten spricht auch Holderegger (1993) in seinem Konzept der »traumatisierenden Übertragung«. Hier setzt der Patient im Sinne einer Rollenumkehr vom passiven Erleiden zum aktiven eigenen Handeln den Analytiker der von ihm selbst erlebten Traumatisierung aus (Casement 1989, Wurmser 1987). Der Therapeut erlebt entsprechende beängstigende, bedrohliche, schmerzhafte und hoffnungslose Gefühle durch die verbalen und nonverbalen Aktionen des Patienten, woran zu erkennen ist, »daß der Patient dem Analytiker das bedrohte innere Kind anvertraue, damit er dieses halte und vor Übergriffen bzw. vor einer psychischen Vernichtung beschütze, dessen Gefühle ausspreche und sich an seiner Stelle auf die Gefahr einlasse, die sich durch die Neuinszenierung des Traumas ergibt« (Holderegger 1993, S. 24). Der Patient ist dabei mit seinem destruktiven Introjekt, also einer frühen destruktiv erlebten Bezugsperson identifiziert (Täterintrojekt), vertritt dessen Gefühle und bringt den Therapeuten in die Position des Opfers, das er damals selbst gewesen war. Diese Form der Übertragung, die sicherlich jedem Therapeuten bekannt und bei Borderline-Patienten mit der Neigung zum Agieren besonders ausgeprägt ist, kann leicht eine solche Intensität annehmen, dass der Analytiker sich trotz des Kampfes um Neutralität und Abstinenz zu Aktionen verleiten lässt und auf subtile Weise unterschwellig aggressive Deutungen gibt, Grenzen setzt oder in einer Eskalation mit der Beendigung der Behandlung droht.

Diese Ebene der therapeutischen Beziehung lässt sich sehr gut mit dem interaktionellen Gegenübertragungskonzept von Körner (1990) erfassen. Er konzipiert Übertragung und Gegenübertragung als eine »Einheit im Widerspruch«:

> Sie bilden eine Einheit, weil sie einander ›antworten‹, aufeinander hinweisen, vor allem aber, weil sie getrennt darstellen, was eigentlich zusammengehört. Übertragung und Gegenübertragung sind ›Spaltungsprodukte‹ eines einzigen intrapsychischen, ehemals interpersonalen Konfliktes. Der Widerspruch von Übertragung und Gegenübertragung liegt darin, daß sie getrennt voneinander bleiben müssen, um das Geheimnis des Patienten zu wahren. In der Übertragungsbeziehung trennt der Patient also zwei Seiten eines inneren Konfliktes und hält sie doch zusammen. (Körner 1990, S. 98f.)

Thea Bauriedl (1994) knüpft an den gleichen Sachverhalt wie Körner an und bringt einen systemischen Aspekt in die Betrachtung. Anhand ihres Konzepts der »Ambivalenzspaltung« beschreibt sie einige der Möglichkeiten des Patienten ausführlicher, seine inneren Konflikte im Dialog der therapeutischen Beziehung zu externalisieren, sie zu Übertragungs-Gegenübertragungs-Inszenierungen zu machen und dabei die Neutralität des Therapeuten zu unterlaufen.

Im Hinblick auf die Aufrechterhaltung einer neutralen Haltung besteht nach Anna Freud (1936) die Aufgabe des Analytikers darin, zu den inneren Strukturen des Ich, Es und Über-Ich und zu den inneren Objekten einen möglichst gleichen Abstand zu wahren, sich also nicht zu intensiv oder gar chronisch mit einem bestimmten Anteil der inneren Welt des Patienten zu identifizieren. In der praktischen Arbeit mit Patienten ist es jedoch geradezu die Regel, dass diese äquidistante Neutralität immer wieder gestört wird und dass sowohl Überidentifizierungen als auch komplementäre Rollenübernahmen stattfinden. Es gehört sogar zum Konzept des Sich-in-die-Übertragung-Verwickeln-Lassens, dass der Therapeut spielerisch, spontan und natürlich in diesem zunächst unbewussten interaktiven Rollenspiel mitmacht, um am eigenen Leibe zu spüren, was der Patient ihm auf unbewusster Ebene mitteilt. Wir wissen heute aus der neuesten neurobiologischen Gehirnforschung, dass frühe Erfahrungen der ersten Lebensjahre nicht verbal als Erinnerung, sondern nur über nonverbale Kommunikationskanäle auf der Handlungsebene und als Körperempfindung dem Anderen vermittelt werden können. Denn sie stammen aus einer Frühzeit der Entwicklung, in der diese frühen Erfahrungen aufgrund der noch ungenügend entwickelten Gehirnstrukturen z. B. des Hippocampus nicht im deklarativen Gedächtnissystem als Erinnerungsbilder gespeichert sind und somit auch nicht als Erinnerungsbilder abgerufen werden können. Sie sind auch noch nicht symbolisiert und können insofern auch nicht verbal ausgedrückt werden (Turnbull und Solms 2005, Grawe 2004, Roth und Strüber 2014).

Diese zunächst unbewusste spontane Rollenübernahme des Therapeuten beinhaltet allerdings auch erhebliche Gefahren. Wenn der Therapeut z. B. zu einseitig den progressiven Aspekt verkörpert, indem er z. b. einer sehr selbstunsicheren abhängigen Patientin aufzeigt, wie viel besser sie schon in ihrer Arbeit zurechtkommt, kann es sein, dass die Patientin vermehrt die regressive Seite übernimmt, weil sie Angst bekommt und sich in ihrer Überforderung nicht wahrgenommen fühlt. Es ist offensichtlich, wie schnell ein solcher »polarisierender Austausch von abgespaltenen Ambivalenzen« (Bauriedl 1994, S. 147) zur zwanghaft und sadomasochistisch verclinchten Beziehung zwischen Therapeut und Patient entgleisen kann, in der der Patient sich gegen Einsichten wehrt oder sie nicht umsetzt, obwohl der Therapeut doch so oft die Wünsche, die Abwehr und die genetische Herkunft gedeutet hat; wo er doch immer wieder versucht hat, die guten und konstruktiven Seiten des Patienten aufzuzeigen. Und doch will dieser partout nicht mit einer Verbesserung seines Selbstwertgefühls und seiner Beschwerden reagieren (bzw. danken).

In diesen Fällen ist der Therapeut unbewusst mit einer Seite des inneren Konflikts des Patienten identifiziert und agiert diese in der entsprechenden Rolle aus, indem er z. B. eine bestimmte Behandlungsstrategie verfolgt, ohne zu erkennen, dass er damit einseitig einen vom Patienten unbewusst übernommenen Anteil verkörpert und der Patient deswegen gar nicht anders kann, als auf dem anderen Anteil und dem damit verbundenen Erleben und Handeln zu beharren. So kommt es etwa zu einer Es-Übertragung, wo der Therapeut als einseitig lustbetont und egoistisch denkend erlebt wird, oder einer Über-Ich-Übertragung, bei der er als einseitig kritisch, streng und verbietend erlebt wird. In diesen Fällen ist immer eine Konfliktseite des Patienten an den Analytiker delegiert bzw. wird in diesen projiziert, wobei der Patient selbst mit dem jeweils anderen Konfliktanteil identifiziert ist und im Falle eines komplementären Clinches (Benjamin 2007) auch identifiziert bleibt. Aus einer solchen Konstellation können unschwer starke Verwicklungen entstehen, wo dann ein aussichtsloser analer Machtkampf entsteht, der gerade deshalb nicht lösbar ist, weil beide mit jeweils einer der beiden zusammengehörigen, jedoch aufgespaltenen inneren Konfliktparteien des Patienten identifiziert sind. So besteht z. B. eine häufige Situation darin, dass der Therapeut angesichts der passiv-oralen Erwartungshaltung des Patienten unbewusst oft zu einseitig die Verantwortung für den therapeutischen Prozess übernimmt und dadurch u. U. versäumt, dem Patienten eine gesunde Eigenverantwortung zu lassen bzw. diese zu fordern. Aufgabe des Analytikers ist es, solche Konstellationen irgendwann zu erkennen und mit dem Patienten daran zu arbeiten. Ich formuliere das ganz bewusst vorsichtig, denn mein genereller Eindruck ist, dass solche neurotischen Konstellationen in vielen Therapien nicht erkannt werden. Das schließt allerdings auch nicht aus, dass diese Behandlungen trotzdem hilfreich sein können. An einem entscheidenden Punkt jedoch sind sie letztlich eine subtile Wiederholung des neurotischen Grundkonflikts und verhindern den Aufbruch zu einem wirklichen Neubeginn.

3.3.2.2 Die latente Übertragung als Inszenierung

Die latente Ebene der Übertragung wurde früher selten beschrieben und ist nach den Vorarbeiten von Kohuts Schülern (Ornstein 1993) und Argelanders »szenischem Verstehen« (Argelander 1966) erst seit den frühen Neunzigerjahren als explizites behandlungstechnisches Konzept entwickelt worden (Jacobs 1986, Katz 1998, Sandler 1976). Das liegt v. a. daran, dass sie auf viel indirektere Weise zum Ausdruck kommt, auch vom Patienten nicht direkt benannt wird und daher schwer zu erkennen ist. Sie entsteht nebenbei und unterschwellig auf der Basis von unbewussten Identifikationen und Rollenübernahmen und durchzieht als eine Inszenierung oft unbemerkt den analytischen Prozess (Bettighofer 1994, Katz 1998). Sie ist jedoch insofern von äußerster Bedeutung, als sich auf dieser Ebene die eigentliche unbewusste Beziehungstraumatisierung in der therapeutischen Beziehung oft unerkannt und oft auch unspektakulär wiederholt, und zwar in der Art und Weise, wie der Therapeut mit dem Patienten real und im Rahmen der bewussten Behandlungstechnik umgeht.

Ich will dies zunächst an einem ausführlichen *Fallbericht* verdeutlichen:

Ein 30-jähriger Patient, der aus einer erfolgreichen Akademikerfamilie stammt und als einziger das Studium wegen seiner schweren Depressionen und Angstzuständen abbrechen musste, kam nach mehreren therapeutischen Vorbehandlungen und stationären psychiatrischen Behandlungen in analytische Psychotherapie zu mir. Schon während der ersten Sitzung bahnte sich eine Übertragungsszene an, die durch mein eigenes Entgegenkommen entstehen konnte und trotz meines diffusen Unbehagens über einen relativ langen Zeitraum unerkannt blieb. Nach der Schilderung seiner Beschwerden fuhr der Patient mit der Bemerkung fort, er habe seine letzte psychotherapeutische Behandlung vor einiger Zeit aufgeben müssen, weil die Therapeutin keine längere Behandlung über die Krankenkasse abrechnen könne. Die Stunden bei ihr hätten ihm geholfen, sie habe ihn reden lassen, ihn nicht unterbrochen, und so sei es ihm möglich gewesen, nach einiger Zeit zu seinen echten Gefühlen zu kommen. Durch diese beiläufige Bemerkung hatte er in mir einen leichten Druck erzeugt, ich wäre gerne ebenso hilfreich für ihn gewesen wie diese Therapeutin, von der er eigentlich gegen seinen Willen hatte gehen müssen. Gleichzeitig spürte ich bereits zu diesem Zeitpunkt eine subtile Versagensängstlichkeit.

Es entwickelte sich relativ schnell eine starke Übertragung von Vater- und Mutterimagines mit intensiven Emotionen, die er jedoch sehr zurückhielt, sodass sie als wirkliche Affekte kaum zu erkennen waren. Seine Assoziationen waren sachliche Schilderungen ohne deutlich spürbare emotionale Beteiligung. Obwohl er häufig von »fürchterlichen« Erlebnissen und Gefühlen berichtete und sich in völliger Wertlosigkeit als der »allerletzte Dreck« vorkam, blieben die Schilderungen seiner inneren Katastrophen für mich eigentümlich blass und erzeugten in mir nur ein relativ geringes Mitgefühl. Das fiel mir jedoch noch nicht sonderlich auf, da ich meine Sicherheit und Ungerührtheit auf seine Zuverlässigkeit und ein gutes Arbeitsbündnis bezog. Hinzu kam, dass wichtige psychodynamische Kernkonflikte der Bearbeitung durchaus zugänglich waren. So hatte er in einer direkten Vaterübertragung z. B. »panische Angst« vor mir und spürte andererseits in einer Identifikation mit seinem als sadistisch erlebten Stiefvater und mit archaischen destruktiv-sadistischen Über-Ich-Anteilen eine ungeheure Lust, mich zu quälen und zu zerstören, »[...] dass Sie nach meiner Behandlung total fertig sind und gar nichts mehr machen können«. Davon spürte ich allerdings noch nichts. Diese Übertragung hatte zugleich eine weitere dynamische und genetische Ursache in einer pathologischen Beziehung zu seiner geschiedenen alleinlebenden Mutter, zu der er als Kind nie eine wirklich befriedigende und echte Beziehung gehabt hatte und von der er sich nun auch im Erwachsenenalter nicht abgrenzen und ablösen konnte. Beide lebten immer noch in einer wechselseitigen und höchst ambivalenten symbiotischen Abhängigkeit im Haus der Mutter zusammen. Der Patient hatte Angst, durch Autonomieimpulse ihr Wohlbefinden und ihr Leben zu gefährden.

In einer Mutterübertragung auf mich entfalteten sich zunehmend intensive präödipale Fusions- und Abhängigkeitsbedürfnisse, die zunächst unbewusst waren, daraufhin durch Fantasien voller Hass abgewehrt wurden und von ihm erst im Laufe eines Jahres allmählich unter Schamgefühlen eingestanden werden konnten. Es wäre ihm am liebsten gewesen, wenn ich ihn als einzigen Patienten gehabt hätte und mich 24 Stunden am Tag um ihn hätte kümmern können. Zu diesem Zeitpunkt begann allmählich eine innere und äußere Ablösung von seiner Mutter. Es entstand auch eine neue partnerschaftliche Beziehung, die zunächst vielversprechender als bisherige Versuche zu sein schien.

Trotz dieser positiven Veränderungen bestand die Katastrophenstimmung des Patienten fast unverändert weiter. Auch ich selbst konnte mich eines diffusen Gefühls der Unzufriedenheit nicht erwehren. Im Rahmen einer Supervision wurde mir deutlich, dass ich einerseits zwar durchaus stringent zentrale Übertragungen auf mich bearbeitet hatte, dass ich aber zugleich auch selbst auf einer subtilen und unterschwelligen Beziehungsebene die zentrale Übertragung mitgelebt hatte. So fiel mir jetzt auf, dass ich während der Sitzungen angesichts des vor mir ausgebreiteten Leids nicht nur auffallend gleichmütig war, sondern dass ich mich innerlich auch wie gelähmt fühlte. Bei dem Versuch, den Patienten nicht von sich abzulenken und ihn wenig zu unterbrechen, so wie es die vorangehende Therapeutin mit Erfolg gemacht hatte, wusste ich bald nicht mehr, was ich sagen sollte oder konnte, zog mich auf lange Phasen des Zuhörens zurück und hatte die Fantasie, den wie von einer Blase umgebenen und für mich unzugänglichen Patienten nicht mehr erreichen zu können. Zwischen ihm und mir bestand ein tiefer unüberbrückbarer Spalt, über den hinweg die beschriebenen Übertragungsfantasien bearbeitet worden waren. Jetzt musste ich mir allmählich eingestehen, dass es mir – zumindest nach meiner eigenen Einschätzung – bisher nicht gelungen war, zu ihm einen solchen empathischen Kontakt herzustellen wie es meiner Vorgängerin offensichtlich so gut gelungen war. Somit schien sie die bessere Therapeutin und für ihn die bessere Mutter zu sein. Dabei erlebte ich ähnliche Versagensgefühle ihm gegenüber, wie er sie in seiner Familie gegenüber den Eltern und all den erfolgreichen Geschwistern erlebte.

Mir fiel auf, dass zwar seine frühe missglückte Mutterbeziehung bearbeitet und die abgewehrten symbiotischen Fusionsbedürfnisse in der Übertragung auf mich bewusstseinsfähiger geworden waren. Gleichzeitig war mir aber unbewusst geblieben, dass ich diese zentrale Übertragungslinie auf einer latenten Beziehungsebene subtil mitagiert hatte. Zwischen uns bestand der gleiche Spalt wie zwischen ihm und seiner Mutter. Meine oben aufgezeigten Deutungen waren in sich durchaus richtig und zutreffend, ich hatte allerdings übersehen, dass ich nicht nur die Übertragung seiner Mutterbeziehung auf mich inhaltlich bearbeitet, sondern ihn gleichzeitig genauso behandelt und die gleiche grundlegende Beziehungslosigkeit zu ihm erlebt hatte, die er schon von ihr kannte.

Das bedeutet nun auch, dass seine sadistischen Fantasien und die Aggression mir gegenüber nicht nur auf der Übertragung der internalisierten destruktiven Objektbeziehungen auf mich beruhten, also nicht ausschließlich im Rahmen der Mutterübertragung zu verstehen waren. Vielmehr war ich für ihn tatsächlich kein ausreichend gutes Selbstobjekt gewesen und er erlebte in der realen Beziehung zu mir eine ähnliche Beziehungslosigkeit wie mit seiner Mutter. Zwar war sein Hass auf mich schon partiell eine Übertragungsreaktion, spiegelte jedoch andererseits auch seine unbewusste Enttäuschung über mein Verhalten wider, weil sich auf dieser tiefen Ebene ein grundsätzlicher Teil seiner Mutterproblematik wiederholte. Diesen Teil seiner unbewussten Enttäuschung und seiner Aggression auf mich halte ich für realitätsgerecht und angemessen. Wie viele andere Menschen war auch ich nicht in der Lage gewesen, das Getrenntsein in seinen Beziehungen zu überbrücken und eine wirklich lebendige Bezogenheit zu ihm herzustellen. Stattdessen entwickelte sich zwischen uns eine zirkuläre Interaktionsdynamik, in deren Verlauf sich seine primäre Beziehungsstörung auf einer tief unbewussten Ebene wiederholt hatte. In meinem gleichmütigen Ungerührt sein spiegelte sich dabei seine narzisstische Abgeschlossenheit wider; es könnte darin jedoch auch eine subtile aggressive Gegenübertragungsreaktion meinerseits auf seine narzisstische Wut gesehen werden.

Unbewusst hatten wir beide versucht, eine Superleistung zu erbringen, ich, indem ich versuchte, für ihn hilfreicher als die Therapeuten und Psychiater vorher oder mindestens so gut wie meine Vorgängertherapeutin zu sein, und er, indem er wie immer höchste Ansprüche an seine Leistungen stellte, wie sie in seiner Familie ständig gefordert worden waren. Durch seine Anfangsbemerkung hatte er, in Identifikation mit diesem absoluten Leistungsideal seiner Familie, einen Idealanspruch an mich gestellt. Ich war auf dieses neurotische Beziehungsangebot eingegangen und befand mich selbst in einem unbewussten Konflikt zwischen rivalitätsbedingten Größenfantasien, für ihn ebenso wohltuend zu sein wie meine Vorgängerin, und den entsprechenden Versagensängsten. Meine eigene Persönlichkeitsstruktur (König 1993, 2010) stellte für das neurotische Interaktionsangebot des Patienten einen passenden Resonanzraum zur Verfügung, der zu einer gemeinsam agierten neurotischen Übertragungs-Gegenübertragungs-Szene führte. Auch meine unterschwellige

Aggression ist somit nicht nur als eine Antwort auf die destruktive Aggression des Patienten zu sehen, sondern bezog sich im Rahmen eines nicht befriedigend gelösten inneren Konflikts unbewusst ebenso auf meine eigenen Introjekte. Der Patient hatte also ein loses Ende meiner Konfliktbereitschaft aufgespürt und daran seine eigene pathologische Objektbeziehungsstruktur angeknüpft. Diese Erkenntnis hatte für mich eine sehr befreiende Wirkung und führte in der Folgezeit auch zu einer deutlich gesteigerten Lebendigkeit des Patienten und meiner selbst in der analytischen Situation. Auch ich selbst spürte daraufhin mehr Mut, in meinen Interventionen freier, kreativer und etwas weniger vorsichtig zu sein.

Der Kern der latenten Übertragung ist in einer tatsächlichen Wiederholung einer grundlegenden frühen Beziehungserfahrung in der realen Interaktion zwischen Therapeut und Patient zu sehen. Beide gehen so miteinander um, dass sie die pathogene infantile Szene tatsächlich unerkannt inszenieren und somit den darin implizierten Rollenerwartungen voll entsprechen. Hier liegt der qualitative Unterschied zu einer klassischen Übertragung, bei der der Patient das Als-Ob seiner Erfahrung letztlich immer im Blick behält. Wenn dabei der Analytiker seine gleichbleibende wohlwollende Haltung häufig ohne Probleme beibehalten kann und sich somit entgegen dem impliziten Beziehungswissen des Patienten und seinen daraus resultierenden ängstlichen Erwartungen verhält, wird dem Patienten oft ohne Schwierigkeiten klar, dass er den Therapeuten so erlebt, also ob dieser eine seiner früheren Bezugspersonen wäre.

In einer latenten Übertragungssituation sind die Gefühle des Patienten hingegen keine reinen Projektionen mehr, sondern es ist ihm unbewusst »gelungen«, den Therapeuten zum Agieren einer spezifischen Rolle zu bewegen, und er wird nun von diesem tatsächlich entsprechend einer inszenierten unbewussten Szene behandelt bzw. misshandelt (s. dazu den Erlebnisbericht von Frau Akoluth 2004). Bei seinen Reaktionen handelt es sich dementsprechend auch nicht mehr nur um »falsche Verknüpfungen« (Freud 1895) oder verzerrte Wahrnehmungen (Greenson 1975), sondern um natürliche Reaktionen auf die Behandlung durch den Therapeuten, deren iatrogener Ursprung allerdings im therapeutischen Alltag oft verborgen bleibt.

Zwischen beiden besteht dann ein »unbewußter Pakt« (Deserno 1990, S. 130), eine »psychotherapeutische Verschwörung« (Langs 1987), durch die der Patient die frühe Traumatisierung noch einmal erlebt. Langs beschreibt einen Fall, in dem sich der Therapeut in einem sadistisch-masochistischen Clinch mit seiner Patientin befand. Obwohl die Patientin immer wieder die Sitzung am Tag nach einem solchen massiven Agieren wegen Krankheit absagen musste, fiel dem Therapeuten diese Situation nicht auf, da er seinen Sadismus in Form von Deutungen austrug, die inhaltlich seiner psychodynamischen Sicht auf die Patientin entsprachen (Langs 1987, S. 59ff.).

Eine latente Übertragung kann somit auch dann vorliegen, wenn die Behandlung über weite Strecken offensichtlich gut und nach den Regeln der Kunst zu verlaufen scheint, wie das ja auch in meiner dargestellten Behandlung durchaus der Fall war (s. a. den Fallbericht von Ermann (1987, S. 102ff.).

So hatten auch Silber (1996) und sein Lehranalytiker die 7-jährige hochfrequente Lehranalyse als erfolgreich beurteilt. Sie war nach den Regeln der Kunst verlaufen und alles war gutgegangen. Erst im Rahmen einer notwendigen zweiten Analyse konnte er aus der rückblickenden Distanz heraus und insbesondere durch das differente Vorgehen des zweiten Analytikers und den unterschiedlichen Verlauf allmählich erkennen, wie sehr er unter der Passivität seines ersten Analytikers gelitten hatte. Diese technische bzw. charakterliche Eigenart und die dadurch iatrogen entstandenen schmerzlichen Affekte und die negative Übertragung blieben unbewusst, da sie als zu bedrohlich wahrgenommen wurden. So hatte Silber analog zu seiner Kindheitssituation ein idealisiertes Fantasiebild auch auf den Analytiker übertragen, sodass die in der Ursprungssituation verdrängten Affekte nicht durchgearbeitet werden konnten. Wiederum erst Jahre später fiel ihm bei seiner Selbstanalyse auf, dass er in dieser zweiten Analyse zwar eine genaue Rekonstruktion der traumatisierenden und verdrängten Kindheitserlebnisse bekommen hatte. Sie hatten fruchtbar miteinander gearbeitet, erkannten jedoch nicht, dass sich zugleich auch die idealisierende Abwehr wieder zwischen ihnen entwickelt hatte. Sie wurde wieder nicht als Wiederholung erkannt, und somit war auch hier die Durcharbeitung der verdrängten Aggression und die Relativierung der starken Idealisierung in der Übertragung nicht möglich gewesen.

Das Erkennen der latenten Ebene setzt voraus, dass wir uns als Therapeuten auch Gefühle und Fantasien eingestehen, die uns unangenehm und peinlich sind oder die uns Schuld- oder Schamgefühle bereiten, weil sie unserem bewussten Selbstverständnis zuwiderlaufen können. Es war für mich schwer, mir einzugestehen, dass mich das Leid meines Patienten tatsächlich kalt und gleichgültig ließ. Das war erschreckend und peinlich, weil es meinem Selbstverständnis zuwiderlief und wir auch eine gute therapeutische Beziehung hatten. Er fühlte sich von mir auch verstanden, war aber dennoch verzweifelt darüber, dass sich seine Symptomatik nur wenig verbesserte. Ich selbst war der Meinung, ihm die weniger kontrollierte und heftige Äußerung seiner manchmal extremen Wut innerlich erlaubt zu haben und sie auch aushalten zu können.

Mir war jedoch nicht klar, dass sich seine Wut teilweise auf mich und mein wirkliches Empathieversagen richtete, weil ich mich manchmal so abwesend wie die Mutter des Patienten gefühlt und verhalten hatte. So deutete ich dem Patienten zwar seinen Hass auf die Mutter, ohne zu erwähnen, dass er vielleicht auch mich meinte. Dieses Unberührtsein war mir auch irgendwie angenehm, wie durch eine Glasscheibe waren wir voneinander getrennt und geschützt, und er konnte mir mit seinen Emotionen nicht wirklich etwas antun. Sein verbal berichteter Hass war schon enorm und ich hätte eigentlich wirklich Angst bekommen müssen, von ihm verletzt und gekränkt zu werden. Dieses innere Eingeständnis brachte die Wende. Ich war wieder in Kontakt mit mir und auch das Gefühl, von ihm getrennt zu sein, hatte sich deutlich verändert.

3.3.2.3 Exkurs: Zur Theorie des therapeutischen Veränderungsprozesses

In solchen therapeutischen Beziehungskonstellationen, die zwar oft nicht so dramatisch, aber doch sehr häufig sind, ist es von entscheidender Bedeutung, dass die Aufspaltung und Externalisierung von Objektbildern durch den Therapeuten irgendwann erkannt, reflektiert und aufgelöst werden. Die Entwicklung des Therapeuten muss der des Patienten vorangehen, indem er die Ganzheit in sich selbst wieder herstellt, dem Patienten dessen Teil der Verantwortung für den Fortschritt wieder abtritt und ihn wieder in seiner Gesamtheit sieht. Das, was der Therapeut gefühlt und getan hat, muss bewusst wieder als intrapsychischer Konfliktanteil des Patienten gesehen werden. Dadurch tritt der Analytiker aus der passager mitgelebten Inszenierung des Patienten heraus, löst sich aus der projektiven Identifizierung und gewinnt wieder die für die Entwicklung des Patienten erforderliche innerliche Neutralität. Selbstverständlich beinhaltet dieser Prozess, dass der Therapeut seinen eigenen Anteil an der Inszenierung mitreflektiert und, soweit zutreffende Wahrnehmungen des Patienten vorliegen, diese auch bestätigt.

Besonders schwer ist das für einen Therapeuten in den Fällen, in denen er vom Patienten solche externalisierten Anteile identifikatorisch übernimmt, die mit eigenen Gewohnheiten, mit Aspekten seines Behandlungsstils oder mit bestimmten Aspekten seiner Persönlichkeit zusammenfallen und deshalb ichsynton sind (König 2010). Dann ergeben sich unbewusste Formen des Mitagierens, die schwer zu erkennen sind, weil sie sich an charakterstrukturellen Kompromissbildungen des Therapeuten festmachen, die dem jeweiligen Therapeuten selbst nicht unbedingt bewusst sind, weil er hier einen blinden Fleck hat. Trotz Lehranalyse gibt es genügend dieser blinden Flecken. Die Darstellung von König (2010) beschreibt typische Gegenübertragungstendenzen in Verbindung mit den verschiedenen Persönlichkeitsstrukturen von Therapeuten.

Gegenübertragungskollusion

Nicht selten kommt es vor, dass unbewusste Motive, unbewältigte Konflikte und spezifische Kränkbarkeiten des Therapeuten mit bestimmten Teilübertragungen des Patienten zusammenpassen. Auf diesen Sachverhalt bezieht sich vermutlich auch Tyson (1986, S. 269), der hier von einer »Gegenübertragungs-Kollusion« spricht. So kann die Angst des Patienten, bestimmte Übertragungsauslöser oder Wahrnehmungen über den Analytiker direkt zu benennen, zwar auf einer neurotischen Basis beruhen. Sie kann aber auch Folge des richtigen Gespürs sein, dass er den Analytiker verletzen und kränken könnte, wenn er seine Eindrücke und Fantasien unverblümt äußern würde. Einen solchen Sachverhalt hatte wohl auch schon Freud gemeint, als er schrieb: »Wir haben [...] bemerkt, dass jeder Praktiker nur soweit kommt, als seine eigenen Komplexe und inneren Widerstände es gestatten [...]« (Freud 1910, S. 108). In solchen Konstellationen entscheidet die innere Toleranz und Belastbarkeit des Therapeuten, ob sie in einer pathologischen Wiederholung enden oder ob es dem Analytiker möglich ist, durch eine entsprechende Selbstreflexion eine für den Patienten konstruktive Situation zu schaffen, die die Möglichkeit zu einem Neubeginn bietet.

Insbesondere hier ist es notwendig, die Auflösung der Übertragung nicht nur als eine Aufgabe des Patienten zu betrachten, sondern es auch als eine genuine Aufgabe des Therapeuten zu sehen, sich gemeinsam mit dem Patienten aus der jeweiligen Übertragungs-Gegenübertragungs-Konstellation und aus der »problematischen Situation« (Zwiebel 2007, S. 89) heraus zu entwickeln (Scharff 2009). Patient und Therapeut müssen auch nach Levenson (in Purcell 1995) » gegenseitig ihr miteinander gekoppeltes Problem lösen, weil sie zwei Seiten derselben Münze sind, und das macht es möglich, zuzugeben, daß der Patient etwas wahrgenommen hat, das dem Analytiker unbewußt ist« (S. 547). Wenn es im Falle einer solchen kollusiven Beziehungssituation zu Abstinenz- und Grenzverletzungen oder Kränkungen seitens des Therapeuten gekommen ist, ist er für den Patienten jenseits der grundsätzlichen Als-ob-Übertragungsbeziehung zu einem realen Anderen geworden, der ihn verletzt hat. Wenn eine solche Situation des passageren Zusammenbruchs einer positiven therapeutischen Beziehung wieder repariert werden kann, dann kann sich der Patient »als bedeutsam erleben, der Analytiker hat auf ihn reagiert, hat sich berühren lassen« (Hübner 2014, S. 1240) und es kann sich eine neue Beziehungsorganisation, eine leicht veränderte Art des Miteinander Umgehens entwickeln (Boston Change Process Study Group 2013).

Das geht über die reine haltende Funktion des Analytikers weit hinaus, da er auch die durch den Patienten berührte eigene Konflikthaftigkeit zu bewältigen hat. Der Unterschied zwischen ihm und dem Patienten besteht dabei v. a. darin, dass er sich mit seinen eigenen inneren Konflikten schon intensiver auseinandergesetzt hat als sein Patient und dass er in der Wahrnehmung und der Reflexion von bewussten und unbewussten intrapsychischen und interpersonellen Prozessen und mit deren Umgang besonders geschult ist (Almond 1995).

3.3.2.4 Die Wahrnehmung des Analytikers durch den Patienten und das Bedürfnis nach Beziehungsdefinition

Ich möchte hier die These vertreten, dass ein selbstregulatorischer und zugleich bidirektionaler interaktioneller Organisationsprozess (Beebe und Lachmann 2004) unweigerlich dazu führt, dass die ursprüngliche pathogene Beziehungssituation sich in der Beziehung zum Therapeuten wiederholt, und zwar nicht nur in Form einer klassischen Übertragung als Projektion, sondern als eine tatsächlich reale, oft allerdings sehr subtile Interaktion zwischen Therapeut und Patient. Das geht um einen ganz wesentlichen Punkt über den ursprünglichen bei Freud angelegten und von Greenson (1975) weiterentwickelten Übertragungsbegriff hinaus, wobei Freud allerdings schon sehr luzide bemerkt hatte: »Alle diese unerwünschten Anlässe und schmerzlichen Affektlagen werden nun vom Neurotiker in der Übertragung wiederholt und mit großem Geschick neu belebt. Sie streben den Abbruch der unvollendeten Kur an, sie wissen sich den Eindruck der Verschmähung wieder zu verschaffen, den Arzt zu harten Worten und kühlem Benehmen gegen sie zu nötigen [...]« (Freud 1920, S. 19). Freud konnte zwar den Einfluss des Analytikers auf diese Verläufe noch nicht theoretisch konzeptualisieren, aber er erkannte in dieser Beschreibung in beeindruckender Deutlichkeit die Bereitschaft des Therapeuten zur Rollenübernahme (Sandler 1976) und zum Mitagieren seiner Gegenübertragung.

Die latente Übertragungsebene entsteht so durch eine subtile konkordante oder komplementäre identifikatorische Übernahme von Patientenanteilen und realisiert sich oft unbemerkt in der realen Therapeut-Patient-Beziehung, »quasi unterhalb der dem jeweiligen inhaltlichen Material entsprechenden und zuordenbaren relevanten Übertragungs-Gegenübertragungs-Situation« (Dantlgraber 1989, S. 992).

Übertragungsauslöser

Hier spielen bestimmte interaktionelle Prozesse auf nonverbaler Ebene eine wichtige Rolle, die meistens vorbewusst oder unbewusst ablaufen und auf die schon des Öfteren hingewiesen worden war. In der traditionellen Behandlungstechnik wurde häufig übersehen, dass der Patient den Therapeuten genau beobachtet und auf ihn reagiert (Chused 1992). Es wurde nur wenig explizit berücksichtigt, dass er das Verhalten und die Eigenschaften des Analytikers wahrnimmt und wie er diese Wahrnehmungen in das eigene gerade aktualisierte innere Schema integriert. Vielleicht wäre es richtiger zu sagen, dass der Patient auf der Basis von mehr oder weniger vorbewussten Erwartungshaltungen den Therapeuten mit selektiver Aufmerksamkeit nach Hinweisen absucht, die er als »Wiedererkennung« des ihm Vertrauten auffassen kann und zum inhaltlichen Ausfüllen seiner situativ bereits aktualisierten Schemata benötigt. Entsprechende Beobachtungen kann man dann als äußere Ursache für seine emotionale Reaktion i. S. von Übertragungsauslösern (Gill 1982) ansehen.

Anhand eines Fallbeispiel (Heigl-Evers und Ott 1996) möchte ich die Verschränkung einer Wahrnehmung mit den Übertragungsprojektionen des Patienten darstellen:

> Im Zusammenhang mit der Aktualisierung einer emotionalen Mangelsituation in der Übertragung erlebt ein Patient die Raumtemperatur als zu kalt. Als eine mögliche Vorgehensweise beschreiben die Autoren folgenden Dialog: Der Therapeut wird zunächst etwa wie folgt intervenieren: »Sie erleben hier eine große Kälte; und es ist natürlich scheußlich. Es ist alles andere als angenehm, es kalt zu haben.« Der Patient würde dann möglicherweise sagen: »Das ist sehr milde ausgedrückt. Es ist ja nicht nur die äußere Kälte hier im Raum, sondern es ist auch die innere Kälte, und das hängt mit Ihnen zusammen, von Ihnen geht eine solche Kälte aus.« Daraufhin der Therapeut: »Wie meinen Sie das jetzt, woran machen Sie das fest, dass das von mir ausgeht? Aber es könnte ja etwas daran sein, an dem was Sie da erleben.« Daraufhin der Patient: »Sie sind unfreundlich, abweisend, unzugänglich. Merken Sie das gar nicht?« Der Therapeut: »Sollte es sein, daß ich unzugänglich bin? Ich will darüber nach-

denken. Im Augenblick kann ich es nicht so spüren. Ich wünschte schon, dass Sie es innen und aussen wärmer hätten. Doch was kann ich dazu tun?« Der Patient: »Das müssen Sie doch wissen! Sie sind doch der Therapeut!« Der Therapeut: »Es geht dabei doch um Ihr Erleben, um Ihre Empfindungen und Gefühle, um Ihr Inneres und natürlich auch um unsere Beziehung. Vielleicht können Sie mir noch etwas mehr über das sagen, was Sie da erleben.« Der Patient: »Was soll ich da noch sagen?! Mir geht es nicht gut, und Sie tun nichts dagegen.« Der Therapeut: »Es bewegt mich schon, dass es Ihnen nicht gut geht, doch was sollte ich dagegen tun, ich allein? Vielleicht können wir es gemeinsam versuchen.« Der Patient: »Mir ist kalt, Sie kommen mir nicht entgegen, tun nichts für mich.« Der Therapeut: »Ich finde es schade, dass Sie nicht merken, daß ich da bin und dass es mich schon bewegt, was Sie sagen.« Der Patient: »Sie müßten etwas tun. Warum tun Sie nichts?!« Der Therapeut – etwas traurig: »Ich weiss, dass ich das nur mit Ihnen zusammen versuchen kann, Sie besser zu verstehen und vielleicht auch etwas zu verändern.« (S. 82)

In diesem Beispiel soll die psychoanalytisch-interaktionelle Methode dargestellt werden, die der Deutung das Prinzip »Antwort« hinzufügt und als ein spezifisches Behandlungsangebot für strukturell gestörte Patienten konzipiert worden ist (Streeck und Leichsenring 2014). Es dürfte also im Wesentlichen nicht als Beispiel für eine Übertragungsbearbeitung gedacht sein. Ich möchte es dennoch dafür verwenden, um auf einige Punkte aufmerksam zu machen. Der Therapeut versucht, für den Patienten, für seine Wahrnehmungen und Bedürfnisse offen und zugänglich zu sein. Er möchte offensichtlich, dass der Patient sich ernstgenommen und angehört vorkommt. Zugleich ist es ihm wichtig, dem Patienten als Mensch mit guten Absichten zu erscheinen, er nimmt die Empfindung des Patienten an, stellt sich sogar selbst in Frage und sagt, er wolle über dessen Empfindung der Kälte nachdenken. Dieses Angebot erscheint aber eher mehr rhetorisch dahingesagt, denn es hat keine wirkliche Konsequenz. Indem er in seiner Intervention weitergeht und sagt, »Im Augenblick kann ich es nicht so spüren«, steigt er sofort wieder aus der Bearbeitung der Beziehungsstörung aus und verwickelt sich immer mehr in den Zustand einer Sprachverwirrung, der auch ihn traurig und resigniert macht.

Es findet an keiner Stelle eine Reflexion dessen statt, was in der Übertragungs-Gegenübertragungs-Beziehung stattgefunden hat. Der Therapeut wird durch den Patienten in die Rolle einer kalten und frustrierenden Bezugsperson gedrängt. Der Patient bietet sogar selbst an, dass es nicht nur um die Kälte im Raum, sondern um die Unzugänglichkeit des Therapeuten geht. Dieser macht einen guten Ansatz, indem er mit der Frage, woran der Patient das denn festmache, nach einem potenziellen Übertragungsauslöser nachfragt. »Aber es könnte ja etwas daran sein, an dem, was Sie da erleben.« Daraufhin wird er von seinem Patienten massiv abgewertet, er sei unfreundlich, abweisend und unzugänglich.

Meines Erachtens gibt es in der inneren Haltung des Therapeuten ein Problem. Er hat offensichtlich das Bedürfnis, vom Patienten als überwiegend gutes Objekt wahrgenommen zu werden und ist deshalb durch dessen Angriffe verletzt und gekränkt. Dadurch haben seine Interventionen hinsichtlich eines vielleicht realistisch beobachteten Übertragungsauslösers und sein Angebot, sich selbst zu hinterfragen, die Qualität des Klein-Beigebens und etwas Unterwürfiges. Innerlich hat er die Verantwortung, die der Patient ihm für sich und sein Wohlergehen zuschreibt, bereits übernommen, sodass die als hilfreich gedachte Antwort hilflos bleibt. Der Patient kann in seinen Vorwürfen verharren und das Angebot des Therapeuten einfach abschmettern. Der Patient weist ihm die Rolle der ersehnten guten Mutter zu und der Therapeut identifiziert sich auf der Basis seines therapeutischen Konzepts mit dieser ihm angetragenen Rollenerwartung. Vermutlich hat er Angst, in dieser Rolle zu versagen, ist ja eh schon gekränkt und versucht, sich innerlich zu verteidigen. Wenn der Patient dann aggressiv und fordernd wird, »Das müssen Sie doch wissen!«, scheint auch der Therapeut mit mehr Nachdruck zu reden und wird pädagogisch, indem er wiederum hilflos versucht, aus der Schusslinie zu kommen und den Patienten wieder auf sich selbst zurück zu zwingen: »Es geht dabei doch um Ihr Erleben« und »[...] natürlich auch um unsere Beziehung.« Der Therapeut hat offensichtlich gemerkt, dass er die Bearbeitung der Beziehungsstörung abgebrochen hat, aber sein Angebot klingt mehr wie ein schuldbewusstes Zugeständnis und greift die Arbeit an der therapeutischen Beziehung und den Eindrücken des Patienten nicht wirklich wieder auf. Ein nochmaliges Angebot des Therapeuten, »noch etwas mehr über das zu sagen«, wird vom Patienten wieder abgeschmettert. Der Therapeut wird zusehends hilflos in seinem bewussten Bedürfnis, für den Patienten etwas Gutes zu tun. Statt sein Scheitern anzuerkennen und dann die entstandene Beziehungssituation und Beziehungsstörung zu bearbeiten, äußert er händeringend seine guten Absichten und nimmt das Mittel der Selbstoffenbarung zu Hilfe, »es bewegt mich schon [...]«. Er merkt, dass er den tragfähigen Kontakt zum Patienten verloren hat, spürt auch, dass ihm die ganze Verantwortung für dessen Wohlergehen aufgebürdet worden ist. Wiederum macht er hier keinen Punkt, nimmt diese Situation nicht zum Anlass der Bearbeitung, sondern bittet den Patienten um dessen Mithilfe, »vielleicht können wir es gemeinsam versuchen«, woran dieser nicht im Traum denkt. Er spürt deutlich, dass der Patient in einem massiven Übertragungswiderstand ist, agiert jedoch immer wieder in dieser Rolle weiter, ohne auch nur andeutungsweise aussteigen zu können. Vermutlich wäre es fruchtbarer gewesen, wenn der Therapeut anerkannt hätte, dass er, obwohl er als gute Mutter erwünscht war, in der Übertragung zur bösen kalten Mutter geworden war, wogegen er ohnmächtig ankämpfte. Er hätte diese negative Zuschreibung (Lichtenberg 2005) annehmen können, um die Defizitgefühle des Patienten explorieren und durcharbeiten zu können und wäre dadurch zu einem »new bad object« (Cooper 2010) geworden.

Diese verwickelte Situation hätte durchaus auch noch einen günstigeren Verlauf nehmen können. So benennt er sehr deutlich die Beziehungsstörung, indem er aufzeigt, dass der Patient offensichtlich nicht merkt, »dass ich da bin und dass es mich schon bewegt, was Sie sagen.« Dass ihm das leid tut, entspricht der Rolle der Mutter, deren Fürsorge von ihrem Kind nicht als solche erlebt wird. Die Ungeschicklichkeit dieses Therapeuten besteht meines Erachtens darin, dass er nicht in der systematischen Bearbeitung der Beziehung bleibt. Anstatt zu bedauern, dass er den Patienten nicht erreicht, hätte er das zunächst als ein Faktum ernstnehmen können, um anschließend daran zu arbeiten, warum der Patient nicht mitbekommt, dass er da ist. Er hätte nachforschen können, wie seine Interventionen vom Patienten wahrgenommen werden und welche Bedeutung sie für ihn haben. Es ist kommunikationstheoretisch sehr naiv, zu glauben, dass die eigene Absicht, als verständnisvoll und hilfreich wahrgenommen zu werden, auch dem Eindruck des Patienten entsprechen müsste. Dieser hat jedoch ein spezifisches inneres Schema aktiviert, die kalte Mutter, sodass alle Interventionen des Therapeuten, selbst wenn sie inhaltlich zutreffend wären, in diesem Licht erscheinen.

Eine ähnliche Chance hat der Therapeut auch schon vorher in diesem Dialog ungenutzt verstreichen lassen, als er zunächst sehr überzeugend nach einem Übertragungsauslöser gefragt hatte. Sein Problem bestand dann allerdings darin, dass er die Zuschreibungen des Patienten, er sei unfreundlich, abweisend und unzugänglich, zu schnell als objektive Beschreibungen seines Verhaltens aufgegriffen und sich damit identifiziert hatte. Dadurch hatte er die ihm zugeschriebene Rolle innerlich bereits übernommen und unternahm seine weiteren Interventionen aus der Position des versagenden Objekts heraus. Anstatt sich zu rechtfertigen, hätte er länger in dieser Situation verweilen können, hätte den Patienten noch nach konkreteren Beobachtungen fragen und bearbeiten können, was diese beim Patienten emotional und assoziativ auslösen und welche Bedeutung sie für ihn dadurch bekommen.

Es mag jetzt der Eindruck entstanden sein, als wäre diese Darstellung ein Beispiel für ein recht deutliches Agieren gewesen. Aber ohne Zweifel sind ähnliche Verstrickungen in der täglichen Arbeit eines jeden Analytikers und Psychotherapeuten häufig zu beobachten, manchmal mehr und manchmal weniger deutlich, häufig aber auch sehr subtil. Unabhängig von ihrem objektiven Wahrheitsgehalt sollten die Beobachtungen des Patienten immer ernst genommen und aufgegriffen werden.

Das Bedürfnis nach Beziehungsdefinitionen

Unabhängig davon, ob Patienten in einer therapeutischen Situation sitzen oder liegen und dadurch in ihren Wahrnehmungsmöglichkeiten eingeschränkt sind, sind alle objektal oder narzisstisch auf den Therapeuten eingestellt, der eine große Wichtigkeit für sie erlangt und den sie daher sehr genau beobachten und hinsichtlich der für sie relevanten Merkmale einschätzen.

Als grundlegend kann das Bedürfnis nach einer Definition der Beziehung zwischen den Menschen angesehen werden. Mit wem immer wir es zu tun haben, es ist für uns wichtig zu wissen, wie der andere uns gegenüber eingestellt ist und welche Beziehung er zu uns hat. Meist wird diese affektive Beziehung nicht explizit mitgeteilt, sodass es darauf ankommt, aus den die verbale Botschaft begleitenden nichtverbalen Signalen die darin implizierte Beziehungsdefinition zu erschließen (Watzlawick et al. 1969, Stern et al. 2002).

Gerade für Patienten, die sich ja in eine relativ starke emotionale Abhängigkeit von ihrem Therapeuten begeben, ist es von entscheidender Wichtigkeit, aus dem, wie er sich verhält, und dem, was ihn in seinem Behandlungszimmer umgibt, herauszuhören, wie er zu ihnen steht, was er von ihnen hält, was er von ihnen erwartet, ob er sie mag oder mit Ablehnung kämpft usw. Ein solcher Vorgang der Beziehungseinschätzung läuft meist vorbewusst während der gesamten Behandlung neben dem »offiziellen« therapeutischen Austausch ab, hat aber eine entscheidende Wirkung darauf, wie der Patient seine Beziehung gestaltet, was er zu äußern wagt und was er lieber für sich behält.

Fragen wie »Versteht er/sie mich?«, »Akzeptiert er mich?«, »Mag er mich?«, »Wie wirke ich auf ihn?«, »Bin ich anstrengend für ihn?«, »Freut er sich über meine Fortschritte?«, »Ist er zufrieden mit mir?«, »Mache ich genügend Fortschritte?« sind sehr wichtig für jeden Patienten und deshalb unvermeidbar. Sie spielen vielleicht die entscheidendste Rolle für den Verlauf einer analytischen Behandlung. Wir müssen davon ausgehen, dass der Patient alles, was wir tun oder nicht tun, implizit nach solchen Kriterien abtastet und danach sein Verhalten ausrichtet.

Wenn der Therapeut der Meinung ist, Verständnis zu haben und dies auch zu signalisieren, so hat er noch keine Gewissheit, dass das vom Patienten auch dementsprechend erlebt wird. Er hat es auch oft nicht in der Hand, welche Bedeutung der Patient einer bestimmten Intervention beimisst, wie er sie versteht und interpretiert und in welchen inneren Bedeutungszusammenhang er sie dann einordnet. Wir wissen meistens sehr wenig davon, was die Patienten aus dem, was wir ihnen sagen und mit ihnen tun, innerlich konstruieren (Abend 1993). Die Patienten beobachten uns sehr genau, weil sie wissen möchten, was sie zu erwarten haben. Sie aktivieren ihre inneren Arbeitsmodelle, ihre introjizierten Interaktionsmuster, um auf der Basis ihres impliziten Beziehungswissens (Stern et al. 2002) die gegenwärtigen Beobachtungen einzuschätzen und ihre Erwartungen und Befürchtungen in diese Begegnung zu projizieren. Nebenbei kommt es dadurch auch zu einer erheblichen Einschränkung der Assoziationsfreiheit, wobei die Patienten oft relativ genau auswählen, was sie dem Therapeuten berichten oder lieber für sich behalten (Sandler und Sandler 1985).

> Blanton aus seiner Analyse bei Freud: »Freud war besonders zuvorkommend. Ich glaube, er mag mich und findet mich interessant. In der Tat, er gab dies zu verstehen – ›es ist sehr interessant‹ –, als ich heute fertig war.« (Blanton 1975, S. 25)

Chused (1992) weist darauf hin, dass es für Therapeuten insbesondere dann sehr schwierig ist, solche inneren Entscheidungen ihrer Patienten zu erkennen und aufzugreifen, wenn das Verhalten des Patienten, das solchen neurotischen Entscheidungen folgt, den Vorstellungen des Therapeuten entspricht, für ihn deshalb erwünscht und nicht auffällig ist. Beachtenswert ist weiterhin, dass auch Wahrnehmungen des Patienten über den Analytiker, die dieser für berechtigt hält, durchaus einen neurotischen Übertragungsaspekt beinhalten können. Je intensiver die therapeutische Beziehung des Patienten zum Analytiker wird, desto stärker wird auch sein Bedürfnis, sich narzisstisch abzusichern und herauszufinden, welche Beziehung der Analytiker ihm gegenüber implizit durch sein Verhalten signalisiert.

In dem den inhaltlichen Dialog ständig begleitenden Prozess der Beziehungsdefinition sind die Patienten auch auf der Suche nach Hinweisen im Verhalten des Therapeuten, die ihre Befürchtungen, nicht ernstgenommen, nicht akzeptiert und verletzt zu werden, bestätigen könnten. Diese selektive Aufmerksamkeit ist vermutlich ein wesentlicher Bestandteil des Wiederholungszwanges. Ihr eigentlicher Zweck besteht sicher nicht in der Re-Inszenierung einer traumatischen Beziehungskonstellation; vielmehr dient sie eher dazu, Hinweise zu erkennen, die bestimmte Befürchtungen im Sinne einer Signalangst beim Patienten auslösen, um die Wiederholung einer traumatischen Erfahrung vermeiden zu können. So wird ein sehr misstrauischer Patient mit latenten Verlassenheitsängsten den Therapeuten zu kontrollieren versuchen, indem er ihn sehr genau beobachtet. Stellt er dann bei ihm irgendwelche Müdigkeitszeichen fest, wird er das vermutlich auf sich beziehen, sich uninteressant fühlen und schon damit sein Grundtrauma der Verlassenheit in Ansätzen wieder beleben.

> Im Erstgespräch hatte eine Therapeutin, offensichtlich vor dem Hintergrund einer ambivalenten Gegenübertragung, ihrer Borderline-Patientin gesagt: »Ich kann Ihnen keine Garantie geben, aber lassen Sie uns sehen, wie wir miteinander zurechtkommen.« Die folgende fast zweijährige Behandlung erbrachte keinerlei positive Entwicklung, bis die Patientin von ihrer Therapeutin an einen Kollegen verwiesen wurde, bei dem sie wegen ihrer interpersonellen Probleme in eine Gruppentherapie gehen sollte. Da soziale Probleme in gravierendem Ausmaß vorhanden waren, hatte die Therapeutin die Beziehungsstörung zwischen ihr und der Patientin ausschließlich der Patientin angelastet und dabei ihren eigenen Anteil an deren Entstehung übersehen. Sie hatte nie daran gedacht, nach der Wirkung ihrer Interventionen auf die Patientin zu fragen und somit auch nicht erfahren, was die Patientin ihrem nächsten Therapeuten, allerdings auf Nachfrage und gegen einen gewissen Loyalitätswiderstand, mitteilte: »Schon beim Vorgespräch hat sie etwas gesagt, was bei mir etwas Negatives bewirkt hat. Sie wüsste nicht, ob sie mit mir arbeiten könnte, ob sie mein Misstrauen aushalten könnte. Wenn ein Therapeut schon so skeptisch mir gegenüber ist, was soll ich da machen? Sie hat auch mein Selbstvertrauen nicht gehoben. Ich habe das oft so empfunden, dass sie mich schlechter sieht als ich mich selber. Da musste ich mich immer selbst wieder aufbauen. Oft gings mir nach den Stunden schlechter. Ich musste mich dann zum Teil schützen vor ihr, das war teilweise ein Rückzug.« Das Grundmisstrauen der Patientin war somit wieder aktualisiert und hatte in ihren Augen auch seine Berechtigung. Das Problem in diesem Fall bestand meines Erachtens nicht darin, dass die Therapeutin vermutlich ambivalent war und dies auch indirekt zum Ausdruck gebracht hatte, sondern darin, dass diese Reaktion und die durch sie entstandene Situation zwischen beiden nicht in den therapeutischen Dialog aufgenommen und durchgearbeitet werden konnte. Die beiderseitige starke Ambivalenz blieb in einem gemeinsamen Unbewussten, dem »intersubjektiven analytischen Dritten« und wurde nicht zum »analytischen Objekt« (Ogden 2001, 20044), das bearbeitbar gewesen wäre.

Mit den Augen des Patienten sehen

Analytiker haben an sich immer noch den Anspruch, die Einfälle des Patienten und seine Inszenierungen in und außerhalb der Übertragung schnell erkennen zu können (Krutzenbichler 2019). Demgegenüber vertritt die amerikanische Analytikerin Edith Schwaber (1988, 1995, 2006, 2013) unter dem Begriff der Empathie eine alternative Form des Zuhörens. So vertritt sie die Auffassung, dass den subjektiven Ansichten und Verknüpfungen, die der Patient innerlich für sich macht, größtes Gewicht beizumessen seien. Es geht nicht darum, die Perspektive des subjektiven Erlebens des Patienten für richtig zu halten, aber sie wenigstens aktiv zu ergründen und kennenzulernen, um seine Reaktionen nachvollziehen und verstehen zu können (Lichtenberg et al. 2000, 2005). Es gibt so viele Möglichkeiten, Verhaltensweisen und Assoziationen unterschiedlich zu interpretieren, dass wir uns eingestehen müssen, dass wir trotz unserer Theorien letztlich oft nicht wirklich einschätzen und verstehen können, was in unseren Patienten vorgeht. Hier grenzt sich Schwaber (2013) deutlich von der Kleinianischen Methode ab, deren Vorgehen sie als ausgesprochen theoriegeleitet bezeichnet. Der Kleinianische Analytiker erschließe aus dem Material des Patienten seine eigene Theorie und finde, wonach er suche. Wir können zwar Verständnis, Offenheit, Zugewandtheit und emotionale Präsenz empfinden und signalisieren, aber nur der Patient selbst kann uns darüber Auskunft geben, ob er unser Verhalten tatsächlich auch so empfindet, wie wir es beabsichtigt und uns vorgestellt haben.

Dazu ein Beispiel:

Bei einer sehr ängstlichen Patientin, die in der Übertragung eine so ausgeprägte Angst vor Beschämung, Verletzung und Kränkung erlebte, dass sie eine Zeit lang nur noch sehr wenig und unter größter Mühe sprechen konnte, verhielt ich mich sehr zugewandt und freundlich zurückhaltend, versuchte sie zu unterstützen und ihr Mut zu machen, ihre Gedanken und Gefühle mir gegenüber etwas mehr zu äußern. Um sie nicht zu erdrücken und zu überfahren, hielt ich mich auch verbal sehr zurück, versuchte ihr Raum zu lassen und schwieg, wobei ich immer wieder einmal nachfragte, wo sie in ihren Gedanken denn sei. Erst nach einiger Zeit konnten wir klären, dass sie sich durch mein freundliches Schweigen keineswegs empathisch wahrgenommen und begleitet fühlte: »Schweigen bedeutet Verlassenheit oder Desinteresse.«

In dieser kleinen Vignette wird deutlich, dass auch Fallbeschreibungen mit Vorsicht zu betrachten sind und wir uns immer darüber im Klaren sein müssen, dass es sich dabei nicht um objektive Realitäten, sondern um Beschreibungen des Therapeuten handelt. Vermutlich hätte mich auch ein außenstehender Beobachter als freundlich zugewandt und als nicht bedrängend erlebt. Die Patientin konnte diese Qualität meines Verhaltens ihr gegenüber auch wahrnehmen. Viel gravierender war jedoch die dennoch bei ihr ausgelöste Angst, die immer mehr zugenommen hatte. Ihr inneres System von emotionalen Bedeutungen blieb mir zunächst unbekannt. Und es bliebe oft unbekannt und ein Stück des gemeinsamen Agierens, wenn Therapeuten ihr Augenmerk nicht auf diese latente Ebene richten und unter Umständen gezielt nachfragen würden, um zu erfahren, wie ihre Art und ihre Interventionen von den Patienten erlebt und interpretiert werden (Lichtenberg 2005).

Übertragungsauslöser, Beziehungsdefinition und Wiederholungszwang

Es ist sehr wahrscheinlich, dass sich die Patienten über diese inneren und oft unbewussten Konnotierungen ihre traumatische Beziehungserfahrung in der therapeutischen Beziehung über selektive Wahrnehmungs- und Erwartungseinstellungen konstruieren (Beebe und Lachmann 2004). Diese Konstruktionen in der Übertragung haben wir als Therapeuten nicht in der Hand, wir können sie auch nicht kontrollieren oder vermeiden. Unsere Aufgabe besteht darin, auf sie aufmerksam zu werden, sie bewusst zu machen und mit ihnen in der analytischen Beziehung zu arbeiten. Negative Zuschreibungen müssen und können nicht einfach durch unser therapeutisches Wohlverhalten oder was wir dafür halten widerlegt werden. Mit ihrer Hilfe kann vielmehr die innere Erlebnis- und Bedeutungsstruktur des Patienten erhellt und verstanden werden.

Wie sich anhand einer an sich unbedeutenden Einzelheit im Verhalten der Analytikerin eine zunächst verborgene neurotische Szene aufbaut, wird von Schwaber (1988) in einem Bericht herausgearbeitet, der etwas ausführlicher zitiert werden soll:

> Eine Patientin kam zu einer Sitzung, die ich verlegt hatte, und sagte mir, sie habe irrtümlich für den gleichen Zeitpunkt einen Termin beim Zahnarzt vereinbart. Sie war sicher (!), daß der Irrtum etwas zu bedeuten habe. Da mir der Nachdruck auffiel, fragte ich: ›Was macht Sie sicher?‹ Sie war überrascht, daß ich ihr diese Frage stellte; ich sei doch die erste, die davon ausgehe, daß alle Handlungen etwas bedeuteten. Sie fuhr fort zu assoziieren, und ich beobachtete, wie ich etwas unaufmerksam und unruhig wurde; es fiel mir etwas schwerer, bei der Sache zu bleiben. Mir fiel auf, daß sie irgendwo zögernd und zerstreut – fast monoton – redete, und ich sagte ihr, sie scheine wohl ins Stocken geraten zu sein und taste irgendwie herum. ›Ja‹, sagte sie, sie könne das jetzt sehen, und als sie weiter darüber nachdachte, kam sie zu dem Schluß, daß sie wohl durch meine Frage ›Was macht Sie sicher?‹ ins Stocken geraten sei. Wie das? Fragte ich. Die Frage beinhaltete, wie sie sich dann überlegte, daß ihr Irrtum vielleicht gar keine Bedeutung hatte; in diesem Fall könnte sie ihn nur aus Dummheit begangen haben. Es machte ihr Angst, für dumm gehalten zu werden. Schon als Kind war sie immer wieder der Dummheit bezichtigt worden – und dieser Vorwurf hatte zu ihrem eben durchschauten, nunmehr von früher wohlbekannten Rückzug geführt.
>
> Gehen wir diese Stunde noch einmal durch: Sie war sicher, daß der Irrtum etwas zu bedeuten habe. Da mir der Nachdruck auffiel, fragte ich: ›Was macht Sie sicher?‹ Sie war überrascht, daß ich ihr diese Frage stellte. […] Auf meine Frage erfolgt unmittelbar eine affektive Reaktion. Ich beobachtete, wie ich et-

was unaufmerksam und unruhig wurde: es fiel mir etwas schwerer, bei der Sache zu bleiben. Mir fiel auf, daß sie irgendwie zögernd – fast monoton – redete, und ich sagte ihr, sie scheine wohl ins Stocken geraten zu sein. [...] Ich erwähne an dieser Stelle die offensichtliche Veränderung ihrer inneren Verfassung und ihrer Redeweise. Ich weiß noch nicht, wie es zu dieser Veränderung kam. Ich gehe außerdem nicht davon aus, daß meine Reaktion des Abschaltens eine Motivation der Patientin widerspiegelte, ein Bedürfnis oder einen Wunsch, mich wegzuschieben; ich gewinne vielmehr aus dem Gewahrsein meiner selbst den Anhaltspunkt dafür, daß ich die Ebene der Patientin verlassen und mich zurückgezogen habe. ›Ja, sagt sie, sie könne das jetzt sehen. [...]‹ Während sie ihr Zögern beobachtet, denkt sie weiter darüber nach und findet, in Beantwortung meiner Frage, seinen Ursprung: ›Es macht mir Angst, für dumm gehalten zu werden.‹ Vielleicht hatte sie tatsächlich deswegen so nachdrücklich gemeint: ›Ich bin sicher.‹ Schon als Kind war sie immer wieder der Dummheit bezichtigt worden – und dieser Vorwurf hat zu ihrem eben durchschauten Rückzug geführt. Meine Frage kam also wie ein Vorwurf an; nachdem dies klar geworden war – und zwar, ohne daß die ›Richtigkeit‹ ihrer Ansichten in Frage gestellt oder objektiv bestätigt worden wäre – kam eine alte Episode ihrer Lebensgeschichte zum Vorschein. [...] Wie läßt sich das ›Herumtasten‹ der Patientin, der Wechsel von Sicherheit zu zögerndem Stocken, einordnen? Es war ihre Art, sich selber ›stillzulegen‹; sie fühlte sich abgefertigt – diesen Sinn gab sie jedenfalls meiner Frage – und getraute sich nicht, noch weiter aus sich herauszugehen. Schließlich erkannte sie, daß diese Art, sich zu verteidigen, auch schon bei anderen Gelegenheiten aufgetreten war. [...] Das heißt, meine Beobachtung ihrer monotonen Wiederholungen. [...] diente als Hinweis, daß ihr an meiner Reaktion irgend etwas ›daneben‹ schien; daraufhin konnten wir dann versuchen, die Quelle ihres Mißbehagens zu ermitteln. Später erfahren wir dann die Geschichte ihrer Art des Rückzugs – wie sich ihre Angst vor offenem Protest entwickelt hatte, und wie sie sich statt dessen in einer Art ›Nebel‹, wie sie es selber bezeichnete, verbarg. (Schwaber 1988, S. 224ff.)

In dieser Fallskizze wird deutlich, dass auch Schwaber aufmerksam auf den implizit mitlaufenden Prozess der Beziehungsdefinition aufseiten des Patienten wie auch des Analytikers achtet, um Bedeutungen, die sonst verborgen bleiben würden, zu erkennen und in das Durcharbeiten einbeziehen zu können (s. a. Aron 1991, Katz 1998).

3.4 Die therapeutische Situation als Kommunikationssystem

Wenn sich der Therapeut und sein Patient begegnen, wird einerseits der Therapeut für den Patienten zu einer wesentlichen Kontextbedingung. Das gleiche verläuft aber auch andersherum, denn der Patient seinerseits wird für den Therapeuten zu einem einflussreichen Kontextfaktor. Beide bringen ihre vielfältigen Hintergrunderfahrungen mit in die Situation und jeder von beiden wird vom inneren System des anderen tangiert und beeinflusst (Bauriedl 1994, Buchholz 1988, Goldberg 1994, Greenberg 1995, Beebe und Lachmann 2004, Boston Change Process Study Group 2004, 2013, Streeck 2004, 2009).

So kommt es, dass beide bei ihrer gemeinsamen Interaktion einen weiteren zusätzlichen gemeinsamen Kontext erschaffen. Sie reagieren auf eine ganz spezifische Weise aufeinander und entwickeln schon von den ersten Begegnungen an relativ schnell einen bestimmten Umgangs- und Interaktionsstil, der bei jeder Therapeut-Patient-Dyade etwas Spezifisches und nur für dieses Paar Geltendes hat (Slavin 2010). Aus den beiden sich verschränkenden subjektiven Feldern entwickelt sich eine intersubjektive unbewusste Matrix, das gemeinsame Unbewusste, das das Erleben und Verhalten sowohl des Patienten wie auch des Therapeuten subtil mitbestimmt und darüber entscheidet, was bewusst werden und der Bearbeitung zugänglich werden kann.

Der gesamte Kontext, in dem alles geschieht, was Patient und Therapeut tun und sagen, übt eine selektive Macht auf den Prozess aus. Er bestimmt entscheidend mit, was in der Situation überhaupt an Bedeutung gewinnt, und vor allem auch, welche Bedeutung die einzelnen verbalen und nonverbalen Akte in der jeweiligen Beziehungssituation bekommen. Das gilt insbesondere auch für alle komplexeren therapeutischen Interventionen wie Klärungen, Konfrontationen und Deutungen (Fiedler und Rogge 1989, Schiepek et al. 1995, Will 2021).

3.4.1 Exkurs: Einige Ergebnisse aus der Psychotherapieforschung – die nonverbale Angleichung zwischen Therapeut und Patient

In einer konversations- und inhaltsanalytischen Untersuchung der Interaktion in psychoanalytischen Erstgesprächen konnte schon Stefanie Wilke (1992) zeigen, dass bereits die ersten drei Redebeiträge der beiden Beteiligten in großer Verdichtung wesentliche Elemente des Beziehungsangebotes von Patient und Therapeut enthalten. Während dieser Eröffnungssequenzen werden unbewusste Erwartungsmuster, Rollen- und Situationsdefinitionen sowie Themenmuster in einem beiderseitigen Aushandlungsprozess abgeklärt. Therapeut und Patient stellen sich darauf ein und versuchen, »eine Art thematisches Gleichgewicht« (Wilke 1992, S. 288) herzustellen. Dieses Gleichgewicht bezieht sich auf Faktoren wie Themeneinführungen, Detaillierungen, Themenwechsel, Nachfragen, Abbrüche und Schweigephasen. Es werden dabei auch die jeweiligen Grenzen des Gesprächspartners sensibel erspürt und geachtet (Wilke 1992, S. 289). Streeck (2004) konnte anhand seiner videogestützten Interaktionsanalysen von therapeutischen Dialogen sehr detailliert zeigen, dass sich schon auf der Ebene dieser einfachen kulturimmanenten Konversationsregeln komplexe Inszenierungen von neurotischen Mustern abzeichnen und das Übertragungs- wie auch das Gegenübertragungserleben bestimmen. In den Videoanalysen von Bänninger-Huber (1996, zit. N. Merten 2001, S. 83) wurde deutlich, wie sich innerhalb weniger Sekunden prototypische Beziehungsmuster im interaktiven Verhalten abbilden können. »Das heißt, eine Person evoziert durch ihre interaktiven Strategien gleichzeitig beim Interaktionspartner spezifische Emotionen, Fantasien und Handlungstendenzen. [...] Dieses Beziehungsangebot wird zumindest zu einem gewissen Teil vom Partner aufgenommen und ermöglicht es der Person, ihre typische Form der Affektregulierung aufrechtzuerhalten. Die Affektregulierungsrepertoires einer Dyade greifen ineinander« (Bänninger-Huber 2014, S. 209). Bezüglich der »Implementation maladaptiver Beziehungsmuster« in der Übertragung, also der Inszenierung von konflikthaften Mustern, stellt Merten fest, dass dieser Prozess »bereits in der ersten Stunde so weit fortgeschritten [ist]« (Merten 2001, S. 209), dass hier schon Zusammenhänge zum Therapieerfolg zu erkennen sind. »Ansatzpunkte für die Identifikation maladaptiver Beziehungsmuster sind demnach sowohl im Verhalten der Patienten als auch dem der Therapeuten zu suchen und können bereits am Beginn einer Behandlung gefunden werden« (S. 209) (s. a. Streeck 2004 und 2009, wo sich viele detaillierte Beispiele finden). In Grimmers (2015) Beschreibung eines sehr kurzen Anfangsdialoges entsteht schon in den ersten paar Minuten die Gefahr einer ärgerlichen Entgleisung und in kürzester Zeit geraten Therapeut und Patient »in einen interaktiven Machtkampf, wobei die Waffen im Einsatz bestimmter Gesprächspraktiken bestehen« (S. 220). Grimmer betont, dass »eine frühe gestörte Kontaktaufnahme eine schwere Hypothek für den therapeutischen Prozess darstellt und in der Folge oft nicht mehr korrigiert werden kann« (S. 220).

Die Wichtigkeit eines günstigen Verlaufs dieses gemeinsamen Aushandlungsprozesses für die Effektivität der Behandlung konnte Scheibe (1996) zeigen. In einer Textanalyse psychoanalytischer und psychiatrischer Gespräche fand sie eine größere verbale Übereinstimmung in der zweiten Hälfte der Gespräche, in denen ein starker Ausdruck von Ängsten stattgefunden hatte. Dies könne als »ein Indikator für eine therapeutisch erfolgreiche Dyade« (S. 443) angesehen werden und sei Ausdruck einer hilfreichen therapeutischen Beziehung.

Schon die frühere sozialpsychologische Erforschung der Interaktion hat ergeben, dass sich die Interaktionspartner sehr schnell aufeinander einstellen. Sie stimmen ihre Handlungen in einer sehr subtilen Weise aufeinander ab. So konnte nachgewiesen werden, dass auf die Aktion des einen Gesprächspartners oft eine ähnlich gelagerte Reaktion des Anderen hinsichtlich der Länge und Art der Äußerungen, der verwendeten Wörter sowie der Pausen und Unterbrechungen folgt. Auch hinsichtlich der Gestik, der Haltung und des emotionalen Zustandes kommt es zu einer gegenseitigen Angleichung (Argyle 1972, S. 170). Auch neuere empirische Untersuchungen beschreiben die therapeutische Interaktion als

»einen Prozeß der wechselseitigen Abstimmung, aber auch der Selbstregulierung auf beiden Seiten, [...] bei dem die affektiven Regulierungen von Patientin und Therapeut ineinandergreifen« (Bänninger-Huber 2014, S. 210).

In der gegenseitigen Anpassung zwischen Therapeut und Patient entstehen gemeinsame Interaktionsfiguren, die sich stetig wiederholen und einschleifen. So beschrieb Argyle (1972) die Tendenz von Dyaden, einen relativ stabilen Zustand in der Interaktion hinsichtlich der oben genannten und anderer zentraler Momente herzustellen. Ist dieser relativ stabile Zustand erreicht, »dann scheint er einige Eigenschaften eines im Gleichgewicht befindlichen Systems zu haben« (Argyle 1972, S. 200) und zu verteidigen. So fanden Lennard und Bernstein (1960) bei der Analyse der Interaktionen zwischen Patienten und Therapeuten über eine lange Zeit hinweg, »daß jede Zweiergruppe nach den ersten Sitzungen zu einem besonderen Interaktionsmuster überging, das dann für den Rest der Sitzungen konstant blieb. Der Prozentsatz der Zeit, während der der Patient sprach, war beispielsweise sehr stabil und veränderte sich von Sitzung zu Sitzung sehr wenig. Sprach der Patient weniger als gewöhnlich, dann korrigierte der Therapeut das durch Feststellungen, die spezifischere Informationen enthielten und den Effekt hatten, Angst zu reduzieren« (zit. N. Argyle 1972, S. 200).

Auch Jaffe (1964) fand in einer Analyse psychotherapeutischer Sitzungen eine sprachliche Angleichung beider, Therapeut und Patient lernten gewissermaßen, eine gemeinsame Sprache zu sprechen. Bei der Untersuchung mimischer Indikatoren von Übertragungsvorgängen untersuchten Krause und Lütolf (1989) eine videografierte psychoanalytische Kurztherapie und fanden eine sehr subtile mimische Reaktion aufeinander, die ebenso die Tendenz zeigte, die Form eines relativ stabilen und sich wiederholenden Musters anzunehmen. So war beispielsweise das Lächeln des Therapeuten fünfmal so häufig, »wenn dem Lächeln des Patienten keine negativen Affekte beigemischt sind« (S. 65), also keine Ambivalenz besteht. Anhand dieser mimischen Indikatoren aus der 1. Stunde konnten mit einer sehr großen Wahrscheinlichkeit sogar der Erfolg bzw. Misserfolg der folgenden Therapie richtig vorhergesagt werden (Krause 1997, S. 87). Auch Rudolf (1991) konnte feststellen, dass sich die initiale Qualität einer therapeutischen Begegnung relativ stabil über die gesamte Behandlung hält und bei späteren Therapieabbrechern vom Therapeuten bereits in den ersten Kontakten ungünstiger eingeschätzt wurde. Auch Merten (2001) konnte in videografierten Untersuchungen von mimischen Interaktionen diese Befunde replizieren. So stellte er fest, dass sich konflikthafte Anteile der Beziehung zwischen Patient und Therapeut, obwohl sie für beide unbewusst sind, »bereits in mikro-prozessualen Mustern der ersten Stunde« (S. 210) erkennen lassen und auch den Verlauf der weiteren Behandlung bestimmten. Emotionale interaktive Aspekte der therapeutischen Beziehung in der ersten Sitzung korrelierten eindeutig mit dem nach fünfzehn Stunden von beiden eingeschätzten Therapieerfolg (Merten 2001, S. 203). Auch Altmann et al. (2020) berichten, dass die häufige nonverbale und Bewegungssynchronisation mit einer »Reduktion antipersoneller Probleme« (S. 452) korreliert.

In mehreren Untersuchungen konnte Schindler (1989) zeigen, dass sich schon am Beginn der Therapie während der ersten Sitzungen »ein bestimmter Interaktionsstil herausbildet, der während des weiteren Verlaufs relativ stabil bleibt und anscheinend nur schwer zu verändern ist« (S. 77). Kaimer et al. (1989) bestätigen in ihrer Untersuchung von Interaktionsmustern zwischen Therapeut und Patient in zwei Fällen diesen Befund ebenfalls, zeigen aber auch, dass der Therapeut mit jedem Patienten ein spezifisches Interaktionsmuster ausbildet und sich jedem gegenüber unterschiedlich verhält. Es wurde zwar nicht der Versuch unternommen, eine eingehendere Interaktionsanalyse mit dem Ziel einer genaueren kausalen Attribution zu machen und herauszufinden, wer hier auf wen reagiert hat. Sicherlich kann jedoch davon ausgegangen werden, dass auch hier ein gemeinsamer Abstimmungsprozess stattgefunden hat, zu dem Therapeut und Patient ihren jeweils subtilen Beitrag geliefert haben.

3.4.2 Unbewusste Interaktionsregeln zwischen Therapeut und Patient

In diesem Prozess der sicherlich nicht einfach symmetrischen, aber doch gegenseitigen Abstimmung zwischen dem Therapeuten und seinem Patienten und der raschen Entwicklung eines stabilen gemeinsamen Interaktionsmodus entstehen ganz nebenbei und für beide unbewusst spezifische Regeln für ihren Umgang miteinander, die zu einem typischen und einzigartigen Kommunikationsmodus für beide werden und es auch über längere Zeit bleiben. Diese gehen über die behandlungstechnischen Regeln hinaus, an denen der Analytiker sein Vorgehen ausrichtet. Es entsteht zwischen beiden etwas Neues, etwas Drittes und Zusätzliches, beiden zunächst gemeinsames Unbewusstes, ein kontinuierlich wirksames »Zwei-Personen-Unbewusstes« (Lyons-Ruth 1999, Mertens 2013).

In den bisher beschriebenen Fallskizzen war bereits deutlich geworden, dass spezifische Übertragungs-Gegenübertragungs-Muster dazu neigen, eine relativ feste und oft schwer erkennbare Form anzunehmen, die bestimmte Umgangsregeln enthält und sich immer wieder reproduziert. Der Analytiker trägt in seiner Reaktion auf das Angebot des Patienten und bei der Verfolgung seiner Deutungslinien unbewusst dazu bei, allmählich ein Netz von Interaktionsregeln zu erzeugen, die eine relative Eigenständigkeit bekommen und unabhängig von den bewussten behandlungstechnischen Absichten das Erleben und Verhalten des Therapeuten wie auch des Patienten steuern.

Diese impliziten Regeln werden zu einem stabilen übergeordneten System und bilden die Grundstruktur für die konkrete Interaktion (Gumz et al. 2008). Das unbewusste Regelsystem wird zum therapeutischen Kontext, in dessen Rahmen Patient und Analytiker als Teil eines übergreifenden Prozesses handeln und von dem sie ganz wesentlich bestimmt werden, während sie bewusst den Eindruck haben, in ihren Entscheidungen und Handlungen relativ frei zu sein. Es erlegt beiden keinen absoluten Zwang auf, übt aber dennoch einen zwingenden Einfluss auf die weitere Ausgestaltung der therapeutischen Situation aus.

Das implizite System von Diskurs- und Umgangsregeln richtet im Sinne eines Magnets die konkrete Interaktion zwischen Therapeut und Patient aus. Es bleibt jedoch selbst oft unbewusst und kann auf der Ebene der latenten Übertragung zur Wiederholung einer realen traumatischen Beziehungskonstellation in der

Therapeut-Patient-Beziehung führen. Das entspricht der Funktionsweise eines sich selbst organisierenden Systems, das sich durch seine autopoietischen Vorgänge selbst wieder erzeugt, weil seine Elemente und seine Struktur so beschaffen sind, dass sie durch ihre Tätigkeit Prozesse in Gang bringen, die ihrerseits wiederum diese Elemente erzeugen. Das ist ein zirkulärer und letztlich endloser Vorgang, dessen zentraler Bestandteil die Kommunikation ist. In der Psychotherapie besteht diese Kommunikation aus den verschiedensten Interventionen und Deutungen, die sich an das Bewusstsein und das deklarative Gedächtnissystem wenden und andererseits aus Beziehungsinformationen, die sich an das implizite Gedächtnis und die darin gespeicherten unbewussten Erfahrungen richten (Ermann 2005, 2016). Auch Gumz et al. (2008) beschreiben aus systemtheoretischer Sicht die Eigenschaft des Therapeut-Patient-Systems, ein bestimmtes Ordnungsmuster i. S. einer spezifischen Übertragungssituation einzunehmen, das nur durch Zufuhr neuer Information destabilisiert und verändert werden kann. Gegen diesen Prozess der Veränderung wirkt ein permanenter Widerstand, der den ursprünglichen Systemzustand erhalten möchte und nur durch ständige Zufuhr von Energie (Beziehungsinformationen) überwunden werden kann. Nach Luhmann (1992) reproduzieren Kommunikationssysteme »Kommunikation durch Kommunikation jeweils auf der Basis eines durch Kommunikation erreichten historischen Zustandes. Sie tun dies mit Hilfe von Strukturen, die selber Produkte von Kommunikation sind. Sie entscheiden dabei, was wiederverwendet, was erinnert und was vergessen wird« (S. 122). Das ist eine sehr zutreffende systemtheoretische Beschreibung für den Wiederholungszwang.

3.5 Übertragung und genuine Objektbeziehung

Im Mittelpunkt des traditionellen Übertragungsbegriffes steht die Ansicht, dass der Patient in der Beziehung zum Analytiker seine regressiven kindlichen Triebe und Bedürfnisse wiederbelebe und ihre Befriedigung anstrebe. Als neurotisch galt dieser Versuch deshalb, weil diese Bedürfnisse sich oft in einer noch infantilen und wenig differenzierten Form auf den Analytiker richten und zu einer Verzerrung der Wahrnehmung führen. Da der Therapeut mit diesen übertragenen Strebungen nun eigentlich gar nicht selbst als Person gemeint sei, sondern eben verkannt und verzerrt wahrgenommen wird, besteht seine wichtigste Aufgabe darin, eine abstinente und neutrale analytische Position einzuhalten und keine Übertragungsbefriedigungen zu gewähren. Die ihm angetragenen Bedürfnisse, Triebe und Rollen sollten stattdessen deutend aufgenommen werden, sodass der Patient fähig wird, sie in ihrer Infantilität zu erkennen und sich von diesen kindlichen Strebungen zu verabschieden.

Mit der berühmten Arbeit von Loewald (1960) über den therapeutischen Prozess der Psychoanalyse begann eine ganz entscheidende theoretische Entwicklung, in deren Verlauf der Analytiker immer weniger ausschließlich als Projektionsschirm für die infantilen Triebe und Affekte des Patienten gesehen wurde. Schon früh hatte auch der englische Vorläufer der späteren Objektbeziehungstheorie Fairbairn (1952) den Standpunkt vertreten, dass die Libido primär nicht die Triebabfuhr, sondern vielmehr das Objekt und die Beziehung zum Objekt suche. Jetzt fand allmählich die reale Person des Analytikers und seine Funktion als neues Objekt zunehmend Anerkennung. Der Patient kann durch die Begegnung mit ihm nicht nur seine infantilen Fixierungen aufarbeiten und seine nicht erfüllbaren kindlichen Sehnsüchte und Wünsche abtrauern, sondern er erlebt durch die spezifische Art, in der der Therapeut mit den kindlichen Anteilen des Patienten umgeht, eine neue und korrigierende emotionale Erfahrung (Walter 2010), die auf eine sehr subtile Weise sein bisheriges implizites Beziehungswissen (Stern et al. 2002) verändert. Dieses alternative Verhalten des Therapeuten beinhaltet die reale Beziehung, das Arbeitsbündnis, sein nicht verurteilendes empathisches Verstehen und eine weitere Beziehungsebene, die im Zuge der Betonung von Gegenwartsmomenten durch Stern (2004) und von Momenten der Freude (Heisterkamp 1999) derzeit große Aktualität erlangt hat, die Ebene der menschlichen Begegnung. »Nicht jede analytische Beziehung ist Übertragung; sondern ein Grundsubstrat ist die echte menschliche Beziehung, die Spontanität und emotionale Präsenz aufseiten des Analytikers« (Wurmser 2005, S. 141).

Diese reale Begegnung mit dem Therapeuten als Übertragungsfigur und auch als Mensch bekommt als eine echte Erfahrung sui generis mit einem neuen wichtigen Bezugsobjekt eine zentrale Bedeutung, denn der Analytiker geht mit seinem Patienten in vielen Situationen tatsächlich anders um als dieser es bisher gewohnt war (Seiler 2014). Sowohl Balint (1973) in seiner Arbeit über den Umgang mit regressiven Prozessen als auch die Selbstpsychologie von Kohut (1979) und seinen Schülern (s. Hartmann und Milch 2000) haben zu diesem Aspekt der therapeutischen Beziehung sehr wichtige Beiträge geliefert. Bräutigam (1988) unterscheidet in dieser Hinsicht die sog. »realistische Beziehung« zwischen Therapeut und Patient von der eigentlichen Übertragung, um das unterschiedliche Beziehungserleben des Patienten im Vergleich zu seinen vorgehenden Erfahrungen in Objektbeziehungen hervorzuheben. Insbesondere während des letzten Jahrzehnts gab es viele Versuche, die Wirkung der realen Person des Therapeuten und seiner interaktiven Kompetenz als einer neuen wichtigen Bezugsperson im Leben des Patienten mehr zu würdigen, wofür Tähkä (1993) den Begriff des Entwicklungsobjekts geprägt hat (Mertens 2011, Walter 2019).

In der schönen Metapher von Morgenthaler (1978) kommt der Therapeut zwar als »verspäteter Gast« an den Tisch des Patienten, an dem bisher seine Familie gesessen hatte, aber er kommt auch als eine reale Person und wird zu einem wichtigen Objekt, das dem Patienten wesentliche Erfahrungen mit einer neuen Person vermittelt. Als solche fügen diese sich in den lebenslangen Prozess der Entwicklung ein und werden als neue Objekterfahrungen introjiziert (Lichtenberg 1990). Die Perspektive eines über die gesamte Lebensspanne sich erstreckenden Entwicklungsprozesses macht es leichter, die therapeutische Beziehung als eine Beziehungserfahrung sui generis zu sehen und in ihrem Wert zu schätzen (Emde 2011).

Dieser Aspekt wird schon lange auch von der Selbstpsychologie hervorgehoben (Hartmann und Milch 2000, Milch 2001, Seiler 2014). Der Therapeut vermittelt allein schon durch seine spezifische und ausschließliche Bezogenheit auf den Patienten eine korrigierende Erfahrung, ohne dass er dazu sein Verhalten entsprechend den frühkindlichen Erfahrungen und Mustern des Patienten gezielt verändern müsste, wie dies von Alexander und French (1946) und neuerdings von Grawe et al. (1994) empfohlen wurde.

Aus der heutigen Perspektive der Psychoanalyse, die neue Erkenntnisse aus der Säuglings- und Bindungsforschung integriert, kommt einer entwicklungspsychologischen Sicht der therapeutischen Beziehung eine wichtige Bedeutung zu (Emde 2011, Klöpper 2005, Lachmann und Beebe 1992, Mertens 2013, Slavin 1994, Strauß und Schwark 2007, Stern 2004, Tähkä 1993, Walter 2010). Das bedeutet, dass der Patient mit einer gewissen Übertragungsdisposition, d. h. mit der Bereitschaft zur Aktualisierung bestimmter innerer Schemata und den dazu gehörigen Rollenerwartungen in die therapeutische Beziehung eintritt und sie seinerseits auf der Basis der vorgefundenen Interaktionsangebote des Therapeuten gestaltet. Jedes dieser Schemata beinhaltet, wie ausführlich dargelegt (▶ Kap. 3.2), Triebe, Bedürfnisse und Wünsche sowohl narzisstischer als auch objektbezogener Art – »Lebenswünsche« nach Bauriedl (1994) – und das jeweilige Schicksal, das diese Strebungen in der Interaktion mit den primären Bezugspersonen erfahren haben. Diese Erfahrungen sind jeweils mit spezifischen Affekten gekoppelt (Kernberg 1988, Stern 1994, 1995). Die Schemata beinhalten auch die in der Kindheit entwickelten Abwehrmuster des Patienten, also die gesamten bewussten und unbewussten Bemühungen, die jeweilige Beziehungssituation zu bewältigen oder zu überstehen.

Die verschiedenen Aspekte eines inneren Schemas werden in der therapeutischen Beziehung aktualisiert, wobei der Schwerpunkt in Abhängigkeit vom Therapeuten, seinem Interaktionsangebot und der Situation variieren kann. »Patienten haben nicht *eine* Übertragung«, sondern »*viele Übertragungen*« (Westen und Gabbard 2002, S. 105). Ob zunächst mehr die Wunsch- bzw. mehr die Abwehrseite eines Konflikts aktiviert wird, hängt insbesondere von der aktuellen Beziehung zum Therapeuten ab. Auch Merten (2001) fand in seinen Video-Untersuchungen, dass »sich die Beziehungsmuster nicht vollständig identisch replizieren, sondern vielmehr in Abhängigkeit von den Beziehungsangeboten des Therapeuten in unterschiedlicher Weise zeigen« (S. 222). Aus dieser Perspektive sucht der Patient nicht mehr nur einfach nachträgliche Befriedigung für früher übermäßig oder zu wenig erhaltene Befriedigung. Er lässt sich vielmehr entsprechend seiner Persönlichkeitsstruktur auf die therapeutische Beziehung ein, er öffnet seine inneren Schemata, indem er die Situation auf die ihnen entsprechende Art gestaltet und erfährt. Damit in Zusammenhang stehen bestimmte Bilder, die er von sich und vom Analytiker erlebt, sowie die erwartete Interaktion zwischen beiden. Je stärker die Regression wird und je ausgeprägter die Persönlichkeitsstörung ist, desto intensiver übt der Patient, für ihn selbst unbewusst, einen interaktiven Drang aus, der den Therapeuten zur Übernahme und zum Ausspielen spezifischer Rollen zu bewegen sucht. Der Patient versucht mit allen ihm zur Verfügung stehenden Mechanismen, sich selbst und die Beziehung zum Analytiker auf die bestmögliche Art zu regulieren. Es liegt nun ganz in der Hand des Therapeuten, ob diese Situation letztlich in einer Reinszenierung der ursprünglichen traumatischen Beziehungserfahrung des Patienten endet oder zu einem Gefühl des Neubeginns (Balint 1973, Bettighofer 2015, Thomä 1984b) führt.

Der Patient wird die jeweilige Interaktion mit dem Analytiker in jedem Fall, wie immer sie sich auch gestalten mag, als eine weitere reale Erfahrung in dieses gerade aktualisierte innere Schema aufnehmen. Sie wird die bisherigen Erfahrungen im Hinblick auf bestimmte Bedürfnisse und Triebe bestätigen oder aber korrigieren und damit einen Ausweg aus dem neurotischen Leid eröffnen. Mit dem Analytiker als neuer Bezugsperson rekapituliert der Patient also Kompromissbildungen, die aus früher gemachten Erfahrungen stammen. Unbewusst und vorsichtig bringt er seine narzisstischen und libidinösen Bedürfnisse in die therapeutische Situation hinein. Vorsichtig, weil er vor dem Hintergrund des aktualisierten inneren Schemas eine bestimmte verletzende Reaktion erwartet und weil er gleichzeitig doch hofft, dass der Therapeut als neues Objekt konstruktiver auf ihn eingehen könnte, als er es kennt (Slavin 1994). Dadurch käme es zu einer Korrektur seines inneren Schemas und zu einer neuen und für ihn selbst konstruktiveren Kompromissbildung zwischen Bedürfnissen und Ängsten. Slavin (1994) postuliert in seinem entwicklungspsychologisch-adaptiven Ansatz ein evolutionär entstandenes allgemeines Bedürfnis nach einer wiederholten Reaktualisierung bestimmter innerer Schemata, in anderen Worten nach Übertragungen, um die Möglichkeit zur Reorganisierung von gespeicherten Erfahrungen, den RIGs, inneren Arbeitsmodellen oder psychischen Repräsentanzen, zu haben. Auf der Basis der neueren Gedächtnisforschung und der Kognitionspsychologie postulieren Leuzinger-Bohleber und Pfeifer (1998), dass Erinnerungsprozesse an traumatische Kindheitserfahrungen nur in einer neuen Interaktion mit einer bedeutungsvollen anderen Person möglich seien. »Sie sind an situative, sensomotorisch-affektive und schließlich rekonstruierend-verstehende Interaktion gebunden« (S. 911) (Westen und Gabbard 2002). Im Rahmen der Übertragung komme es zu hochkomplexen Rekategorisierungsprozessen, wo durch das Erinnern alte Kategorisierungsprozesse modifiziert und differenziert werden können. Nicht das Aufdecken traumatischer Erfahrungen an sich, sondern deren wiederholte Durcharbeitung im Rahmen einer guten therapeutischen Beziehung führt demnach zu positiven Veränderungen (Leuzinger-Bohleber 2014): »Gegenüber Übertragungserwartungen sollte sich der Analytiker abstinent erweisen, nicht jedoch hinsichtlich Erwartungen des Patienten an ihn als ein aktuelles Gegenüber und neues Entwicklungsobjekt« (Walter 2010, S. 108).

In einem intersubjektiv orientierten Ansatz vertreten auch Lachmann und Beebe (1992) den Standpunkt, dass auf jeder Entwicklungsstufe die bisherigen Erfahrungen in die Situation eingebracht und dabei gleichzeitig kontinuierlich neu organisiert werden können, was dem von Piaget (1966) beschriebenen dialektischen Vorgang der Assimilation neuer Erfahrungen in die inneren Schemata und Weiterentwicklung dieser Schemata durch Akkommodation entspricht.

Im Allgemeinen werden neurotische Patienten nur sehr zaghaft und vorsichtig ausloten, wie der Therapeut reagieren wird, wie viel sie ihm zumuten können und wann er beginnt, Grenzen zu setzen und verletzend zu reagieren. Sehr viel heftiger kann dieser Prozess bei ichstrukturell gestörten Patienten beispielsweise mit einer Borderline-Persönlichkeitsstruktur verlaufen. Da diese in ihrer Ichstruktur wesentlich labiler sind, fühlen sie sich dem Analytiker auch viel existentieller ausgeliefert. Deshalb müssen sie, bevor sie sich auf eine stärkere Übertragungsbeziehung und die damit verbundene Regression einlassen können, den Therapeuten über eine längere Zeit hinweg verschiedenen »Tests« unterziehen, um zu prüfen, wie er mit ihnen in diesen schwierigen Testsituationen umgeht und um seine Tragfähigkeit einschätzen zu lernen. Das unbewusste Bedürfnis des Patienten ist dabei nicht, eine frühere traumatische Situation zu wiederholen. Vielmehr hat er Angst vor einer Retraumatisierung durch eine solche Wiederholung und sucht eine bestimmte introjizierte Beziehungskonstellation nur deshalb in einer aktuellen Beziehung wieder auf, um sie dieses Mal besser meistern zu können.

Dies ist der Grundgedanke der Control-Mastery-Theorie (Albani et al. 1999), die als Modell des psychoanalytischen Prozesses von Weiss und Sampson (1986) konzipiert worden ist. Hier wird betont, dass der Patient in der Beziehung zum Therapeuten zunächst einmal Sicherheit und Verlässlichkeit sucht. Vor dem Hintergrund der Ergebnisse der Bindungstheorie bezüglich der Wichtigkeit einer sicheren Bindung sind diese Gedanken für viele Analytiker heute unmittelbar nachvollziehbar.

Meines Erachtens ist dieser Vorgang des Testens und Auslotens hinsichtlich dessen, was ein Therapeut erlaubt, zulässt und erträgt, jedoch ein allgemeiner Vorgang, der auch bei Patienten mit einer rein neurotischen oder narzisstischen Störung eine wichtige Bedeutung hat. Bei diesen Patienten sind solche Beziehungstests (Andreas et al. 2019) vielleicht nur subtiler und deshalb unauffälliger. Aber auch sie orientieren sich ähnlich und testen den Analytiker, um allmählich ein Gefühl von Sicherheit aufbauen zu können und um traumatisierende Situationen möglichst zu vermeiden. Weiss und Sampson (1986) gehen dabei sogar soweit, dass sie dem Unbewussten ein planvolles Vorgehen unterstellen. Das Verhalten des Patienten ziele unbewusst darauf ab, den Therapeuten zu testen, ob er »planhindernde« oder »planfördernde« Reaktionen zeigt. Wenn der Analytiker planfördernd reagiert, was der Patient hofft, werden die aktualisierten pathogenen Vorstellungen bzw. Befürchtungen des Patienten widerlegt und er erlebt eine korrigierende Differenzerfahrung (Walter 2010, S. 107) mit dem Therapeuten als aktueller Bezugsperson, die sich von den Erfahrungen mit den Eltern unterscheidet.

> Ein Beispiel möge dieses Konzept verdeutlichen. Man stelle sich einen jungen Mann vor, der sich seines Selbständigkeitswunsches wegen seinen Eltern gegenüber schuldig fühlt; unbewusst bildet er sich ein, durch Lockern der Bindungen würde er sie vernichten. In die Therapie bringt er nun den unbewußten Plan ein, dieser Überzeugung entgegenstehende Beweise dafür zu sammeln, daß er sich unbesorgt eine eigene Wohnung nehmen dürfe. Er könnte sein Vorhaben angehen, indem er zuerst einmal bei seinem Therapeuten unbewußt vorfühlt, ob der eine angedeutete Trennung toleriert: Vielleicht erzählt er, wie es wohl wäre, wenn er in einer anderen Stadt eine Arbeit annähme. Planfördernd – für ihn hilfreich – wäre dann, wenn der Therapeut

> ihm sagte, aus Angst, Arzt und Familie zu kränken, widerstrebe ihm, einen solchen Schritt konkret zu erwägen; planhemmend und schädlich müßte sich dagegen auswirken, wenn er zu hören bekäme, dass er sich unbewußt dagegen sträube, sich seine Abhängigkeit von Arzt und Familie einzugestehen. (Weiss 1990, S. 128)

Hier wurde eine Mutterübertragung bzw. eine Über-Ich-Übertragung dargestellt, wobei der Analytiker jeweils die andere Seite des inneren Konflikts repräsentiert. Mit Körner (1995) könnte man auch sagen, der Patient fordere uns »mit seiner Übertragung auf, seinem inneren Konflikt in uns selbst zu begegnen und eine eigene Antwort auf jenes gefährliche Introjekt zu finden« (S. 343). So beinhaltet eine Übertragung immer den Wunsch und den Versuch, einen inneren Konflikt zu integrieren. Das bedeutet allerdings auch oft, dass die Veränderung des Patienten bei dem Analytiker die Bereitschaft voraussetzt, »den uns angetragenen Konflikt durchzuarbeiten« (Körner 1995, S. 343) und in uns selbst die Voraussetzung für die Veränderung des Patienten zu schaffen.

4 Psychoanalyse als Beziehungskonflikttherapie

4.1 Der Analytiker als neues Objekt

Wie ich bereits ausführlich im Hinblick auf den entwicklungsbezogenen Aspekt der Übertragung (▶ Kap. 3.5) dargelegt habe, vertrete ich hier die Position, dass der Analytiker dem Patienten nicht nur als Projektionsschirm zur Abarbeitung seiner inneren Konflikte dient, sondern dass er vielmehr als eine neue wesentliche Beziehungsperson in das Leben des Patienten tritt und durch seine eigene Subjektivität einen therapeutischen Prozess in ihm anstößt. Aus Angst, suggestive Macht über den Patienten auszuüben und ihn zu manipulieren, war es zur behandlungstechnischen Ideologie erhoben worden, dass allein die Durcharbeitung und Deutung der inneren Konflikte die erwünschte Veränderung hervorbringe.

Implizit war es jedoch immer schon klar, dass es ausschließlich der spezifische Umgang des Analytikers mit dem Patienten war, der es diesem ermöglicht, seine konflikthaften Kompromissbildungen im Rahmen der therapeutischen Beziehung noch einmal zu aktualisieren und mithilfe des Analytikers zu einem neuen und konstruktiveren Ergebnis zu gelangen, das ihm eine größere Kreativität und Lebendigkeit in seinem Leben und seinen Beziehungen eröffnet (Lachmann 2010, Slavin 1994). Insofern kann die Wichtigkeit der Person des Analytikers und seiner interaktiven sozialen Kompetenz gar nicht überschätzt werden. Liest man Berichte über schädliche Entwicklungen in Analysen (z. B. Akoluth 2004, Dott 2000, Drigalsky 1979, Gerhardt 2002, Kaiser 1996, Zwettler-Otte 2007) oder von Psychotherapien (Hemminger und Becker 1985), so ist ohne Schwierigkeiten zu erkennen, dass die Ursache dieser malignen Entwicklungen letztlich immer in einem inadäquaten Umgang mit dem Verhalten und der Übertragung des Patienten durch den Psychotherapeuten und in Schwierigkeiten mit seiner Gegenübertragung zu suchen ist (Hoffmann et al. 2008, Kächele u. Schachter 2014, Strupp 1996).

Deshalb muss die zentrale Bedeutung, die der Analytiker und sein »gekonnter Umgang« (Mertens 2013) mit der Übertragung für die Entwicklung des Patienten bekommt, gesehen werden. Je mehr sich ein Patient auf diese Beziehung einlässt, desto mehr hängt sein zukünftiges Leben von der Entwicklung und vom Ausgang dieser Beziehung ab. Dieser konstruktive Umgang mit der Übertragung bedeutet nicht zwangsläufig, dass alle Übertragungsprozesse permanent direkt angesprochen und bearbeitet werden sollten. Der überwiegende Anteil dieser Arbeit vollzieht sich vielmehr im Inneren des Analytikers, indem er die in ihm hervorgerufenen Affekte über den Prozess des Containings in sich hält und verarbeitet. Dadurch ist er in der Lage, sich entgegengesetzt zu den neurotischen Erwartungen des Patienten zu verhalten und durch sein reales Verhalten dem Patienten eine korrigierende emotionale Erfahrung zu vermitteln. Es wird dann auch möglich, dass der Patient in der Beziehung zum Therapeuten bisher Unbewusstes, das »ungedachte Bekannte« (Bollas 1997, S. 287) zulassen und neue Verhaltensweisen wagen, ausprobieren und einüben kann und sich so von seinen dysfunktionalen Strategien lösen kann.

4.2 Zwei Grunddimensionen der therapeutischen Beziehung – der Analytiker als Umwelt und als Objekt

4.2.1 Der Analytiker als Umwelt

Für Freud war es selbstverständlich, die therapeutische Situation so zu gestalten, dass der Patient sich in ihr aufgehoben und in guten Händen fühlen konnte. Deshalb hat er vermutlich diesen Aspekt auch nicht weiter thematisiert und ausgearbeitet. Er hat sich lediglich darauf beschränkt, im Hinblick auf die positive Übertragung zwischen einer neurotischen, der eigentlichen libidinösen Übertragung, und einer »bewußtseinsfähigen und unanstößigen Komponente« (Freud 1912, S. 165) zu unterscheiden, in der »freundliche« und »zärtliche Gefühle« in Verbindung mit »Sympathie« und »Zutrauen« (S. 165) die Hauptrolle spielen.

Freud hatte ein Setting geschaffen, das einen idealen Rahmen herstellte für die Projektion und Übertragung von unbewussten Fantasien und Gefühlen, die für den Patienten wie auch für den Analytiker einerseits den Charakter einer inneren und interpersonalen Realität haben, die aber andererseits doch im Rahmen einer Art Spielwiese erlebt, erprobt, neu eingeschätzt und integriert werden können. Freud stellte ein »klinisches Milieu« (Winnicott 1983, S. 193) her, dessen wesentliche Bedingungen von Winnicott wie folgt charakterisiert worden waren:

1. Jeden Tag zu einer festgesetzten Zeit, fünf- oder sechsmal in der Woche, stellte Freud sich dem Patienten zur Verfügung.
2. Man konnte sich darauf verlassen, dass der Analytiker pünktlich da sein würde, lebendig und atmend.
3. Für die vorher festgesetzte, begrenzte Zeit von etwa einer Stunde würde der Analytiker wach bleiben und sich in erster Linie mit dem Patienten befassen.
4. Der Analytiker brachte durch sein positives Interesse Liebe zum Ausdruck; sein Hass äußerte sich im strengen Beginn und Ende der Stunde und in der Honorarfrage. Liebe und Hass wurden vom Analytiker ehrlich geäußert, d. h. nicht verleugnet.

5. Ziel der Analyse sollte es sein, mit dem »Prozess« des Patienten in Berührung zu kommen, das vorgebrachte Material zu verstehen und dieses Verständnis verbal mitzuteilen. Widerstand deutete auf Leiden hin und konnte durch Deutung verringert werden.
6. Die Methode des Analytikers war eine Methode der objektiven Beobachtung.
7. Diese Arbeit sollte in einem Zimmer getan werden, nicht in einem Durchgangsraum, einem ruhigen Zimmer, in dem man nicht auf plötzliche, unvorhersehbare Geräusche gefasst sein musste, das aber nicht totenstill war und nicht frei von gewöhnlichen Hausgeräuschen. Dieses Zimmer sollte richtig beleuchtet sein, aber nicht durch ein ins Gesicht scheinendes Licht und auch nicht durch ein veränderliches Licht. Das Zimmer sollte gewiss nicht dunkel sein, aber behaglich warm. Der Patient sollte auf einer Couch liegen, d. h. bequem und entspannt, wenn er dazu fähig war, und wahrscheinlich war eine Wolldecke und etwas Wasser verfügbar.
8. Jeder Analytiker hat (wie jeder weiß) moralische Urteile aus der Beziehung herauszuhalten, er hat nicht den Wunsch, sich mit Einzelheiten aus seinem persönlichen Leben und Denken aufzudrängen, und der Analytiker will bei den Verfolgungssystemen nicht Partei ergreifen, selbst wenn sie in der Form wirklicher, beiden zugänglicher lokaler oder politischer Situationen oder dergleichen in Erscheinung treten. Natürlich ist der Analytiker auf dem Laufenden, wenn Krieg ist oder ein Erdbeben oder wenn der König stirbt.
9. Der Analytiker ist in der analytischen Situation viel zuverlässiger, als es die Menschen im gewöhnlichen Leben sind; im Großen und Ganzen ist er pünktlich, hat keine Wutanfälle, verliebt sich nicht Hals über Kopf usw.
10. In der Analyse wird sehr klar zwischen Wirklichkeit und Fantasie unterschieden, sodass der Analytiker durch einen aggressiven Traum nicht verletzt wird.
11. Man kann sich darauf verlassen, dass Vergeltungsreaktionen nicht vorkommen.
12. Der Analytiker überlebt alles.

Winnicott (1983) war der Ansicht, dass dieses Milieu die »Techniken der frühen und frühesten Bemutterung« (S. 195) reproduziere. Im Hinblick auf diese frühkindliche Situation unterschied er in einer späteren Arbeit zwei Aspekte der Säuglingspflege, den Aspekt der »Umwelt-Mutter« und den Aspekt der »Objekt-Mutter« (Winnicott 1984b, S. 96). Die »Umwelt-Mutter« stellt den zunächst primären Aspekt dar und bezieht sich auf so grundlegende Faktoren wie die Fähigkeit der Mutter, verfügbar und da zu sein und ausreichend einfühlsam auf die Bedürfnisse des Kindes eingestellt zu sein und entsprechend zu antworten. Diese Beziehung ist eine grundsätzliche mütterliche Matrix, die, solange sie intakt ist, kaum bewusst registriert wird, und die somit einen Hintergrund darstellt, der erst im Falle eines Versagens der mütterlichen Empathie zu einer Irritation führt. Es verhält sich wie mit Sauerstoff, ohne den wir zwar nicht überleben können, den wir aber so lange nicht bewusst registrieren, solange er in ausreichendem Maße vorhanden ist. Dies sind auch die wesentlichen Kennzeichen dessen, was Kohut (1976) später als Selbstobjekt-Beziehung beschrieben hat, die Beziehung zu einem Objekt, das noch als Teil des eigenen Selbst und noch nicht als eigene für sich abgegrenzte Person mit eigenem Geist erlebt wird.

Vor diesem Hintergrund einer primären Beziehung wird die »Objekt-Mutter« vom Kind mit libidinösen und aggressiven Fantasien und Impulsen besetzt. Hier kommt es dann im Wesentlichen darauf an, dass die Mutter weiterhin verfügbar und lebendig bleibt, dass sie die »triebgesteuerten Episoden« (S. 97) überlebt und sich dem Kind weiterhin zuwendet.

Für die therapeutische Situation ist der Aspekt der »Umwelt-Mutter« von grundlegender Bedeutung. Die therapeutische Situation, wie sie von Winnicott beschrieben worden war, stellt durch ihr Setting genau diesen Rahmen her, auf dessen Basis der Therapeut durch seine empathische Verfügbarkeit zur Umwelt wird und dem Patienten eine grundlegende Hintergrundsicherheit vermittelt. Settingfaktoren wie der gleichbleibende Raum und die zeitliche Konstanz, ebenso die Couch und viele andere Faktoren werden für den Patienten zu einer gewohnten Umgebung, auf deren Veränderung insbesondere frühgestörte Patienten sehr empfindlich und mit teilweise starken Irritationen reagieren.

Die therapeutische Situation wird somit zu einer schützenden Umwelt, in der sich der Patient getragen und gehalten fühlt. Diese Beziehung zum Umwelt-Therapeuten bildet für ihn auch einen Reizschutz gegen zu intensive von innen oder außen einströmende Gefühle und Erfahrungen, die ohne diese Hintergrundsicherheit traumatischen Charakter hätten und in dieser Sicherheit dosiert zugelassen und integriert werden können. Die zentrale Holding- und Containing-Funktion des Therapeuten ist dabei »die Wahrung und Sicherung des analytischen potenziellen Raums, des Spielfelds, und zugleich das Überleben der Angriffe des Analysanden auf diesem Spielfeld, ohne Vergeltung« (Treurniet 1992, S. 250).

Wesentlich für den Schutz und die Unterstützung des analytischen Prozesses ist, dass der Analytiker die Grenzen des analytischen Raumes einhält und gegen Versuche des Patienten, diesen aufzuweichen, schützt. »Nur dann kann er den Raum eines freien Assoziierens, Regredierens und Inszenierens innerhalb der Grenzen gewähren« (Treurniet 1992, S. 250). Nur mit dieser Sicherheit, dass der Therapeut bei seiner analytischen Haltung bleiben und mit seiner Empathie weiterhin für ihn verfügbar sein wird, kann sich der Patient allmählich öffnen und sich auf neue und bisher unbewusste Bereiche in ihm selbst einlassen (Lichtenberg 2005).

Vor dem Hintergrund dieser »abhängig/einfassenden« Hintergrundsbeziehung (dependent/containing, Modell 1990, S. 46) wird der Analytiker zu einem »Transformationsobjekt« (Bollas 1997), das gesucht wird, »um sich ihm auszuliefern als einem Medium, das die Selbsterfahrung verändert, und nicht so sehr, um das Objekt zu besitzen oder zur Triebbefriedigung zu benutzen« (Treurniet 1992, S. 251).

Wenn die durch den analytischen Raum vermittelte Hintergrundsicherheit infolge irgendwelcher Ereignisse oder auch durch eine Intervention des Therapeuten gestört wird, kann es zu erheblichen Irritationen kommen. Der Patient fühlt sich dann beunruhigt, ängstlich oder bedroht, es kommt zu einer Fragmentierung seines Selbst.

So begegnete mir beispielsweise eine Patientin kurz vor Beginn ihrer Analysestunde in einem Lebensmittelgeschäft beim Einkaufen. Obwohl diese Patientin zwar auch Frühstörungsanteile hatte, aber im Wesentlichen über durchaus relativ stabile und strukturierte Ichfunktionen verfügte, erlebte sie diese Begegnung als einen psychischen Schock, dessen Bearbeitung die gesamte darauffolgende Sitzung beanspruchte. Darüber war sie selbst sehr überrascht, da zwischen uns eine sehr tragfähige Arbeitsbeziehung bestand und die bewusstseinsfähige Übertragung bis dahin schwerpunktmäßig geprägt war durch eine positive präödipale Beziehung, wobei sie sich sehr gut aufgehoben fühlte und großes, fast blindes Vertrauen in mich hatte. Jetzt wurde sehr deutlich, wie sehr die Patientin den analytischen Raum als eine sicherheitsspendende mütterliche Matrix erlebte, deren plötzlicher Wegfall zu einem traumatischen Erlebnis geführt hatte. Außerhalb des symbolischen Raums der Analyse nahm sie mich zwangsläufig teilweise als eigenständige und von ihr unabhängig existierende Person mit einem Eigenleben außerhalb der gemeinsamen analytischen Beziehung wahr. Dadurch wurden zugleich objekt-libidinöse ödipale Übertragungsanteile, die von ihr bisher in der Verdrängung gehalten werden konnten, aktiviert und brachen ins Bewusstsein ein. Plötzlich sah sie mich als Mann und erlebte sich als Frau. Durch diese unerwartete Ödipalisierung bekam sie Angst, die primäre emotionale Grundbeziehung, die »nährende Grundgleichung« (Morgenthaler 1978) bzw. ihre Selbstobjekt-Beziehung zu mir zu verlieren.

Selbstobjekt-Bedürfnisse

Nach den bahnbrechenden Arbeiten von Kohut (1976, 1979, 1989) hat insbesondere die psychoanalytische Selbstpsychologie wesentlich dazu beigetragen, diese grundlegenden Aspekte der therapeutischen Beziehung zu untersuchen (Milch und Hartmann 1996, Milch 2001, Stolorow et al. 1987, Wolf 1996). Der Selbstpsychologie geht es dabei speziell um die Erfassung der Selbstobjekt-Bedürfnisse des Patienten und um die spezifische Aufgabe des Therapeuten in seiner Funktion als Selbstobjekt. Die Bedürfnisse, von einem anderen wahrgenommen und anerkannt, von ihm angenommen, geschätzt, verstanden oder bewundert zu werden, sind ubiquitär und vom Lebensalter unabhängig. Es ist ein großes Verdienst der Selbstpsychologie, dass sie ein falsches Leitbild von Autonomie und Unabhängigkeit korrigiert hat, indem sie die Position vertritt, dass der Mensch während seines gesamten Lebens in einer Matrix von Selbstobjekt-Beziehungen lebt und auf die Spiegelung durch bedeutsame Andere angewiesen ist (Altmeyer 2000). Diese Selbstobjekt-Beziehungen verändern sich zwar in ihrer Qualität im Laufe des Lebens, sie bleiben jedoch als narzisstische Bedürfnisse während des ganzen Lebens erhalten.

Die Patienten aktualisieren gegenüber dem Therapeuten unbewusst ihre arretierten Selbstobjekt-Bedürfnisse wieder, richten sie auf ihn und hoffen, dass er entwicklungsfördernd mit ihnen umgehen werde (Fosshage 1994, Weiss und Sampson 1986, Weiss 1990). Neben dieser »Selbst-Objekt-Motivation« (Stolorow et al. 1987) hegt der Patient zugleich die Befürchtung, dass sich seine negativen Erfahrungen auch in der Beziehung zum Analytiker noch einmal wiederholen könnten, er erwartet es geradezu, das ist die objektale Übertragungsebene. Infolgedessen wird er den Therapeuten gezielt auf die Probe stellen und ihn austesten (Weiss und Sampson 1986). Neben der Selbstobjekt-Übertragung externalisiert der Patient auf der objektbezogenen Übertragungsebene sein unbewusstes Erwartungsmuster auf den Therapeuten, affiziert ihn mit seinen Affekten und verleitet ihn zum Mit-Handeln (Heisterkamp 2007). Stolorow, Brandchaft und Atwood (1987) sehen darin die beiden Ebenen der Übertragung, die stets vorhanden sind, jedoch in unterschiedlicher Gewichtung, wobei situativ jeweils eine Form der Übertragung im Vordergrund steht und für den therapeutischen Prozess relevanter ist.

4.2.1.1 Empathie als entwicklungsfördernde Hintergrundbedingung

Empathie, die Fähigkeit, sich affektiv anstecken zu lassen und sich partiell und zeitlich begrenzt mit dem subjektiven Erleben eines anderen Menschen zu identifizieren, war immer schon Bestandteil einer guten therapeutischen Beziehung. Kohut (1976) jedoch hat die Empathie zu einer grundlegenden Methode erhoben, mit deren Hilfe die Informationen gesammelt werden, die ein tieferes Verstehen des Patienten ermöglichen. Der Analytiker soll bei seinen Deutungslinien nicht theoriegeleitet vorgehen, sondern er soll sich dem Patienten stattdessen von innen her nähern, sich an dessen subjektivem Erleben orientieren und von hier aus die entsprechenden psychodynamischen Verknüpfungen erarbeiten (Lichtenberg et al. 2000, 2005, Schwaber 1988, 1995, 2006). Empathie in diesem Sinne beruht auf einer grundlegenden Ichfunktion des Therapeuten und darf nicht verwechselt werden mit einem bloßen Mitgefühl, das auf der Übernahme einer konkordanten Gegenübertragungs-identifizierung beruht und somit Folge eines Mitagierens vonseiten des Therapeuten sein kann (Jacobs 1986).

Von der Seite der Kleinkindforschung kommt eine biologisch-evolutionär fundierte Unterstützung für die Wichtigkeit dieses entwicklungsfördernden Aspekts der Empathie, verstanden als anteilnehmendes Interesse am Erleben des Anderen. Emde (1995, 2011) postuliert »grundlegende Motivationsaspekte des Entwicklungsprozesses«, die durch unsere evolutive Biologie vorprogrammiert sind und sich auf Aktivität, Selbstregulierung, auf soziale Anpassung und auf die affektive Kontrolle beziehen. Diese Motivationsstrukturen, die sich in der Beziehung zwischen dem Säugling und seiner Mutter entwickeln, stellen grundlegende Inhalte der Entwicklung dar und gelten auch für die therapeutische Beziehung: »Als solche können sie durch Empathie aktiviert werden und somit eine Therapie im Erwachsenenalter fördern« (Emde 1995, S. 236). Und er fügt hinzu, dass zu einer erfolgreichen Therapie ein spezifisches Erleben gehöre: »Dieses ist interaktiv, beruht auf Empathie und aktiviert grundlegende Formen der Entwicklung« (S. 238). »Die therapeutische Beziehung bietet die Hintergrundsbedingungen für eine Reaktivierung dieser elementaren Entwicklungsformen. Die empathische Verfügbarkeit des Therapeuten wird dabei für besonders wichtig gehalten [...]« (S. 247), um diesen »biologisch vorbereiteten Entwicklungsschub« (S. 245) in Gang zu setzen.

Das Wesentliche beim therapeutischen Vorgehen ist dabei nicht die absolute Einhaltung einer Abstinenz und Neutralität, die unter Umständen Lebendigkeit nicht fördern, sondern vielmehr entmutigen und verhindern könnte. So hält Emde (1995) beispielsweise »Augenblicke eines intensiven Gefühls von Zusammengehörigkeit und einer gemeinsamen Bedeutung« (S. 241) für außerordentlich wichtig für die gemeinsame analytische Arbeit.

> Als ich während einer Analysestunde überschwänglich und schwärmerisch darüber berichtet hatte, mit welcher Begeisterung ich die Musik von J. S. Bach emotional erlebe, antwortete mein Lehranalytiker nur ganz kurz und einfach: »Ich liebe Bach auch.« Das löste bei mir ein intensives Gefühl des Wohlbefindens und der Freude aus, ein Gefühl des Erkanntwerdens und Verstandenseins, denn ich nahm an, dass er beim Hören der Musik von J. S. Bach das gleiche Gefühl und die gleichen Empfindungen kannte, wie ich sie auch erlebte und beschrieben hatte. Er hatte damit, ohne viel von sich preiszugeben, eine Gemeinsamkeit hergestellt, die mich innerlich wärmte. Abstinent im ursprünglichen Sinne war dieses Vorgehen zwar nicht, denn er hat eine Alter-Ego-Übertragung (Kohut 1979) agiert, aber er hatte mir durch seine Antwort ein emotionales Erlebnis vermittelt, das ich seitdem nicht vergessen habe und das ich vermutlich auch weiterhin als Erinnerung an einen beglückenden Moment in mir tragen werde.

Dieses »Gefühl der Wechselseitigkeit und einer gemeinsamen Bedeutung« (S. 241), »das Wir-Gefühl, das sich in der Analyse analog zu den Erfahrungen aus der frühen Kindheit entwickelt« (S. 243), wird von Emde als eine für die Entwicklung des Patienten sehr wesentliche therapeutische Hintergrundsvariable beschrieben. Cremerius (1982) hat sicherlich recht mit seiner These, dass dieser Aspekt in erfolgreichen Behandlungen immer schon implizit verwirklicht worden sei, auch bevor er durch die Selbstpsychologie explizit herausgearbeitet worden war. Aber auch die Befunde aus der Kleinkindforschung können verdeutlichen, wie durch ein entsprechendes »affect attunement« und »matching« (Stern 1994, Dornes 1993, 2000) beim Kleinkind wie auch beim erwachsenen Patienten das Gefühl entsteht, von einer empathisch verfügbaren Bezugsperson begleitet zu sein, in seinem Da-Sein gespiegelt zu werden und Unterstützung bei der primären Affektregulierung zu haben. Wie bei einem Kleinkind entwickelt sich auch zwischen Therapeut und Patient eine sichere Bindung, die exploratives Verhalten und das Zulassen unvertrauter Fantasien und Gefühle fördert und zur Integration auch heftiger und widersprüchlicher Affekte beiträgt (Grossmann et al. 1989, 2004).

Kohut hat diese Dimension der therapeutischen Beziehung zwar noch als narzisstische Formen der Übertragung, als Selbstobjekt-Übertragungen, beschrieben, wodurch diesen noch etwas Pathologisches anhaftet. Ihm gebührt jedoch das große Verdienst, in diesen narzisstischen Bedürfnissen nach Gesehen-werden, Spiegelung, Anerkennung und Bewunderung, Idealisierung, Gemeinsamkeit und

Zugehörigkeit grundlegende und natürliche Formen der kindlichen intersubjektiven Bezogenheit zu sehen, die im Laufe der Entwicklung zunehmend reifere Formen annehmen und auch für den Umgang mit erwachsenen Patienten von grundlegender Bedeutung sind (Jaenicke 2006). Insofern kann er als Vorgänger der entwicklungsbiologischen Position von Emde betrachtet werden, der in diesen narzisstischen Bedürfnissen grundlegende biologische Bedürfnisse sieht, die auf empathische Resonanz angewiesen sind, um sich entwickeln zu können. Emotionale und empathische »Resonanz zu erhalten ist ein neurobiologisch verankertes menschliches Grundbedürfnis.« (Bauer 2019, S. 188): »Wenn man versucht, das *ganze* emotional Erleben eines Anderen empathisch zu erfassen, nimmt man teil an einem Heilungsprozess« (Orange 2004, S. 10).

4.2.1.2 Brüche in der therapeutischen Beziehung

Die Mitteilungen des Patienten beinhalten oft mehrere Ebenen gleichzeitig. Während er über etwas außerhalb der Übertragung berichtet, bringt er möglicherweise implizit und auch für ihn unbewusst oder vorbewusst ein Selbstobjekt-Bedürfnis zum Ausdruck. Es geschieht sehr häufig, dass in solchen Fällen der Analytiker auf die inhaltliche Ebene eingeht und beispielsweise ein bekanntes Muster deutet und dabei die parallele Übertragungsbotschaft übersieht. Das geschieht vermutlich recht häufig, wenn der Therapeut versucht, das Material des Patienten zu verstehen und die neurotischen Mechanismen zu deuten. Es kommt dann zu einer Störung der positiven therapeutischen Beziehung, die auch sehr subtil sein kann und vielleicht oft nicht bemerkt wird.

Diese Deutungen können inhaltlich völlig richtig und auch für den Patienten nachvollziehbar sein. Wenn sie jedoch ein in solchen Momenten dem Therapeuten gegenüber bestehendes starkes Selbstobjekt-Bedürfnis übersehen, und das vielleicht auch noch öfter, dann kann für den Patienten an solchen Stellen des therapeutischen Prozesses die Wiederholung einer traumatischen kindlichen Beziehungserfahrung in der therapeutischen Beziehung beginnen.

Eine solche Wiederholung auf der Ebene der latenten Übertragung geschieht oft völlig unbemerkt und unspektakulär, ist jedoch beispielsweise erkennbar an Stimmungsveränderungen in der Sitzung oder an einem allmählichen Verflachen des therapeutischen Prozesses. Der Patient fühlt sich unwohl, lustlos, devitalisiert und im Widerstand. Falls er schon über eine entwickelte Introspektionsfähigkeit verfügt, ist er vielleicht gekränkt, fühlt sich nicht ernst oder nicht wahrgenommen, ist verletzt und angesichts der wiederholten Nichterfüllung seines Selbstobjekt-Bedürfnisses hilflos. Patienten getrauen sich in der Regel aus Angst, den Therapeuten zu kränken, auch nicht, diese Erfahrung von sich aus anzusprechen.

Dazu ein kurzes Beispiel

Ein 28-jähriger Patient berichtet über sein Bedürfnis, dass »das, was ich in Worten versuche zu sagen, verstanden wird, dass es von Ihnen aufgegriffen wird und voll dargestellt wird, damit ich sehe, da ist ein Bedürfnis erkannt worden«. Danach geht er darauf ein, wie desorientiert und verwirrt er sich fühle und sagt: »Ich empfinde alles, alle Gefühle als verboten.« Ich erinnere mich an einen Gedanken, den er einige Sitzungen davor geäußert hatte und sage zu ihm: »Ihre Mutter hat sich nie um ihre Gefühlswelt gekümmert. Da kann es sein, dass ein Kind diese Gefühle dann als verboten erlebt.« Obwohl ich versucht hatte, mich mit dieser Erklärung quasi neben ihn zu stellen und ihn zu unterstützen, hatte meine Intervention einen kleinen Bruch zur Folge, den er allerdings selbst nach einem kurzen Schweigen verbalisieren konnte.

»Ich wollte damit eigentlich nur sagen, wie schwer es hier für mich ist und dass ich mich hier unheimlich anstrenge, und nicht nur da liege und nichts tue und Sie ärgere. Insofern habe ich jetzt nichts von Ihrer Erklärung. Diese sachlichen Dinge weiß ich schon selber.« Damit brachte er klar zum Ausdruck, dass er meine Antwort als unempathisch empfunden hatte und dass ich sein eigentliches und in diesem Moment vorrangiges Selbstobjekt-Bedürfnis nicht erfasst hatte.

Der Unterbrechungs- und Wiederherstellungsprozess (E. Wolf)

Ein Bruch in der therapeutischen Hintergrundbeziehung kann auch zum Ursprung eines anhaltenden Widerstandes oder anderer destruktiver Prozesse wie z. B. einer negativen therapeutischen Reaktion werden (Mayr 2001, Treurniet 1992). Kohut selbst legte auf die Bearbeitung dieser Brüche in der therapeutischen Beziehung schon früh allergrößten Wert, und sein Mitarbeiter E. Wolf (1989, 1996, 2000) hat im Anschluss daran ein analytisches Prozessmodell entwickelt, das er den »Unterbrechungs- und Wiederherstellungsprozess« nannte. Nach der spontanen Aktivierung der Selbstobjekt-Bedürfnisse des Patienten in der therapeutischen Beziehung kommt es unweigerlich immer wieder zu Enttäuschungen dieser Bedürfnisse, zu Kränkungen und Verletzungen, weil Empathiemängel und Unachtsamkeiten aufseiten des Therapeuten natürlich sind. Der Therapeut ist auf ganz natürliche und unwillkürliche Weise unperfekt und enttäuscht dadurch die bestehenden Hoffnungen des Patienten auf ein Idealobjekt. Hat der Patient z. B. weniger das Bedürfnis, untersucht und analysiert zu werden, und wenn er keine Deutung hören will, sondern zunächst die einfühlende Begleitung des Analytikers braucht, dann kommt es zu einem Bruch in der Beziehung, der Irritation, Devitalisierung, Depression oder Wut zur Folge haben kann.

Der letzte Schritt in diesem Prozess ist die Wiederherstellung des empathischen Bandes, indem dieser Bruch in der therapeutischen Beziehung bewusst gemacht und bearbeitet wird. Wenn dieser Prozess gelingt, handelt hier der Analytiker als ein neues Objekt und vermittelt dem Patienten, der ihn zunächst wie ein Objekt seiner Vergangenheit erlebt hat, eine neue Erfahrung. Der Analytiker verteidigt sich nicht, übt keine Vergeltung, beharrt auch nicht auf seinem Standpunkt oder seiner Sichtweise, sondern ist bereit, die Erfahrung des Patienten anzuhören, sie zu akzeptieren und die Vorgänge aus der Sicht des Patienten zu rekonstruieren und zu erklären. »Dadurch, daß der Patient sich wieder verstanden fühlt, ist die empathische Strömung zwischen ihm und dem Therapeuten wiederhergestellt.« (Wolf 1989, S. 119) Entscheidend für den Fortschritt des Patienten ist, dass er »eine Atmosphäre erlebt, in der er sich respektiert, akzeptiert und wenigstens ein bisschen verstanden fühlt.« (S. 123) Kohut hat für diesen Prozess den Begriff der »optimalen Frustration« entwickelt, da der Patient erlebt, dass seine Bedürfnisse und Idealerwartungen nicht unbedingt oder permanent erfüllt werden können, sondern dass Enttäuschungen entstehen, die verdaubar sind und nach denen sein gutes Selbstgefühl und die Beziehung wieder hergestellt werden können. Er erlebt, dass die tragfähige therapeutische Beziehung nicht zerstört wird, sondern dass sie wie auch das positive therapeutische Objekt überleben und die Beziehung sich sogar vertieft und die sichere Bindung sich verstärkt. Stern und die BCPSG (2013) sprechen in diesem Zusammenhang vom Auftauchen einer neuen Beziehungsorganisation, d. h. der therapeutische Prozess ist daran erkennbar, dass die Art des Umgangs miteinander sich konstruktiv verändert und sich freier gestaltet.

Ornstein (1995) berichtet folgenden Vorgang: In einer Sitzung »beschwerte sich Frau A. wieder über das, was sie an sich nicht leiden konnte, speziell ihren Körper. Aber es gab ein neues Thema: ›Ich mag meine Stimme nicht‹ – sagte sie. Ich fragte sie warum, was sie daran nicht leiden möge? Sie fuhr fort, indem sie meine Frage beantwortete, aber ich bemerkte, daß sie das irgendwie halbherzig tat, als ob sie plötzlich das Interesse verloren hätte, mir davon zu erzählen. Sie sprach ohne die Intensität, mit der sie ihre Klagen geäußert hatte, bevor ich sie mit meiner Frage unterbrach. Etwas später sagte ich ungefähr etwas, das darauf hinauslief, daß es nun etwas anderes gäbe, das sie bei sich nicht leiden möge, wie schwer es für sie sein müßte, in ihrem Körper zu leben mit dem Gefühl, daß nichts wirklich Weibliches an ihr wäre. Die Sitzung endete mit dieser Bemerkung.
Als ich über all das nachsann, fuhr sie in der nächsten Sitzung fort zu beschreiben, wie ängstlich sie während der vorhergehenden Sitzung gewesen war, als sie über ihre Abneigung gegenüber ihrer Stimme sprach. Sie wollte mich wissen lassen, wie sie fühlte, aber hauptsächlich wollte sie mir ihren Mut zeigen, darüber zu sprechen. ›So daß die Herausforderung, die Sie in meiner Stimme hörten‹, sagte ich, ›Sie blockierte, diese Anerkennung zu bekommen, und Sie gaben auf, sie zu suchen. Sie schienen Ihr Interesse verloren zu haben, mir mehr darüber zu erzählen.‹ ›Ja, das hat mir gereicht! Und als Sie sagten, ich sollte lernen, damit zu leben – so habe ich es immer gehört –, fühlte ich, daß Sie mich fallen ließen. Und dann fühlte ich die gleiche Leere, die ich immer bei meiner Mutter spürte.‹
Sie verglich die Gefühle in der gestrigen Sitzung mit der Erfahrung von ihrer Mutter, die sich von ihr abwandte, als sie hungrig war und nach etwas zu essen fragte. ›So, gestern waren Sie hungrig nach meiner Anerkennung […], aber ich wandte mich von Ihnen ab.‹ ›Ich war hungrig nach Kontakt und Anerkennung‹, antwortete sie, ›und Sie wandten sich ab. Das ließ mich ausgeschlossen fühlen.‹ Meine bewußte Absicht zur Exploration bezüglich Frau A.s Ablehnung ihrer Stimme wurde von ihr als eine Herausforderung erlebt, als

ein Ausdruck für meine Behauptung, daß sie keine Gründe für ihre Abneigung gegenüber ihrer Stimme habe, ohne daß mir das im Moment bewußt war. Ich hatte fälschlicherweise angenommen, daß ihr Mangel an Interesse, der grenzwertig zu einer milden Depression war, schlicht aus der Tatsache resultierte, daß die Abneigung ihrer Stimme (gegenüber) [...] nun mit einiger Intensität an die Oberfläche kam. Den stärkeren und tieferen Wunsch, daß ich ihren Mut, über ihre Abneigung gegenüber ihrer Stimme zu sprechen, wahrnahm und lobte, übersah ich vollständig. [...] Das bedeutet, daß ich in gewissem Sinne nun verstand, warum sie auf meine Frage so geantwortet hatte, wie sie es tat. Wenn ich sie in der vorausgegangenen Sitzung abgelehnt hatte, akzeptierte ich sie nun durch die gemeinsame, freie, nicht abwehrende und nicht anklagende Rekonstruktion ihrer Erfahrungen von der vorausgegangenen Sitzung. Auf diese Weise war der vorübergehende Bruch in der therapeutischen Beziehung geheilt – in meinem Vokabular wurde eine unterbrochene Spiegelübertragung mit Deutungen wiederhergestellt. Ich mußte Frau A. für ihren Mut nicht nachträglich bewundern. Ich hatte nur anzuerkennen, daß ihre spätere Reaktion dadurch erklärt werden konnte, daß ich ihren Wunsch während der früheren Sitzung nicht bemerkt hatte. Daraufhin [...] lieferte sie selbst die genetisch bedeutsame Kindheitserinnerung, die die große Verwundbarkeit überwand, welche meine Deutung traumatisch wiederholt hatte. [...] Diese Rückkehr zu einer Übereinstimmung – das Aufeinander-eingestimmt-Sein, besonders das Gefühl von Frau A. für meine Einstimmung auf sie, ist ein starker Beitrag zur Strukturbildung und auch ein Weg zur Gewinnung von Einsicht.« (Ornstein 1995, S. 72ff.)

Auch Beebe und Lachmann (2004) beschreiben diesen Vorgang der Verletzung von Erwartungsmustern in der gegenseitigen Interaktion. Sie nennen ihn »Unterbrechung und Wiederherstellung« (S. 183), ohne sich allerdings auf Wolf zu beziehen. Die darauf folgende »Reparatur des Bruchs kann als eine wechselseitig regulierte Errungenschaft betrachtet werden« (S. 183). Auch Stern (2004) geht davon aus, dass es in jeder Begegnung sowohl bei Mutter-Kind wie auch in der therapeutischen Situation zu zahlreichen Fehlabstimmungen, Entgleisungen und Missverständnissen kommt, denen eine enorme entwicklungsfördernde Funktion zukommt. Er hält solche »Schrittfehler« für ungemein wertvoll, »weil die Art und Weise, wie Korrekturen ausgehandelt und falsche Schritte korrigiert werden, einen der wichtigsten Modi des Zusammenseins mit dem Anderen konstituiert, die ins implizite Wissen integriert werden [...] Die Sequenz Unterbrechung-Wiederherstellung ist somit eine der wichtigsten Lernerfahrungen des Säuglings, der mit der unvollkommenen menschlichen Welt zurecht kommen muß« (Stern 2004, S. 164).

Benjamin (2007) hält diesen Prozess von »Zusammenbruch und Wiedergutmachung« für den zentralen therapeutischen Vorgang. Sie beschreibt für Situationen, in denen der Patient durch den Therapeuten sehr verletzt worden ist oder ein gravierender Fehler passiert ist, einen Mittelweg zwischen heroischem Containment und unreflektiertem Ausagieren. Dieser setzt voraus, dass die Verletzung des Patienten, die Fehlabstimmung des Therapeuten und der Bruch in der therapeutischen Beziehung unmissverständlich eingestanden und deutlich anerkannt werden. Ziel dieses Vorgehens ist zunächst, ein versöhnliches Bedauern zu ermöglichen und damit das beide verbindende empathische Band wieder herzustellen. Zudem sollte versucht werden, diese Situation als eine gemeinsame unbewusste Inszenierung zu verstehen und für die erlebte reale Interaktion ein »wechselseitiges Containment« (Benjamin 2007, S. 91) zu schaffen. Dann entsteht aus der Verclinchung in einem metakommunikativen triangulierenden Prozess ein »gemeinsames Drittes zwischen Therapeut und Patient« (S. 86), das es möglich macht, dass der Patient die Verletzung strukturbildend verarbeiten kann und die positive therapeutische Beziehung überlebt. In der konkreten Analyse dieser Interaktion können die Beiträge von beiden zum Entstehen dieses Enactments herausgearbeitet und geklärt werden, wobei es sinnvoll sein kann, die Gegenübertragung selektiv und ohne Anklage mitzuteilen, um die gegenseitige Verflochtenheit der inneren Vorgänge und des nonverbalen und verbalen Verhaltens in ihrer bi-direktionalen Bedingtheit erkennen zu können (Bettighofer 2007).

In Situationen, in denen über eine inhaltliche Aussage latente Botschaften an den Analytiker gerichtet und transportiert werden und wo dies missglückt ist, ist es ein Fehler, auf genetische und psychodynamische Aspekte einzugehen. Es sollte zunächst dieser Hintergrundbruch bearbeitet und dadurch die Beziehung zum Therapeuten wieder hergestellt werden, sodass der Patient auch wieder bereit und offen ist, zuzuhören. Solange keine ausreichende Hintergrundsicherheit mehr vorhanden ist und die gestörte Selbstobjekt-Beziehung nicht wieder hergestellt ist, wird es kaum möglich sein, sinnvoll psychodynamische Zusammenhänge zu bearbeiten, da der Patient innerlich mit anderen Erfahrungen beschäftigt ist und sich bestenfalls im Sinne der Anpassung an die Erwartungen des Therapeuten auf die Bearbeitung der inhaltlichen Themen einlassen könnte. Ich nehme jedoch an, dass gerade das in vielen Behandlungen durchaus mit einiger Regelmäßigkeit vorkommt.

Krisen in der therapeutischen Beziehung

Safran und Muran (2000) unterscheiden zwischen Konfrontations- und Rückzugsbrüchen. Meistens werden die Patienten zunächst eher mit einem emotionalen Rückzug reagieren, der sich in nachlassender Motivation, Vermeidung von Themen, vager und abstrakter Ausdrucksweise, Schweigen und anderen Formen des Widerstands äußern kann oder auch darin, dass die Patienten ihr neurotisches Muster verstärkt auch in der therapeutischen Beziehung aktivieren. Werden diese leisen Anzeichen übersehen, kann es zu Konfrontationsbrüchen kommen, die Patienten äußern dann direkt ihren Ärger, ihre Unzufriedenheit oder sogar Feindseligkeit.

Piper et al. (1999, zit. n. Gumz 2012) fanden bei der Untersuchung der jeweils letzten Sitzung vor einem Therapieabbruch, »dass die Patienten die Absicht abzubrechen und ihre Enttäuschung oder Unzufriedenheit über die Behandlung äußerten. Die Therapeuten reagierten darauf mit Übertragungsdeutungen. Die Patienten zogen sich zurück oder widersprachen. Die Therapeuten fokussierten weiter auf die Übertragungsprobleme, ein Machtkampf entstand. Oft endeten die Sitzungen damit, dass die Patienten auf Anraten des Therapeuten zustimmten, die Therapie fortzuführen. Sie kamen jedoch nicht zurück« (Gumz 2012, S. 258).

Krisenhafte Zuspitzungen sind insbesondere in Langzeittherapien nicht zu vermeiden. Inzwischen ist diesbezüglich ein Bewusstsein dafür entstanden, dass Therapien aufgrund therapeutischer Fehler Schaden anrichten können (Linden und Strauß 2018). Eine von der Psychoanalyse ausgehende Fehlerkultur (Fäh 2011, Herrmann 2016, Kächele und Schachter 2014, Plenker 2015, Zwiebel 2019) fragt sich, was man aus Irrtümern lernen kann und wie ein konstruktiver Umgang mit Krisen und Fehlern aussehen kann (Gumz 2020).

Krisen können Ausdruck eines Enactments in der Übertragung sein, wo sich eine Projektion in einer unterschwelligen Interaktion allmählich realisiert hat, für uns vielleicht diffus spürbar, und unerwartet in einer spontanen Szene emergiert und zum offenen Konflikt führt. Deshalb beinhalten diese Momente oft eine besondere mutative Kraft, weil in ihnen Kernkonflikte des Patienten zum Ausdruck kommen.

Oft fällt es Therapeuten jedoch schwer, bei Spannungen und Krisen in der Übertragung nicht gekränkt, defensiv, rechtfertigend oder mit subtilen Gegenvorwürfen und Deutungen zu reagieren. Gerade deshalb ist das Bemühen wichtig, innerlich zugewandt zu bleiben, dem Patienten seinen Ärger zuzugestehen, explorativ zu bleiben und dem Grund für die Unzufriedenheit oder für den Ärger nachzugehen, um die Vorgänge konstruktiv zu besprechen. Das bedeutet, dass die konstruktive Handhabung der Gegenübertragung und ihre Analyse der entscheidende Weg ist, problematische Situationen wahrzunehmen und Fehler gut zu bewältigen (Herrmann 2016). Schon Greenson (1982b) hielt es für nützlich, Fehler offen einzugestehen und »sich bei einem Patienten zu entschuldigen, wenn das Verhalten des Analytikers unnötig verletzend war« (S. 282).

Durch einen guten Umgang mit krisenhaften und starken Emotionen können auch Therapieabbrüche reduziert oder verhindert werden (Griess et al. 2020).

Im Bearbeiten von Krisen kann man deshalb einen zentralen therapeutischen Wirkfaktor sehen. Krisen können »im Fall einer Auflösung sogar prognostisch günstig« sein (Gumz et al. 2018, S. 55), nicht aufgelöste Krisen führen hingegen zu schlechten Ergebnissen. Deshalb ist ein rechtzeitiges Erkennen von negativen Verläufen und ein reflektierter Umgang mit ihnen von zentraler Bedeutung in diesen schwierigen Übertragungssituationen (Frenzl et al. 2020). Bei deren Handhabung entscheidet letztlich auch wieder die kommunikative Kompetenz des Therapeuten (Buchholz 2017), herausfordernde Momente mit den Patienten zu meistern. Dies impliziert die Fähigkeit, schwierige Gefühle in der Gegenübertragung konstruktiv zu bewältigen und dabei die analytische Haltung nicht allzu sehr zu verlieren. Es soll jedoch nicht unerwähnt bleiben, »dass es auch im Analytiker die Neigung gibt, diese komplizierte, konflikt- und spannungsreiche Haltung abzustreifen« und »wie schwer, ja unmöglich es mitunter sein kann, Analytiker zu bleiben!« (Löchel 2013, S. 1176).

4.2.2 Der Analytiker als Objekt

Unter diesem Aspekt wird der Analytiker als unabhängiges Objekt wahrgenommen, auf das sich libidinöse und aggressive Fantasien und Gefühle richten. Hier geht es um Triebe und Bedürfnisse, um Liebe und Aggression, präödipale und ödipale Beziehungserfahrungen: »Die Objekt-Mutter wird zur Zielscheibe für erregtes Erleben, das durch rohe Triebspannung gestützt wird« (Winnicott 1984b, S. 96). Vor dem Hintergrund einer haltenden Hintergrundsbeziehung entwickelt sich diese objektale Übertragung, in der die inneren Objektbilder externalisiert werden und die eigentlichen Übertragungsprojektionen stattfinden bzw. innere Schemata und Muster aktualisiert werden. Der Therapeut wird als abgegrenzt, eigenständig, unabhängig wahrgenommen, wird libidinös begehrt oder zur Zielscheibe für Aggression. Die in der Übertragung auftauchenden Konflikte haben eine andere Qualität als diejenigen auf der grundlegenderen Beziehungsebene.

4.2.3 Das Verhältnis von Hintergrundbeziehung und objektaler Übertragung

Diese beiden Grunddimensionen der therapeutischen Beziehung, der Analytiker als Selbstobjekt/Umweltmutter und gleichzeitig als eigentliches objektales Übertragungsobjekt, lassen sich nicht wirklich voneinander trennen und hängen eng miteinander zusammen. Es ist auch durchaus nicht immer einfach zu unterscheiden, welchem Aspekt der Vorzug zu geben ist. Einige Verhaltensweisen, die Selbstpsychologen eher aus der internen Sicht des Patienten verstehen und deshalb bis zu einem gewissen Grad tolerieren würden, würden von Mainstream-Analytikern aus ihrer mehr externen Beobachtung heraus als Widerstand gesehen und auch so behandelt, unabhängig davon, ob sie sich der Triebtheorie, der Ichpsychologie oder der Objektbeziehungstheorie nahe fühlen.

> Eine Patientin, [...] der ihre Eltern nie die leiseste Spur von Unabhängigkeit gestattet hatten, kündigte ihre aufkeimende Freiheit der Assoziationstätigkeit nicht auf der Couch an, sondern durch den Beginn einer physischen Therapie für ihre psychogene Bewegungseinschränkung, die bestimmt war durch die Erfahrung, daß ihre Mutter einen exklusiven Besitzanspruch auf den Körper der Tochter erheben konnte. Sie benutzte jede Gelegenheit, um ihrem Analytiker klarzumachen, daß ihre eindrucksvolle Besserung nichts mit der Analyse zu tun habe, sondern allein der physischen Behandlung zu verdanken sei. Auch wisse sie nicht, warum sie ihre Analyse noch fortsetzen sollte. Genau betrachtet, habe sie nie viel davon gehabt. Sie sehe das erst jetzt, weil ihre physische Therapie für sie eine Offenbarung gewesen sei: Niemals zuvor habe sie das Gefühl des Freiseins gekannt, im Vergleich dazu sei die Analyse nur ein Schatten: Worte sind nichts verglichen mit physischen Aktionen und Gefühlen. Das ging so ungefähr 6 Monate lang, in denen sie auch ihre Rechnungen nicht mehr bezahlte. Fast jedes Wort, das sie äußerte, war eine Tat mit der Botschaft, daß sie die Haltung des Analytikers zu ihrem völlig unabhängigen

> Dasein erkunden wollte. Sie mußte zunächst herausfinden, ob er sich über ihre Aktivität und Besserung freuen konnte, ohne mit seiner eigenen Existenz einzudringen – ein neues Objekt gegenüber ihren Eltern. Erst nachdem dies sowohl verstanden als auch erprobt war, konnte sie sich und ihrem Analytiker das Geschenk der Aktivität eines ungehemmt freien Assoziierens und der Bezahlung des Honorars machen. Erst danach war es möglich, ihren eigenen Beitrag zu diesen Konflikten um Analität, Autonomie, Annäherung und Aggression zu analysieren. (Treurniet 1992, S. 247)

Hier wird vom Autor ein Stück offensichtlich gelungener analytischer Arbeit vorgestellt, das in dieser Zusammenfassung einen sehr stimmigen Eindruck vermittelt. Sehr schwierig ist es jedoch, während dieses Prozesses, inmitten der Übertragungsdynamik stehend und in Unkenntnis des weiteren Verlaufs, die jeweilige Situation einzuschätzen und behandlungstechnische Maßnahmen zu ergreifen.

Es wird beschrieben, wie die Patientin sich in einer negativen Mutterübertragung befindet und sich ein Übertragungswiderstand entwickelt hatte. Sie ist nicht bereit oder fähig, diesen Widerstand direkt zu bearbeiten, ihr Gefühl des Eingeengt-seins und der analen Wut, sowie Expansions-, Autonomie- und Individuationsimpulse direkt dem Analytiker gegenüber zu äußern und durchzuarbeiten. In ihrem Widerstand und ihrer indirekten Aggression weigert sie sich zudem, das Honorar zu bezahlen, womit sie den Spieß umdreht und den Analytiker zum Abhängigen macht. Leider geht der Autor nicht darauf ein, wie er behandlungstechnisch mit diesem Widerstand umgegangen ist. Hat er das Nichtbezahlen der Rechnungen nur toleriert oder auch angesprochen? Welchen Stellenwert hatte das in der therapeutischen Beziehung? Der Autor hat der Patientin dieses Agieren gestattet, weil er offensichtlich der Meinung war, dass bei ihr das agierende Erproben analer Es- und Ich-Impulse in der therapeutischen Beziehung Voraussetzung für ihre Weiterentwicklung war. Vermutlich wäre es zu einem erheblichen Bruch in der Selbstobjekt- bzw. Hintergrundsbeziehung und zu einem anal-sadistischen und sado-masochistischen Clinch gekommen, wenn der Analytiker direkter auf die Bezahlung des Honorars und eventuell auch auf die Aufgabe der parallelen Behandlung bestanden hätte, wenn er also dies als Widerstand interpretiert und direkt konfrontiert hätte, statt sein Augenmerk gewährend auf die Autonomieentwicklung zu richten.

Eine entscheidende Frage in diesem Zusammenhang ist, ob der Analytiker hier nicht zu aktiv versucht hat, eine »bessere« Mutter zu sein und ihr den Autonomieprozess zu ermöglichen, den sie bei ihrer Mutter nicht erleben konnte. Wo bleibt denn in diesem Fall die Aggression? Wäre es eventuell nicht richtiger gewesen, als Therapeut das Widerstandsverhalten zu konfrontieren, die Bezahlung einzufordern und der Patientin dadurch die Möglichkeit zu bieten, ihre bei der Mutter verdrängte Aggression wenigstens jetzt dem Therapeuten gegenüber zu erleben, durcharbeiten und integrieren zu können?

Solche Fragen sind während des therapeutischen Prozesses nie mit genügender Sicherheit zu entscheiden. Ist es behandlungstechnisch sinnvoller, das Verhalten der Patientin unter dem Aspekt des Übertragungswiderstandes und der Aufspaltung der Übertragung zu betrachten, oder ist es hilfreicher, den Widerstand als Ausdruck eines natürlichen Entwicklungsbedürfnisses in der Übertragung, z. B. als Erprobung von Autonomiestrebungen aufzufassen und diese deshalb gewähren zu lassen? Das Verhalten der Patientin verkörpert in sich beides, es ist einerseits ein Übertragungswiderstand, in dem aber andererseits wichtige Entwicklungsbedürfnisse in der therapeutischen Beziehung zum ersten Mal erprobt werden. Hätte der Analytiker zu sehr auf dem Widerstandsaspekt beharrt, hätte die Patientin das vor dem Hintergrund ihrer Mutterübertragung möglicherweise als Wiederholung, also als ein Verbot der Autonomieentwicklung interpretiert und hätte sich unterworfen oder die Behandlung abgebrochen. Damit hätte der Therapeut die Reinszenierung ihrer bevormundenden Mutterbeziehung mitagiert. Insofern ließe sich sagen, dass in diesem Falle wohl das Gewährenlassen und die weitere empathische Begleitung der Patientin während ihres Übertragungsagierens entscheidend für die Aufrechterhaltung einer konstruktiven therapeutischen Beziehung gewesen war. Man könnte allerdings auch einwenden, dass der Analytiker den Widerstand der Patientin gegen das Bewusstwerden der Aggression in der Übertragung mitagiert hat und durch seine autonomie-freundliche Haltung deren Bearbeitung verhindert hat.

Auf dieser objektalen Ebene der Übertragung kommt das durch den Patienten externalisierte Erwartungsmuster zum Ausdruck und verführt den Therapeuten zum Mit-Handeln (Heisterkamp 2007). Der korrespondierende Gegenpart sind die Fantasien, Emotionen und Handlungsimpulse, die der Therapeut als Gegenübertragung erlebt. Während die neurotischen Projektionen der Patienten oft noch relativ eindeutig als inadäquat zu erkennen sind, ist die Einschätzung der Beziehungssituation bei strukturellen Störungen insofern schwieriger, als diese Patienten im Therapeuten manchmal die Gefühle, die sie eigentlich fürchten und zu vermeiden suchen, geradezu erzeugen und der Therapeut in Gefahr ist, sich von diesen Emotionen zu unbedachten Reaktionen verleiten zu lassen, die der negativen Inszenierung des Patienten entsprechen würden. Damit bestätigt sich seine affektive Grundtraumatisierung: Den ungeliebten Menschen will man lieber auch als Patienten loswerden, vielleicht kann ein erfahrener Kollege besser mit frühen Störungen umgehen. Hier kann eine komplementäre Identifizierung in der Gegenübertragung (Racker 1978) zugrunde liegen, bei der der Analytiker in die Rolle eines früheren Objekts geraten ist und meist abwehrende und ablehnende Gefühle erlebt, die der Rolle der übertragenen primären Beziehungsperson entsprechen. Der Therapeut erlebt also die Gefühle des negativen Mutter- oder Vaterintrojekts. Hier liegt ein Abwehrmechanismus vor, der im Anschluss an Melanie Klein als projektive Identifikation bezeichnet wird und den Ogden (1988) und Schore (2003) sehr zutreffend in seiner interaktionellen und neurobiologischen Verankerung beschrieben haben.

4.3 Widerstand

Während der Begriff der Abwehr ein intrapsychisches Konzept ist und die innere Wirkung von Abwehrmechanismen untersucht, ist der Begriff des Widerstandes ein interpersonelles behandlungstechnisches Konzept. Wenn im Patienten die Abwehr mobilisiert wird, erscheint sie in der therapeutischen Beziehung als Widerstand. Als Widerstand wurde im Allgemeinen all das verstanden, was sich dem therapeutischen Prozess behindernd entgegenstellte.

Dieser Widerstandsbegriff hat im Laufe der theoretischen Entwicklung der Psychoanalyse wesentliche Veränderungen erfahren. Im Rahmen der triebtheoretisch orientierten Vorgehensweise galt es als Ziel der analytischen Arbeit, unbewusste Triebe und infantile Wünsche aufzudecken. Das Bewusstmachen der verdrängten unbewussten Triebe und Affekte wurde als das eigentlich Heilsame angesehen. Alles, was sich diesem Ziel und insofern auch der freien Assoziation entgegenstellte, wurde als Widerstand betrachtet, den es zu überwinden galt. Dabei bestand die Gefahr, Widerstände des Patienten nicht als für ihn wichtige Schutzmaßnahmen zu würdigen, sondern ihnen mit einer negativen Einstellung entgegenzutreten, da man davon ausging, dass die neurotische Symptomatik durch diese Abwehr bedingt sei. Mit einer solchen inneren Haltung begegnet man dem Patienten dann vielleicht mit einer subtilen Gegnerschaft und gerät mit ihm in Clinch, weil man sich mit den unbewussten Lebenswünschen des Patienten zu sehr identifiziert und für den mit seinem Über-Ich und der Abwehr identifizierten Patienten nur noch wenig Verständnis und Geduld aufbringen kann.

Im Zuge der Entwicklung der analytischen Ich-Psychologie verlagerte sich der Schwerpunkt vom Es mehr hin zur Untersuchung des Ichs und seiner Abwehrmechanismen (A. Freud 1936, Bettighofer 2001). Es war nicht mehr nur entscheidend, welche unbewussten Wünsche vorlagen, vielmehr wurde jetzt die Frage in das Zentrum des Interesses gestellt, wie das Ich mit Bedürfnissen und Trieben umgeht. Als ein moderner Vertreter dieser Richtung kann wohl Wurmser (1987) mit seiner eingehenden Analyse von Schuld- und Schamkonflikten gesehen werden. Widerstand bleibt jedoch auch in dieser erweiterten Sicht ein primär intraindividuelles Konzept.

König (1995) beschreibt in seiner »Widerstandsanalyse« eine Vielfalt von Widerstandsformen und -quellen. Bezüglich des zentralen Übertragungswiderstandes unterscheidet Gill (1982) zwischen einem Widerstand gegen das Bewusstwerden (bzw. auch gegen das Zulassen) der Übertragung und einem Widerstand gegen die Auflösung der Übertragung. Auf die Tatsache, dass nicht nur Übertragungen, sondern auch Widerstände durch Handlungen des Therapeuten mitbedingt sein können, haben Gill (1982) und im Anschluss daran Thomä und Kächele (2007) ausführlich hingewiesen. Auch in der nordamerikanischen psychoanalytischen Literatur hat die Aufmerksamkeit für die Rolle, die der Therapeut bei Widerständen und therapeutischen Sackgassen spielt, deutlich zugenommen (Kantrowitz 1993). Unter Bezugnahme auf die Arbeiten von Ermann (1984, 1987) habe ich in einem früheren Abschnitt (▶ Kap. 3.3.1.7) ein interaktionelles Widerstandskonzept beschrieben, das die Einflüsse von Analytiker und Patient und die gegenseitige Interaktion beim Zustandekommen und bei der Aufrechterhaltung von Widerständen angemessen erfassen kann.

4.3.1 Angst vor Retraumatisierung – Ist jeder Widerstand auch ein Übertragungswiderstand?

Das Motiv für jeden Widerstand war für Freud die Angst, worunter auch Gefühle von Scham, Schuld und Schmerz subsummiert wurden. Allgemeiner lässt sich wohl sagen, dass gemäß Freuds Lust-Unlust-Prinzip jegliche Art von unlustvoller Erfahrung gefürchtet und daher vermieden wird. Wenn Patienten in die Behandlung kommen, befinden sie sich im Allgemeinen im Zustand einer »kumulativen« Traumatisierung (Khan 1977a), das heißt, sie haben bestimmte Verletzungen zunächst durch ihre frühen Bezugspersonen und später unter der Wirkung des Wiederholungszwanges durch andere Personen wiederholte Male erlebt. In der analytischen Situation fürchten sie nun, dass diese internalisierten frühen Erfahrungen mit ihren schmerzlichen Affekten reaktualisiert werden. Hinzu kommt, dass sie mit großen Hoffnungen auf eine neue korrigierende Erfahrung und mit diesbezüglichen unbewussten »Plänen« (Albani et al. 1999, Andreas et al. 2019, Weiss und Sampson 1986) in die Analyse kommen. Gleichzeitig aber sind sie erfüllt von einer großen Angst vor einer Retraumatisierung, also einer Wiederholung des ursprünglichen Traumas in der therapeutischen Beziehung (Bacal und Newman 1994, Holderegger 1993, Ornstein 1996).

Diese Angst ist unter Umständen sogar sehr berechtigt. Zwar steht es außer Frage, dass alle Therapeuten die Absicht haben, ihren Patienten eine hilfreiche Behandlung anzubieten. Wir haben in den vorangegangenen Kapiteln jedoch auch sehr deutlich gesehen, dass die Gefahr, mit dem Patienten in eine destruktive Re-Inszenierung einer traumatisierenden frühen Beziehungserfahrung zu geraten, nicht unterschätzt werden darf. Und kein Therapeut ist jemals davor gefeit, sich destruktiv verwickeln zu lassen, zumal manche Patienten zu einem »exzessiven Austesten aller neuen Sozialpartner«, also auch des Therapeuten neigen, »ob sie sich wieder frustran verhalten werden« (Krause und Lütolf 1989, S. 66). Forschungen über Behandlungsabbrüche und negative therapeutische Wirkungen konnten eindeutig zeigen, dass es zunächst oft nur subtile problematische Interaktionen in der Therapeut-Patient-Beziehung sind, die während der weiteren Sitzungen dann zunehmend eskalieren können und letztlich dann zum Abbruch der Behandlung durch den Patienten führten (Junkert-Tress et al. 2000).

Wenn die Wiederholung des ursprünglichen Beziehungstraumas in der therapeutischen Beziehung gefürchtet und zum Ursprung des Widerstandes wird, äußert sich jeder Widerstand auch in der Übertragung und kann insofern als Übertragungswiderstand gesehen werden. Der Analytiker und die Beziehung zwischen ihm und dem Patienten haben einen außerordentlich wichtigen Einfluss auf die Ausgestaltung und die jeweilige Form des Widerstandes. Jedoch lässt sich allgemein sagen, dass sich jede innere Abwehr auch in der therapeutischen Beziehung irgendwie als Übertragungswiderstand zeigen kann, denn der Patient ist ja immer darum bemüht, seinen inneren affektiven Zustand und zugleich die Bindung zum Therapeuten so zu regulieren, dass er sich möglichst sicher fühlen kann (Beebe und Lachmann 2004).

4.3.2 Der Beitrag des Analytikers zur Überwindung von Widerständen – Widerstandsanalyse als interpersonelles Geschehen

Die traditionelle Auffassung besagt, dass Widerstände überwunden werden, indem sie aufgezeigt, geklärt und gedeutet werden (Greenson 1975). Gehen wir jedoch in einem interaktionellen Widerstandskonzept davon aus, dass auch der Therapeut in diesem Prozess des gemeinsamen zirkulären sich »Weiterbewegens« (Stern 2004) auf seine eigene Weise beteiligt ist (Streeck 2004), muss stets auch gefragt werden, welchen Beitrag der Analytiker selbst eventuell zur Aufrechterhaltung des Widerstandes leistet und wie er seinerseits dem Patienten bei der Überwindung von Widerständen behilflich sein kann.

Zunächst wäre für ihn zu überlegen, ob er nicht in irgendeiner der bisher aufgezeigten Arten in seiner Gegenübertragung mit dem Patienten verwickelt ist. Auch das Vorliegen von möglichen Eigenübertragungen ist in Betracht zu ziehen. Möglicherweise bringt er unbewusst den Patienten auch in eine Double-Bind-Situation, indem er beispielsweise einerseits auf die Bewusstmachung einer negativen Übertragung mit analer Wut hinarbeitet, andererseits aber selbst unbewusst Angst vor dieser Wut hat und diese dem Patienten durch subtile nonverbale Signale auch vermittelt. Wenn dieser sich nun nicht nur durch innere Widerstände am Erleben seiner Aggression gehindert fühlt, sondern subtil spürt, dass er den Therapeuten trotz dessen Ermutigung verletzen würde, ist er von dieser Seite her zusätzlich blockiert.

Deshalb ist es eine sehr wichtige und ernstzunehmende Frage, welches Ausmaß an Affekten der Therapeut selbst gut ertragen kann, ohne seinerseits eine allzu starke Abwehr dagegen mobilisieren zu müssen oder sogar zu destruktiven Antworten zu neigen. Die Frage »Kann ich den Patienten wirklich noch ertragen und mögen, auch wenn er unangenehme Seiten zeigt, mich angreift, in Zweifel zieht, mich und die Therapie entwertet?« usw., sollte jeder möglichst ehrlich für sich selbst beantworten.

Die Lockerung und Überwindung von Widerständen ist somit nicht nur auf den Patienten beschränkt, sondern ein interpersonelles Geschehen in der Dyade zwischen dem Patienten und seinem Therapeuten. Der Patient muss den Mut fassen, seine Ängste zu überwinden und braucht dazu eine ausreichende Gewissheit, dass das auch gut gehen kann, vom Therapeuten gewünscht und für ihn auch erträglich wäre. Wir haben in Wilkes (1992) empirischer Untersuchung von Gesprächen gesehen, dass »die jeweiligen Grenzen des Gesprächspartners […] in den meisten Fällen sensibel erspürt und beachtet« (S. 289) werden. Die konkrete Erfahrung des Patienten mit dem Therapeuten ist also eine wesentliche Voraussetzung für die allmähliche Aufgabe von Widerständen. Wilke (1992) konnte in ihrer Untersuchung herausfinden, dass es sich beim Verhalten von neurotischen und psychosomatischen Patienten nicht um starre Interaktions- und Interpretationsmuster handelt. Ob beispielsweise psychosomatische Patienten bereit waren, von ihren organisch orientierten Erklärungsmustern für ihre Beschwerden etwas abzuweichen und stattdessen auch psychodynamische Hypothesen zu äußern und zu diskutieren, hing vornehmlich davon ab, ob es dem Therapeuten gelang, eine »vertrauenschaffende Gesprächsatmosphäre« (S. 345) herzustellen.

Weiss (1990) fand in seinen Untersuchungen zur Control-Mastery-Theorie, dass verdrängte mentale Inhalte offenbar vor allem dann spontan auftauchen, »wenn der Patient sich in der therapeutischen Atmosphäre sicher fühlt, und nicht, weil die unterdrückten Impulse infolge Frustration nur umso stärker vordrängen« (S. 126), wie es der auf der Triebtheorie basierende Umgang mit Übertragung und Widerstand erwarten ließe. Patienten testen vorbewusst und unbewusst aus, was der Therapeut tolerieren kann und wie weit sie gehen können, ohne die gute und teilweise idealisierte therapeutische Beziehung, die sie brauchen, zu gefährden. Besteht der Therapeut die Tests des Patienten, dann fühlt sich dieser ausreichend sicher, um Verdrängungen aufzuheben und bisher Undenkbares und Untolerierbares nicht nur kognitiv zuzulassen, sondern affektiv mitzuschwingen. Er schöpft daraus den Mut, freier über sich zu sprechen und in seinen Assoziationen freier zu sein. Man kann hier mit Recht von einem ganzheitlichen Effekt sprechen, denn der Patient kann, wenn dieser Vorgang gelingt, nicht nur zu rationalen Einsichten gelangen, wie es der Psychoanalyse oft vorgehalten wurde, sondern wird auch zunehmend in der Lage sein, sich auf bisher nicht erlebte und unerledigte Gefühle einzulassen.

4.3.3 Die Bedeutung von Deutungen

Wenn es so scheint, dass eine bestimmte Deutung zu einer Reduzierung des Widerstandes oder zu einer Veränderung führt, so ging man traditionellerweise davon aus, dass der inhaltliche Aspekt der Deutung zu dieser Wirkung geführt hatte. Auch hier zeigt sich wieder eine Reduzierung des gesamten Spektrums der Aspekte, die eine intersubjektive Beziehungssituation ausmachen und die im Rahmen eines Deutungsaktes mitschwingen, denn sicherlich hängt diese Wirkung auch noch von anderen Aspekten ab (Jaenicke 2006, Will 2021).

Eine Interpretation oder eine Deutung, ebenso alle anderen verbalen Interventionen des Therapeuten, beinhalten stets zwei Ebenen. Der lange Zeit als entscheidend betrachtete Aspekt einer Deutung ist ihre inhaltliche Aussage, die in analytischen Behandlungsberichten auch üblicherweise im Vordergrund steht. Will (2021) gebraucht dafür den Begriff der »Weil-Überlegung«, weil zwischen einer Beobachtung und der Formulierung einer unbewussten Motivation ein hypothetischer Zusammenhang angenommen wird. Diese inhaltliche Komponente einer Deutung, die eine Einsicht vermitteln soll, ist jedoch nur die offensichtlichste und am leichtesten greifbare Seite einer Deutung.

Jede Deutung entsteht hingegen in einem intersubjektiven Beziehungskontext und findet allmählich einen Weg ins Bewusstsein des Analytikers (Nissen 2018).

Deshalb hat im Rahmen der therapeutischen Beziehung jede Deutung auch einen Beziehungsaspekt. Dadurch bekommt sie eine emotionale Konnotation und ihre eigentliche subjektive Bedeutung für den Patienten, die ganz von situativen Bedingungen und der spezifischen Übertragung abhängig ist, über die wir als Therapeuten oft nicht Bescheid wissen, weil die Patienten darüber selten von sich aus sprechen. So hat die Deutung u. a. eine Selbstobjekt-Funktion. Sie vermittelt dem Patienten die emotionale Verfügbarkeit des Therapeuten und den »Grad unserer emotionalen Abstimmung auf die emotionalen Zustände und Entwicklungsbedürfnisse des Patienten« (Jaenicke 2006, S. 118).

Eine Deutung kann für den Patenten auch die Bedeutung einer Erlaubnis annehmen, die ihm indirekt vermittelt wird. So kann der Patient z. B. die Deutung einer latenten Aggression gegen den Therapeuten für sich so interpretieren, dass er diese auch erleben darf, da sie für den Therapeuten offensichtlich verständlich und daher auch berechtigt ist. Schon das inhaltliche Benennen der Aggression stellt für den Patienten eine Erlaubnis dar, dass Aggressives gedacht und gefühlt werden darf.

Interpretationen und Deutungen sind also hinsichtlich ihres Inhalts keine wertfreien Äußerungen, sondern zeigen dem Patienten, wie der Analytiker ein bestimmtes Problem oder eine Situation sieht und versteht. Der Patient kann damit übereinstimmen oder nicht, er kann sich verstanden oder falsch gesehen empfinden, er kann sich der Deutung unterwerfen, sie annehmen oder sich gegen sie wehren. Er kann sich auch aktiv mit ihr auseinandersetzen, um sie zu assimilieren.

Therapeuten kommunizieren über ihre Deutungen auch ihre eigenen Erwartungen und Vorstellungen hinsichtlich der Entwicklung des Patienten und wollen über diese »evokative Dimension« (Will 2021) von Deutungen auch Entwicklungsprozesse anregen. Bion vertrat die Maxime, »ohne Gedächtnis, Begehren, Verstehen und Sinneseindrücke« (Bion 1984, S. 43) zu analysieren, also dem Patienten immer unvoreingenommen und offen und nicht theorie- oder erfahrungsgeleitet zu begegnen. Damit ist auch gemeint, der Analytiker solle seine Patienten nicht zur Befriedigung eigener narzisstischer und libidinöser Bedürfnisse missbrauchen. Mit Renik (1995, 2006) und Raphling (1995) muss jedoch davon ausgegangen werden, dass es sich hier um ein Ideal handelt und dass Analysen und Psychotherapien nicht ohne Erwartungen durchgeführt werden können: »Ich habe den Eindruck, daß man beim Analysieren Erwartungen haben muß, obwohl wir hoffentlich offen bleiben für Überraschungen und für die Veränderung dieser Erwartungen, wenn neue Informationen das nahelegen« (Renik 1995, S. 85). Diese Haltung erscheint mir realistischer und der analytischen Situation angemessener zu sein als die von Bion, die allerdings eine leitende Grundmaxime für die innere Arbeit des Therapeuten sein sollte.

Es sind nicht wenige Patienten, die auf der Basis einer positiven und idealisierenden Übertragung und in Verbindung mit ihrer Charakterstruktur bemüht sind, die subtil mitgeteilten Erwartungen des Therapeuten heraus zu spüren, um sich nach diesen richten zu können und die Bindung aufrechtzuerhalten. Das ist ein neurotisches Verhalten, sollte jedoch zudem auch vor dem Hintergrund der von Emde (1991) durchgeführten Experimente mit Kleinkindern gesehen werden. Dabei konnte er zeigen, dass Kleinkinder in für sie unbekannten Situationen zunächst das Gesicht der Mutter anschauen und sich an der darin ausgedrückten Emotion orientieren. Schaut die Mutter zuversichtlich und ermutigend, krabbeln die Kinder weiter und erkunden ihre Umwelt. Hat sie jedoch einen ängstlichen Ausdruck im Gesicht, bleibt das Kleinkind ängstlich, etwas verwirrt und unschlüssig auf der Stelle sitzen und getraut sich nicht recht, seiner Neugierde nachzugeben. Ein vergleichbarer Vorgang spielt sicherlich in allen psychotherapeutischen Behandlungen eine tragende Rolle. Man kann darin zwar einen Rest von Kindlichkeit sehen, muss jedoch auch anerkennen, dass hier ein genuin menschliches Bedürfnis nach Orientierung zum Ausdruck kommt, das insbesondere in der Anfangsphase von Therapien eine große Rolle spielt und im Laufe des Prozesses einer zunehmenden Autonomie weichen wird.

Der gesamte interpersonelle Kontext, insbesondere die aktuelle Übertragungs-Gegenübertragungs-Situation bestimmt letztlich, welche Bedeutung eine spezifische Deutung bekommt und welche Wirkung sie entfaltet (Jaenicke 2014). So hatten Spence, Dahl und Jones (1993) in einer empirischen Untersuchung vieler aufgezeichneten Analysesitzungen festgestellt, dass die assoziative Freiheit des Patienten mit der Häufigkeit der Interventionen zunahm. Dieser Effekt wurde zudem in den späteren Phasen der Behandlung ausgeprägter als am Anfang. Insbesondere hatte ein und dieselbe Intervention in Abhängigkeit von der Behandlungsphase eine unterschiedliche Wirkung. Während diese Intervention zu Beginn der Analyse gar keine Wirkung zeigte, führte sie in einer späteren Behandlungsphase zu einer positiven Wirkung auf den Patienten. Die Autoren sehen diesen Unterschied als Folge einer sich allmählich vertiefenden therapeutischen Beziehung, auf deren Basis die jeweiligen Interventionen eine spezielle Bedeutung bekommen und eine entsprechende Wirkung entfalten. Die Qualität der therapeutischen Objektbeziehung hat also einen grundlegenden Einfluss darauf, wie der Patient die Worte des Analytikers aufnimmt.

Auch jede andere Einzelheit des therapeutischen Settings kann auf dem lebensgeschichtlichen Hintergrund des Patienten bestimmte spezifische Bedeutungen annehmen. Sie kann zum Stimulus für eine Übertragungssituation werden und dadurch beispielsweise auch einen Bruch in der therapeutischen Beziehung herbeiführen, der Anlass für einen Widerstand wird. So machte eine Patientin nach einem Jahr Analyse die eher sachliche und nur sehr unterschwellig vorwurfsvolle Bemerkung, mir sei wohl ziemlich gleichgültig, was mit ihr sei, weil ich ihr nur selten direkte Fragen stellte. Auf dem Hintergrund ihrer Kindheitserfahrung, dass sich niemand für sie interessierte und auch selten jemand nachgefragt hatte, empfand sie mein Nichtfragen als Ausdruck von Desinteresse und Gleichgültigkeit.

4.3.4 Die Deutung der Aktualgenese eines Übertragungswiderstands im Hier und Jetzt

Eine klassische, vom Ich ausgehende Widerstandsdeutung könnte beispielsweise sein: »Sie fürchten sich, Ihren Ärger über mich zu äußern, weil Sie denken, dass ich Sie dann kritisieren würde, wie das Ihr Vater immer getan hat.« In der Form, in der diese Deutung gegeben wird, ist erkennbar, dass der Analytiker dem Patienten durch die Art seiner Intervention vermitteln möchte, dass die Angst, die er gegenüber dem Analytiker erlebt, eigentlich nicht diesen selbst meint, sondern dass dieser nur der Aufhänger ist für eine Angst, die der Patient früher einmal hatte. Damit wird der Therapeut zwar entlastet, aber zugleich wird der Übertragung ein Stück ihrer Unmittelbarkeit und Authentizität genommen und ein Hindernis in die Beziehung zwischen dem Therapeuten und dem Patienten eingeführt (Körner 2011). Dem Patienten soll zwar gezeigt werden, dass er enttäuscht und verärgert ist, gleichzeitig soll er dazu ermutigt werden, diese Gefühle zu äußern. Er wird implizit auf den Unterschied zwischen den Reaktionen seiner Primärobjekte und des Analytikers hingewiesen. Mit dem in der klassischen Analyse üblichen raschen Umschwenken auf die genetische Deutungslinie besteht jedoch die Gefahr, den Ausdruck dieser Gefühle in der aktuellen therapeutischen Beziehung zu umgehen. Dem Patienten wird implizit zu verstehen gegeben, dass er sich zwar über den Analytiker geärgert habe, dass dieser jedoch nur der Auslöser, nicht aber der wirkliche Adressat seines Ärgers und seiner Angst ist, sondern dass eigentlich eine ganz andere Person damit gemeint sei. Gill (1994) weist darauf hin, dass dadurch manchmal eine subtile Form von Double-Bind-Situation (Bateson et al. 1969) entstehen kann, die beim Patienten zu einer Verwirrung führen kann, z. B. wenn der Therapeut tatsächlich zu wenig neutral ist, sich nicht eindeutig abgrenzt oder sich subtil verführerisch verhalten hat. Die Verwirrung entsteht dann, wenn durch die Deutung darauf hingewiesen wird, dass mit dem beim Patienten ausgelösten Gefühl oder der Fantasie nicht der Therapeut, sondern in Wirklichkeit eine andere Bezugsperson gemeint ist. Um zu verhindern, dass der Patient seinen eigenen Eindrücken zu misstrauen beginnt, ist es in solchen Fällen sehr wichtig, dass dem Patienten seine zutreffenden Wahrnehmungen zunächst auch bestätigt werden, vorausgesetzt natürlich, dass sie dem Therapeuten selbst bewusst sind. Dabei ist es immer sinnvoll, ein waches Auge darauf zu haben, was unsere Interventionen bei ihm auslösen und wie er unsere Beteiligung erlebt (Lichtenberg 2005, Schwaber 2013).

Auch wenn es sich bei der Vermeidung aggressiver Äußerungen um einen Widerstand handelt, der seine Ursache eindeutig in der Struktur des Patienten hat, so muss dennoch in Erwägung gezogen werden, dass diese Widerstandsneigung sich vielleicht auch an bestimmten Details des therapeutischen Settings, der Person oder des Verhaltens des Therapeuten festmachen und somit auch die Form eines Übertragungswiderstandes annehmen kann. Es kommt dann zu einer Verzahnung der Abwehrbestrebungen des Patienten mit der interpersonellen Situation und dem Interaktionsangebot des Therapeuten. Deshalb ist es beim Vorliegen von Widerständen immer sinnvoll, auch daran zu denken, dass sie in irgendeiner Beziehung zu einem realen Verhalten des Therapeuten stehen könnten und dass sie beispielsweise die Reaktion auf Beobachtungen bezüglich des Therapeuten und auf subtile Kränkungen durch ihn sein könnten.

Aus dem Bereich der Selbstpsychologie stammt ursprünglich eine solche Form des Umgangs mit einem Übertragungswiderstand, bei der der reale Einfluss des Therapeuten auf den Patienten und dessen Widerstand in größerem

Maße anerkannt wird, wie das bis dahin der Fall gewesen war. Die therapeutische Beziehung erfährt dadurch eine Zunahme an Spannung und Vitalisierung.

Schon Freud hatte diesen Anteil des Übertragungswiderstandes erkannt, als er in einem Brief an Pfister (22.10.1927) schrieb: »Speziell von H. glaube ich gern, daß er die Wirkung der Analyse durch eine gewisse verdrossene Indifferenz verdirbt und es dann versäumt, die Widerstände aufzudecken, die er dadurch beim Patienten geweckt hat« (E.L. Freud und Meng 1963, S. 120). Er betont anschließend, dass hier dann eine »gründliche Analyse besonders der Übertragungssituation von Nöten« sei (a.a.O., S. 121). Hier ist nicht mehr von einer Übertragung im ursprünglichen Sinne die Rede, sondern von einem kausalen Einfluss des Analytikerverhaltens. Und Freud betont auch, dass dieser Widerstand zunächst einmal, bevor genetische Gesichtspunkte zu betrachten sind, auf der Ebene der Therapeut-Patient-Beziehung im Hier und Jetzt gehalten und in diesem Rahmen bearbeitet werden sollte.

In diesem Konzept wird anerkannt, dass zwischen dem Therapeuten und seinem Patienten durch das Verhalten des Therapeuten beim Patienten ein Schutzverhalten (Widerstand) ausgelöst werden kann, das zwar vor seinem lebensgeschichtlichen Hintergrund für den jeweiligen Patienten charakteristisch ist und deshalb bearbeitet werden sollte. Es muss jedoch ebenso und vor allem zunächst anerkannt werden, dass es sich hier um eine Schutzreaktion handeln kann, die auch in der aktuellen Beziehung zum Therapeuten aktualisiert worden ist.

> Um diesen Aspekt zu fokussieren, kann der Analytiker den Patienten beispielsweise fragen: »Mir fällt auf, dass es Ihnen heute besonders schwer fällt zu reden. Habe ich in der letzten Stunde etwas gemacht oder habe ich etwas gesagt, was es Ihnen heute so schwer macht zu reden?«
>
> In einem behandlungstechnischen Seminar berichtete Paul Ornstein (1993) über eine häufige Situation in analytischen Behandlungen. Der Patient sagt, ihm falle nichts mehr ein. Eine mögliche Intervention hierauf könnte lauten: »Aber Sie wollen mir vielleicht etwas signalisieren? Aber ich weiß nicht was. Vielleicht können Sie mir helfen, zu verstehen, was Sie mir da signalisieren?« Oder: »Was habe ich denn gemacht, dass es Ihnen seit zwei Stunden so schwer macht, sich Ihren Gedanken und Gefühlen zu überlassen? Vielleicht können Sie mir da helfen, das besser zu verstehen?« (mündliche Mitteilung)

Dies sind Möglichkeiten, der Aktualgenese von Widerständen nachzugehen und danach erst auf die Bearbeitung der weiteren psychodynamischen und genetischen Gesichtspunkte einzugehen. Der Patient wird sich dadurch angenommen und in seiner oft vorbewussten Wahrnehmung des Analytikers ernstgenommen fühlen. Brüche in der therapeutischen Beziehung, die ja Mini-Retraumatisierungen des Patienten durch den Therapeuten sind (Benjamin 2007), können auf diese Weise direkt aufgegriffen und wieder in die therapeutische Beziehung hereingeholt werden. Der Patient wird zudem ermutigt, seine Erfahrungen mit dem Analytiker zu reflektieren und auszusprechen. Die Analyse von negativen Übertragungen wird dadurch gefördert und zugleich das iatrogene Aggressionspotenzial in gut behandelbaren Grenzen gehalten, ohne dass dadurch die Bearbeitung von Aggression vermieden wird.

4.4 Die Aktualgenese im Hier und Jetzt der Übertragung

Die Übertragungsanalyse bildete immer schon das Kernstück der psychoanalytischen Behandlungstheorie. »Auf diesem Felde muß der Sieg gewonnen werden, dessen Ausdruck die dauernde Genesung von der Neurose ist« (Freud 1912, S. 374). So klar diese Maxime auch klingt, kann sie doch sehr unterschiedlich gehandhabt und in die Praxis umgesetzt werden. Freud selbst betont in seinen Schriften zwar immer wieder die zentrale Rolle der Übertragung, jedoch »nahm die Deutung der Übertragung im Vergleich zur Rekonstruktion oder zum Erinnern nur einen sehr kleinen Teil ein« (Leitner 2001, S. 273), unter »völliger Vernachlässigung der negativen Übertragung« (S. 279). Auch in seiner Praxis scheint er mit der Übertragung wenig gearbeitet, sondern vielmehr agiert zu haben. So entwickelten die Analytiker in den ersten zwanzig Jahren des 20. Jahrhunderts allmählich die Tendenz, den Schwerpunkt von der aktuellen Übertragungsbeziehung auf die Rekonstruktion der pathogenen Kindheitserfahrungen zu verlagern. Gegen den sich daraus entwickelnden »Deutungsfanatismus«, der zu intellektuellen Deutungen und rationalen Erkenntnissen ohne emotionale Resonanz beim Patienten geführt hatte, wandten sich schon Ferenczi und Rank (1924) in ihrem gemeinsamen Buch über die »Entwicklungsziele der Psychoanalyse«, in dem sie gegen die damalige Überbetonung der rationalen Einsichtsvermittlung und der genetischen Rekonstruktionen Stellung bezogen und sich für ein mehr an der aktuellen Übertragungsbeziehung orientiertes Vorgehen einsetzten. Zum ersten Mal vertraten sie die These, dass es nicht so sehr auf die bewusste Einsicht ankomme, sondern vor allem darauf, dass der Patient eine emotional korrigierende Erfahrung in der therapeutischen Beziehung erleben könne.

Ein ähnlicher Vorgang hat sich auch während der letzten zwanzig Jahre in der Psychoanalyse wiederholt. Insbesondere die als »klassische Psychoanalyse« (Will 2003) bezeichnete nordamerikanische Psychoanalyse war auf dem Boden der Triebtheorie und der Ich-Psychologie mit ihrem Schwerpunkt auf Abwehrdeutungen (Brenner 1979), die von Patienten vermutlich nicht selten als subtile Kritik erlebt wurden, in eine zu große Erlebnisferne und durch eine rigide Abstinenz in eine ausgeprägte innere Distanz zum Patienten geraten. Als Korrektiv für diese einseitige Entwicklung sieht Cremerius (1982) die Entwicklung der Selbstpsychologie durch Kohut (1976, 1979), in dessen Konzepten er keine wirklichen Neuentwicklungen, sondern nur die notwendige Gegenreaktion auf eine im rigiden und orthodoxen Dogmatismus verkümmerte Psychoanalyse sieht.

Hinsichtlich der Arbeit mit der Übertragung ist seit Gill (1982) und insbesondere während der letzten Jahre ein tiefgreifender Wandel zu beobachten (Mertens 2015). Es besteht eine weltweite Tendenz, die Vorgänge im Hier und Jetzt der Übertragung stärker zu gewichten und ihr nicht nur in der Theorie, sondern auch in der Behandlungspraxis den Stellenwert einzuräumen, den sie in der theoretischen Konzeption der Behandlung immer innehatte (Kernberg 1993, Körner 2018, Pulver 1991, Rohde-Dachser 1993, Stork 2020, Will 2021).

4.4.1 Die frühe und direkte Übertragungsanalyse

Mit Fenichel (1935, S. 91) kann das Ziel einer Deutung darin gesehen werden, »mit Affekt (zu) erinnern, und das Erinnerte als in der Gegenwart wirklich wirksam erkennen« (zit. N. Blankenburg-Winterberg 1988, S. 322). Neuere Strömungen in der Psychoanalyse versuchen dieses Ziel zu erreichen, indem sie mit dem Material des Patienten erlebnisnäher umgehen und weniger die kognitiv-rationalen Aspekte berücksichtigen als vermehrt die emotionale Seite im Erleben des Patienten betonen – eine Entwicklung, die Cremerius (1979) zu der Überlegung anregte, ob es zwei psychoanalytische Techniken gebe – nämlich eine eher väterliche rationale und an Einsicht orientierte Deutungstechnik und eine andere mehr mütterliche an Empathie und korrigierender Erfahrung orientierte Vorgehensweise.

Gill (1993, 1982) hatte auf der Basis seiner langjährigen Erfahrung festgestellt, dass die aktive Übertragungsanalyse in der behandlungstechnischen Praxis bei weitem nicht den zentralen Stellenwert innehatte, den sie der Theorie der Behandlungstechnik nach eigentlich einnehmen sollte. Das war vermutlich in den deutschsprachigen Ländern nicht wesentlich anders und mag unter anderem daran liegen, dass die Analytiker von der Wichtigkeit der Übertragungsarbeit zwar überzeugt waren, dass ihnen jedoch manchmal konkrete Möglichkeiten, mit der Übertragung zu arbeiten, fehlten. Denn die Empfehlung, »die Übertragung anzusprechen«, lässt vieles offen und bietet noch zu wenige und nicht ausreichende Anweisungen dafür, wie das in der konkreten Situation am sinnvollsten geschehen kann. Zudem kann eine gezielte Übertragungsanalyse auch einen größeren emotionalen Einsatz des Analytikers und die Bereitschaft erfordern, sich auf eine eigene Verunsicherung und Verletzlichkeit einzulassen (Jaenicke 2006, Pflichthofer 2007).

Während der letzten Jahre wurden nun neue und erweiterte Möglichkeiten entwickelt, mit Übertragungsprozessen umzugehen, in denen sich eine allgemeine Konvergenz feststellen lässt. Während genetische Rekonstruktionen und Deutungen, die sich auf das »Dort und Damals« der Kindheit beziehen, an Bedeutung verloren haben, stehen inzwischen die Vorgänge im Hier und Jetzt der therapeutischen Beziehung wesentlich mehr im Vordergrund (Thomä und Kächele 2007). Die Aktualgenese von neurotischen Symptomen, Stimmungswechseln und Reaktionen des Patienten, wie sie im unmittelbaren Rahmen der Therapeut-Patient-Beziehung entstehen, finden große Aufmerksamkeit und werden gezielter in die Arbeit einbezogen.

In den letzten Jahren entwickelte sich zudem auf der Basis der Arbeiten aus dem Bereich der Säuglingsforschung (Beebe und Lachmann 2004, Stern 2004,

Stern et al. 2002), der Intersubjektivitätstheorie (Jaenicke 2006, Orange et al. 2001, Orange 2004) und der relationalen Psychoanalyse (Benjamin 2006, 2007 Geißler 2004, Mitchell 2003) eine in wesentlichen Punkten veränderte Theorie der therapeutischen Wirkfaktoren und Wirkprozesse. Als der wesentlichste therapeutische Wirkfaktor galt jahrzehntelang die Einsicht in die inneren Konflikte, vermittelt durch eine Deutung, von der wir heute wissen, dass sie sich an das deklarative Gedächtnissystem richtet und zentrale affektive Prozesse gar nicht erreichen und somit auch hier keine Wirkung entfalten kann. Auf der Ebene des prozeduralen Gedächtnisses, in dem die frühen Introjekte und das unbewusste implizite Beziehungswissen gespeichert sind, kommen viel eher Erfahrungen zum Tragen, die der Patient in der unmittelbaren Begegnung mit dem Therapeuten macht und diese i. S. einer korrigierenden Erfahrung abspeichert. Die persönliche Präsenz und Resonanz des Analytikers vermittelt das »Etwas Mehr« als Deutung (Stern et al. 1998) und es entsteht dadurch eine allmähliche affektive Beruhigung der inneren Konfliktsituation, eine Stärkung und Reorganisation des Ichs (Loewald 1960) sowie ein in wesentlichen Punkten positiv verändertes implizites Beziehungswissen, das auch in die konstruktivere Gestaltung seiner aktuellen Beziehungen einfließt.

Auch Fonagy et al. (2003) vertreten die Ansicht, dass nicht das Bewusstmachen und die Rekonstruktion von Inhalten des deklarativen expliziten Gedächtnisses durch Aufhebung der Verdrängung der entscheidende Faktor für eine Veränderung sei. Psychische Veränderung resultiere vielmehr »aus intensiver Arbeit in der Übertragung und der aktiven Konstruktion einer neuen Art und Weise, das Selbst-mit-dem-Anderen zu erleben« (S. 841). Das wesentliche Agens sind hier nicht nur die herausragenden und intensiven Gegenwarts- und Begegnungsmomente, auch wenn diese am ehesten erinnert werden (Heisterkamp 1999), sondern vielmehr die vielen unzähligen Situationen und Mikrointeraktionen, in denen der Therapeut auf eine unerwartete, wohltuende, nicht bewertende, ruhige bedachte und empathische Weise mit dem Patienten und seinen Affekten umgeht. Diese intersubjektiven und interaktionellen Prozesse, die stets im Hintergrund mitlaufen, vermitteln dem Patienten implizit wichtige neue Beziehungsbotschaften und führen zu wesentlichen Korrekturen des vorbewussten und unbewussten impliziten Beziehungswissens.

Durch diese Entwicklungen ist die Psychoanalyse von einer Einsichtstherapie mehr und mehr zu einer »Beziehungsanalyse« (Bauriedl 1980) und einer Beziehungskonflikt-Therapie geworden, die im Umgang des Analytikers mit der Übertragung und in der Bearbeitung der sich in der Beziehung zum Analytiker ergebenden Konflikte und Erfahrungen das wesentliche therapeutische Agens sieht, das sowohl zu kognitiv-rationaler Erkenntnis als auch zu alternativem emotionalem Erleben führt.

Es ist sehr interessant, dass sich gerade in dieser zunehmenden Betonung des aktualgenetischen Deutungsansatzes die großen analytischen Strömungen wieder zu treffen begannen. Denn einige wichtige Vertreter der aktiven Übertragungsarbeit und der Betonung des Hier und Jetzt stammen aus dem Bereich der relationalen Psychoanalyse (Benjamin 2007, Mitchell 2003), der Intersubjektivitätstheorie (Jaenicke 2006, 2010, Orange 2003, Stolorow, Brandchaft und Atwood 1987) und der Selbstpsychologie (Lichtenberg, Lachmann und Fosshage 1992 u. 2000, Lichtenberg 2005). Diese Neuansätze weisen in ihren theoretischen Modellen und in ihrem konkreten Vorgehen beachtliche Parallelen mit Gills aus der klassischen Ich-Psychologie herkommenden Technik der Übertragungsanalyse (1982) auf, ohne jedoch identisch zu sein. So ist z. B. die Technik der Übertragungsanalyse in den von Gill und Hoffman (1882) vorgelegten wörtlichen Behandlungstranskripten sehr ähnlich dem Vorgehen Fosshages in dessen Stundenprotokollen (in Lichtenberg et al. 1992, S. 100ff.). Hier wird jeweils der aktualgenetische Deutungsansatz sehr ernst und wörtlich genommen und durch den Analytiker aktiv verfolgt. Diese sich abzeichnenden gemeinsamen Tendenzen der einzelnen Richtungen werden heute zusammenfassend unter dem Begriff der »intersubjektiven Wende« subsummiert (Altmeyer und Thomä 2006).

4.4.1.1 Aktives Aufgreifen von Übertragungsanspielungen und -auslösern

Die traditionelle Behandlungstechnik vertritt die Ansicht, dass Übertragungen sich automatisch entwickeln. Man lässt sie solange anwachsen, beispielsweise durch Schweigen, bis man sie »erraten« (Freud 1912) kann. Der Analytiker sollte nicht zu früh eingreifen, die sich entwickelnde Übertragung nicht zu schnell aufgreifen, sondern es ihr ermöglichen, dass sie sich durch sein Nichteingreifen in ihrer typischen Ausprägung ungestört entfalten kann, bis sie ein »optimales Intensitätsniveau« (Greenson 1975, S. 294) erreicht hat und dem Patienten aufgezeigt werden kann.

Dieses Vorgehen ist zwar praktikabel, es vergibt sich aber möglicherweise manche Chance zur Erkennung und Klärung von bestimmten Schemata, die nicht so deutlich als globale Übertragungsneigung imponieren. Subtilere Übertragungsstrukturen bleiben dabei wahrscheinlich unentdeckt und unbewusst. Das liegt unter anderem daran, dass Patienten, auch wenn sie mit der Grundregel vertraut sind, ihre Fantasien und Gefühle, die sie dem Analytiker gegenüber haben, oft nicht von sich aus ansprechen. Die Tendenz ist aus verständlichen Gründen viel eher, solche aktuell in der Therapeut-Patient-Beziehung erlebten Gefühle und Gedanken für sich zu behalten, um Beunruhigung und Spannung zu vermeiden. Patienten halten Übertragungsfantasien auch bewusst zurück (Sandler und Sandler 1985) und dann genügt zuweilen auch nicht die Erinnerung zur Einhaltung der Grundregel, um den Widerstand zu überwinden.

Patienten fürchten beispielsweise, »zu persönlich zu sein« (Aron 1991, S. 39), dem Analytiker zu nahe zu treten, ihn durch das Äußern negativer Übertragungsanteile anzugreifen und zu verletzen und deshalb von ihm bestraft oder zurückgewiesen zu werden oder ihn als gutes Objekt zu zerstören. Auch ihre libidinösen Anteile erleben sie häufig als verboten oder lästig und schämen sich ihrer, denn diese machen abhängig und sie fühlen sich ausgeliefert. Ferenczi (1982c) hat das schon einmal vor vielen Jahren geschrieben: »Anstatt dem Analytiker zu widersprechen, ihn gewisser Verfehlungen oder Mißgriffe zu zeihen, identifizieren sie sich mit ihm; nur in gewissen Ausnahmemomenten der hysteroiden Erregung, d. h. im beinahe bewußtlosen Zustande, raffen sie sich zu Protesten auf, für gewöhnlich erlauben sie sich keine Kritik an uns, ja solche Kritik fällt ihnen nicht einmal ein, es sei denn, wir geben ihnen spezielle Erlaubnis dazu, ja muntern sie zu solcher Kritik direkt auf. Wir müssen also aus den Assoziationen der Kranken nicht nur unlustvolle Dinge aus der Vergangenheit erraten, sondern, mehr als bisher, verdrängte oder unterdrückte Kritik an uns« (S. 304f.).

Hier eine kurze Illustration

Zu Beginn einer Zweittherapie erklärte eine 50-jährige depressive Patientin, sie wolle nicht mehr unbedingt zu ihrer ersten Therapeutin gehen. Auf meine direkte Nachfrage antwortete sie, nachdem sie einen gewissen Widerstand überwunden hatte: »Ich hatte das Gefühl, die hat etwas gegen mich. Ich konnte das nie ansprechen. Ich habe mich gleich wieder abhängig gemacht. Ihre große Distanziertheit hat bewirkt, dass ich nichts rausgelassen habe. Ich war einmal kurz vor dem Weinen, da hat sie so düster dreingeschaut, dass ich dachte, es ist für sie peinlich und dass sie es nicht haben will, dass ich weine. Sie hat auch nicht nachgehakt, sondern hat das übergangen. Das war das einzige Mal, wo ich meinen Gefühlen näher war, es waren 240 Stunden distanzierte Gespräche. Sie hat auch mal gesagt, ich sei gar nicht so ein schlimmer Fall, es gebe viel schlimmere Depressionen, damit hat sie mich vielleicht trösten wollen. Ich habe das so verstanden, als hätte sie gesagt: Jetzt hab dich nicht so! Reiß dich zusammen! Das war schlimm.«

Es ist vermutlich häufig, dass wichtige Übertragungsanteile nicht bearbeitet werden können, weil sie dem Analytiker nicht direkt auffallen und der Patient sich nicht getraut, seine Eindrücke auszusprechen. Somit können die Gefühle des Patienten auch nicht geklärt werden. Es wäre beispielsweise durchaus möglich, dass der distanzierte Eindruck, den die Therapeutin auf die Patientin gemacht hatte, damit zusammenhing, dass die süddeutsche Patientin die Art und Sprache der aus dem Norden Deutschlands stammenden Analytikerin als kühl und distanziert erlebt und dieses Faktum auf der Basis einer bestimmten Übertragungsbereitschaft auf sich persönlich bezogen und falsch interpretiert hatte. In seinem Bericht über »eine halb geheilte Seele« beschreibt Moser (2004) eine Vielzahl von wesentlichen Fantasien und Gefühlen seinen verschiedenen Analytikerinnen gegenüber, die nie zur Sprache kamen, weil er sie nicht zu äußern wagte und sie andererseits von den Analytikerinnen leider auch nicht bemerkt oder angesprochen worden waren.

Deshalb kann es sinnvoll und wichtig sein, dass der Therapeut gezielt nach Übertragungsandeutungen Ausschau hält und diese von sich aus aktiv anspricht (Gill 1982, Jordan 1992, Körner 2015, 2018, Plassmann 2010 ,Smith 1990, Will 2016). Dadurch wird die Entfaltung der Übertragung nicht, wie früher befürchtet wurde, behindert, sondern vielmehr gefördert. Auch Chused (1992) machte die Erfahrung, dass die direkte Einladung an den Patienten, sich offen über den Analytiker und seine Motivationen Gedanken zu machen, äußerst nützlich sein kann, um dem Patienten »die Äußerung vorher unartikulierter Wahrnehmungen und Fantasien zu ermöglichen« (S. 180).

Ein Beispiel für das Aufgreifen von Übertragungsandeutungen von Gill (1982/1996):

> Mit der Episode, die Sie mir über Ihre Frau erzählt haben, bringen Sie indirekt auch Ihr Gefühl zum Ausdruck, daß sich etwas Ähnliches zwischen uns beiden abspielt, worüber Sie aber nicht gerne sprechen möchten. (S. 32f.)

Die »Anerkennung des aktuellen Wahrheitskerns bei Übertragungsdeutungen« (Thomä und Kächele 2007, S. 302, Thomä 2001) versteht sich dabei von selbst. Es ist kein Hindernis, sondern bringt die Analyse vielmehr voran, wenn dem Patienten richtige Wahrnehmungen hinsichtlich des Analytikers auch bestätigt werden. Dazu bedarf es keiner besonderen Selbstoffenbarung des Therapeuten, kann eine solche jedoch durchaus auch beinhalten, wie Beispiele von Thomä (in Gill et al. 1999, S. 914ff.) und Renik (1998, S. 29) zeigen.

4.4.1.2 Die Verarbeitung von Übertragungsauslösern durch den Patienten

Nach der Anerkennung von Wahrnehmungen, denen der Therapeut zustimmen kann, aber auch von Beobachtungen, denen er nicht unbedingt beipflichten kann, ist es möglich und sehr wichtig, der weiteren inneren Verarbeitung dieser Wahrnehmungen durch den Patienten gezielt und systematisch nachzugehen. Hier muss nicht unbedingt gleich eine Deutung erfolgen, vielmehr kann es wichtig sein, zunächst den inneren Verknüpfungen und Bedeutungen ausführlich nachzugehen, um zu erkennen, wie die aktuelle Wahrnehmung in die innere Welt des Patienten eingebettet und eingeordnet wird. Diese Art eines eher fragenden Vorgehens (Bauriedl 1994), das vorschnelle und aus der Perspektive des Therapeuten heraus vorgenommene (gesättigte) Deutungen (Will 2016) eher vermeidet, stattdessen von der Oberfläche des Erlebens des Patienten ausgeht und ihn mehr aus dessen eigener Innenperspektive betrachtet und gelten lässt, bezeichnet Lichtenberg (Lichtenberg et al. 1992, Lichtenberg 2005) als den »empathischen Wahrnehmungsmodus«, eine empathische Form des Zuhörens (Schwaber 1995, 2006, 2013). Hier kann auch fruchtbar mit »Prozessdeutungen« (Plassmann 2010) und mit sog. ungesättigten Deutungen (Will 2016) gearbeitet werden, die zunächst eher andeuten, mit Bildern arbeiten, den Affekt ansprechen und dadurch den therapeutischen Prozess fördern.

Beispiel

»Nach der letzten Sitzung hatte ich ein ganz schlechtes Gefühl, da hatte ich den Eindruck, ich dürfte nur weiter hierher kommen, wenn ich irgendwie pathologisch bin, wenn ich in diesen ganzen Beziehungssumpf von früher nochmals hineingehe. Ich will mich eigentlich viel mehr mit dem auseinandersetzen, was mir jetzt Probleme macht.« T: »Dann war das vielleicht so wie bei Ihren Eltern, wo Sie immer Angst hatten, dass sie nicht mehr für Sie da wären, wenn Sie sich nicht ständig anstrengen?« P: »Ja, ich habe auch eine richtige Wut gehabt. Ich bekomme auch eine unheimliche Angst.« T: »Gab es da während der letzten Sitzung etwas an mir, das dieses Gefühl ausgelöst hat?« P: »Ja, wo Sie gesagt haben, dass ich diese schlimme Beziehung von damals offensichtlich noch nicht verkraftet habe und dass man darüber noch reden könnte. Ich habe da nicht gesagt, dass ich darüber nicht reden möchte. Ich habe darüber schon so oft geredet, immer wieder. Da habe ich mir überlegt, ob das geht, dass ich sage, ich will nicht drüber reden.« T: »Wenn ich das also so anbiete, bedeutet das für Sie, dass ich will, dass wir darüber auch reden. Und wenn Sie dazu nicht bereit sind, dürfen Sie nicht mehr hierher kommen.« P: »Ich hatte das Gefühl, es kreist jetzt alles um diesen alten Sumpf und Sie wollen, dass ich mich damit befasse. Dachte dann, ich muss bestimmte Bedingungen erfüllen, sonst darf ich nicht kommen. Ich habe früher in der Analyse, wenn ich mal zu spät kam, unheimliche Angst bekommen, dass ich da nicht mehr kommen darf. Dass er denkt, ich sei unzuverlässig.« (Die Patientin war zur letzten Sitzung erst drei Minuten vor Sitzungsende erschienen, weil sie bei der Anfahrt in einen Verkehrsstau geraten war.) T: »Hatten Sie diese Angst am letzten Freitag, als Sie sehr spät gekommen waren, auch?« P: »Ich hatte Angst, dass Sie mir nicht glauben, dass ich im Stau gestanden bin und dass ich nichts dafür kann. Mein Vater hat mir immer unterstellt, dass ich etwas Böses im Schilde führe. Ich hatte Angst, dass Sie mir nicht glauben, dass die Stunde für mich wichtig ist. Ich muss mich immer rechtfertigen.« T: »Und dann tun Sie, was ich von Ihnen erwarte, oder was Sie glauben, dass ich von Ihnen will? Und das wird dann zur Fessel und Ihre eigenen Vorstellungen – bleiben die auf der Strecke?« P: »So ziemlich, die Angst, hier nicht weiter kommen zu können, ist einfach zu groß.«

Diese Situation wurde noch weiter im Rahmen der Therapeut-Patientin-Beziehung bearbeitet, wobei die Patientin selbst immer wieder Parallelen zu den Erfahrungen bei ihren Eltern zog. Der emotionale Schwerpunkt blieb jedoch für einige Zeit vorwiegend in der Bearbeitung der aktuellen analytischen Situation und die Erinnerungen hatten in dieser Szene eher einen begleitenden und kommentierenden Charakter.

4.4.2 In der Übertragung bleiben – in der Übertragung halten

Schon für Greenson (1975) spielte das »Aufspüren des Übertragungsauslösers« (S. 315) eine gewisse Rolle. Für ihn war dieser aktuelle Auslöser jedoch vorwiegend von instrumentellem Wert, »eine wertvolle Hilfe«, aber »nur ein Mittel zum Zweck« (S. 315), um die Angemessenheit der Wahrnehmung des Patienten einschätzen und darauf aufbauend genetische Deutungen anknüpfen zu können. Es ging dabei also nicht um eine eingehendere Bearbeitung der Hier-und-Jetzt-Interaktion zwischen Therapeut und Patient, sondern nur darum, welchen neurotischen Übertragungsanteil der Patient an diesem Übertragungsauslöser anknüpft, den es dann zu bearbeiten galt. Über diese Übertragungsauslöser kam der Analytiker also zu dem psychodynamischen und genetischen Material, dessen Rekonstruktion und Durcharbeitung als die wesentliche Bedingung für eine strukturelle und konstante Veränderung galt. Nach diesem Muster wird auch heute noch Übertragungsanalyse häufig praktiziert. Sie ist nicht falsch, aber einseitig und lässt andere therapeutische Möglichkeiten ungenutzt, die neurotischen Affekte und dysfunktionalen Strategien dem Therapeuten gegenüber zu bearbeiten. Man sollte darauf achten, dass der Wechsel vom Übertragungsauslöser zur Bearbeitung der kindlichen Ursprünge dieser Übertragungsreaktion über eine genetische Deutung nicht zu schnell geschieht, um nicht Affekte abzuwehren, die gerade in der therapeutischen Beziehung aktualisiert sind und sinnvollerweise zunächst noch in diesem lebendigen Kontext weiter geklärt werden könnten. In dieser Bedeutung, die der aktuellen Therapeut-Patient-Beziehung im Sinne einer genuinen und authentischen Beziehung zwischen zwei Menschen beigemessen wird, stimmen viele neueren Ansätze überein.

Die klassische Übertragungsdeutung weist in ihrer Formulierung implizit auf den Als-Ob-Charakter der Übertragung hin. »Es fällt Ihnen vielleicht schwer, zu sagen, dass ich Sie da enttäuscht habe und dass Sie sich über mich geärgert haben, weil Sie denken, dass ich dann genauso abweisend bin, wie es Ihre Mutter war, wenn Sie aufbegehrt haben.« In den Lehrbüchern wurde stets betont, dass der Analytiker dies mit stoischer Ruhe, äußerlich ausgeglichen und ohne auffallenden Affekt mitteilen sollte. Greenson achtete auch angesichts intensiver aggressiver oder libidinöser Übertragungen sehr genau darauf, dass er den Anschein von wohlwollender Neutralität nicht verlor. »Ich achte sorgfältig darauf, weder zu schweigsam noch zu aktiv zu sein, denn jede Veränderung in meiner Technik würde meinem Patienten zeigen, dass ich in irgendeiner Weise beunruhigt bin« (Greenson 1975, S. 317). Der Analytiker darf zwar beunruhigt sein, aber der Patient sollte es nicht bemerken.

Dadurch soll der Patient den Mut zum Aussprechen seiner problematischen Triebregungen und Emotionen bekommen und die emotional korrigierende Erfahrung machen, dass sich die gegenwärtige Beziehung zum Therapeuten von seinen ursprünglichen pathogenen Objektbeziehungen wohltuend unterscheidet, von G. Fischer et al. (2011) als »optimale Differenz« bezeichnet.

Mehr oder minder implizit wird in der klassischen Form der Übertragungsdeutung dem Patienten mitgeteilt, dass die auf den Therapeuten übertragenen und projizierten Affekte und Ängste nicht angemessen und im Grunde unnötig sind, sondern sich nur irrtümlicherweise auf ihn richten und eigentlich gar nicht ihm gelten. Dieser instrumentelle Gebrauch der Übertragung reduziert die Kraft der aktuellen Therapeut-Patient-Beziehung erheblich, weil von der Beziehung im Interesse des Erkenntnisgewinns oft zu schnell durch eine Deutung abgelenkt wurde, wie dies bereits in der Analyse des Fallberichts von Wurmser (▶ Kap. 2.5) deutlich geworden ist.

Es kommt häufig auch vor, dass der Therapeut die Gefühle, die der Patient bei ihm fürchtet, tatsächlich auch empfindet oder sich diese zumindest gut vorstellen kann. Weiss (2007) betont, dass es einen Unterschied gibt, wie tief die Projektionen des Patienten in den Therapeuten eindringen. Je niedriger das strukturelle Niveau eines Patienten ist, desto eher werden die reinen Projektionen, die den Analytiker noch relativ wenig tangieren, durch starke, nicht symbolisierte Affekte zur projektiven Identifikation, wo er unter Umständen selbst mit heftigen Emotionen und Impulsen zu kämpfen hat, um seine analytische Haltung zu bewahren (Barwinsky 2014, Löchel 2013). Auch wenn inzwischen kritisch hinterfragt wird, wie »vollkommen« das Containing denn nun sein müsste (Dornes 1995, Mertens 1991, S. 64), so ist doch nach wie vor davon auszugehen, dass das Einhalten einer grundsätzlich wohlwollenden neutralen Haltung und das Vermeiden von unkontrolliertem Gegenübertragungsagieren prinzipiell sehr sinnvoll und wichtig ist, um dem Patienten eine korrigierende emotionale Erfahrung zu vermitteln. (▶ Kap. 4.5).

Es gibt allerdings Alternativen vor allem bei den aktuellen intersubjektiven und relationalen analytischen Ansätzen, die von einer solchen umfassenden und durchgehend neutralen analytischen Haltung bewusst und gezielt abweichen und ein Stück kontrolliertes Mitagieren in der Gegenübertragung empfehlen. Allen diesen Ansätzen ist gemeinsam, dass sie versuchen, den Behandlungsfokus mehr und länger in der aktuellen Therapeut-Patient-Beziehung zu halten. Hier möchte ich zwei behandlungstechnische Möglichkeiten darstellen.

4.4.2.1 Probeweise Übernahme der Projektionen des Patienten

Bei dieser Interventionsform bleibt die analytische Haltung des Therapeuten unberührt und sein Verhalten neutral. Er greift aber die Projektion oder Übertragung des Patienten verbal auf und lässt sie zunächst in ihrer geäußerten Form stehen, um die Gelegenheit zu nutzen, die Fantasie hinsichtlich ihrer Details zu explorieren. Lichtenberg, Lachmann und Fosshage (1992) nennen diese Methode, bei der der Analytiker die Zuschreibungen des Patienten annimmt und dann untersucht, das »Tragen einer Attribution« (S. 436). Sie ermutigen den Therapeuten geradezu, »die Zuschreibungen zu tragen« (Lichtenberg et al. 2000, S. 146).

Wenn ein Patient den Analytiker beispielsweise für ärgerlich oder ablehnend hält oder wenn eine Patientin die Fantasie hat, er sei in sie genauso verliebt wie sie in ihn, dann unterstreicht die klassische Deutungsform den Als-Ob-Charakter dieser Fantasien. Auf die Äußerung einer Patientin: »Mein Chef will mich quälen. Sie (der Analytiker) wollen mich auch quälen!« kann der Analytiker antworten: »Sie erleben mich da wie Ihren Chef, vielleicht können wir uns ansehen, welche Gedanken Sie darüber haben, warum ich Sie quälen will.« Diese Äußerung und insbesondere die Verwendung von »Sie erleben mich« gibt dem Patienten implizit zu verstehen, dass er den Therapeuten vielleicht falsch einschätzt. Es wird ihm verdeutlicht, dass es sich um seine eigenen Fantasien handelt, die sich zwar auf den Therapeuten beziehen, die aber eigentlich nicht ihm als Person und seinem wirklichen Verhalten gelten. Die Vermutungen des Patienten stimmen mit dem Verhalten und der Selbstwahrnehmung des Analytikers nicht überein und werden somit zwar registriert, aber doch sofort aus der aktuellen Therapeut-Patient-Beziehung nach außen verlagert. Es kann für manche Patienten in bestimmten therapeutischen Situationen sehr beruhigend und hilfreich sein, wenn die unmittelbare Ich-Du-Beziehung zwischen Therapeut und Patient dadurch vermieden und für die Erfahrung des Patienten etwas Drittes geschaffen wird. Er meint mit seinen Gefühlen eigentlich nicht den Therapeuten, sondern seinen Chef, seinen Vater, seine Mutter oder jemand anderen, jedenfalls nicht den Analytiker. Übertragung ist dann wie eine über den Therapeuten gezogene Folie, die es zu erkennen und von ihm abzulösen und auf den ursprünglichen Beziehungskontext zu beziehen gilt. Der Patient ist vielleicht auch deshalb beruhigt, weil nun nicht mehr die Beziehung zum Analytiker und seine direkten Gefühle ihm gegenüber zur Diskussion stehen, sondern weil jetzt beide über etwas Drittes oder über einen Dritten sprechen.

Der Analytiker hätte der Patientin stattdessen auch sagen können: »So? Wie quäle ich Sie denn?« Nach dieser Intervention würde die Bearbeitung dieser Übertragungsfantasien etwas anders verlaufen, denn der Therapeut übernimmt dabei spielerisch die ihm zugeschriebene Rolle. In seiner Gegenübertragung empfindet er unter Umständen auch spielerisch ein Stück dieses sadistischen Gefühls, das ihm unterstellt wird. Er zieht sich die Übertragungsfantasie quasi wie ein Kleidungsstück an und tritt in die aktualisierte Szene ein. Er übernimmt die Attributionen der Patientin und untersucht sie ernsthaft, so als wären sie evtl. Realität. Dadurch entsteht eine große Spannung in der therapeutischen Beziehung, da die Patientin durch diese Interventionsform mehr oder weniger lange im Unklaren gelassen wird, ob ihre Fantasien in den Augen des Therapeuten zutreffend sind oder nicht.

Zur Illustration soll die schon einmal erwähnte Cadillac-Situation von Fosshage zitiert werden (in Lichtenberg et al. 1992):

> Die Patientin teilte mit, daß sie dem Analytiker gegenüber Kritik vorzubringen habe und aus Angst, ihn zu verletzen, zögere, ihre Gedanken mitzuteilen. [...] Pat.: Tja, ich denke solche Sachen über Sie, die (zögernd) [...]. Analytiker.: Ich verstehe, daß Sie mich nicht verletzen wollen, aber wir müssen das Risiko eingehen. P: Mir hat das Auto in Ihrer Auffahrt nicht gefallen. Ich kam am Freitag mit dem Auto an und hatte ein so gutes Gefühl Ihnen gegenüber. Aber als ich parkte, sah ich den Cadillac in Ihrer Auffahrt. Ich hasse Cadillacs, ich hasse sie. A: Warum? P: Ich mag Ihr anderes Auto, aber ich hasse Cadillacs. Ist das Ihr Auto (sehr besorgt, mit immer höherer Stimme)? Es gehört nicht Ihrer Sekretärin. Vielleicht ist es das Auto Ihres Buchhalters? Oder ist es Ihr Auto? Ich kann es nicht ausstehen. Wahrscheinlich ist es ein neues Auto, ich habe es noch nie vorher gesehen. Ich hasse es. A: Was bedeutet ein Cadillac? P: Es ist das Auto eines alten Menschen. Es ist für mich ein Auto, das Leute fahren, die untätig sind, es ist zu luxuriös. Mir gefällt Ihr anderes Auto, das ich gesehen habe. [...] A: Sie hatten also das Gefühl, daß ich das andere Auto verkauft und stattdessen einen Cadillac gekauft habe? P: Nein, daß Sie vielmehr ein anderes Auto dazugekauft haben. Das war zu viel. A: Sie hatten die Vorstellung von mir [...] P: daß Sie alt werden. Daß Sie zuviel Geld haben und nicht wissen, was Sie damit machen sollen [...] und daß Sie bei dieser

konventionellen, amerikanischen materialistischen Lebensart gelandet sind. (S. 439)

Der Analytiker geht hier auf die Unterstellung, er sei ein Cadillac-Besitzer, ein und exploriert sie sehr ernsthaft. Auch in einer vorhergehenden Intervention lässt er die Unsicherheit der Patientin und die dadurch hervorgerufene Spannung in der Situation bestehen. Auf die Angst der Patientin, ihn zu verletzen, antwortet er »Wir müssen das Risiko eingehen« und nimmt damit der Patientin die Angst noch nicht gleich weg, sondern lässt sie in einem Schwebezustand bestehen. Die Patientin bleibt zunächst in der Annahme, das Auto gehöre ihrem Therapeuten und behält die Angst, den Analytiker mit ihren Aussagen potenziell zu verletzen. Zugleich wird jedoch die Patientin durch die Intervention auch ermutigt, dieses Risiko einzugehen.

4.4.2.2 Mitagieren der zugewiesenen Rolle – Arbeit *in* der Übertragung

Diese Interventionsform geht insofern noch einen entscheidenden Schritt über die vorher dargestellte hinaus, als der Therapeut die ihm zugewiesene Fantasie oder Rollenerwartung (Sandler 1976) nicht nur scheinbar annimmt, indem er sie zunächst stehen lässt, sondern indem er ganzheitlich in sie einsteigt, sich von ihr erfassen lässt und partiell aus dieser Rolle heraus agieren kann. Man kann sagen, dass er in der realen Beziehung arbeitet und das trennende Als-Ob einer Projektion außer Acht lässt (Körner 2014). Auf die Äußerung des Patienten »Heute bin ich sicherlich langweilig« wird er dann vielleicht antworten »Ja – heute ist es nicht besonders spannend«, um ihm zu vermitteln, dass das auch in Ordnung ist, und er dadurch den Über-Ich-Druck verringert.

Es handelt sich also um ein partielles Mithandeln in der durch den Patienten aktualisierten und externalisierten inneren Szene, sodass der Therapeut für eine gewisse Zeit tatsächlich zum Akteur auf der Bühne des Patienten wird. Die Voraussetzung für eine solche Vorgehensweise ist eine tragfähige therapeutische Allianz, da sonst die Wirkung auf den Patienten sehr verletzend, beängstigend und destruktiv sein könnte. Denn hier spielt der Analytiker die ihm zugewiesene Rolle periodisch und partiell in irgendeiner Form tatsächlich mit und antwortet direkt in der Beziehung. Es wird nicht gedeutet, erklärt oder konfrontiert. Da es sich bei neurotischen Patienten meist um Externalisierungen von frühen Beziehungskonstellationen handelt, besteht bei einer unempathischen und taktlosen Verwendung dieser Technik deshalb die Gefahr einer Verletzung und Retraumatisierung des Patienten.

Auf der Basis einer komplementären Identifikation in der Gegenübertragung übernimmt der Therapeut dabei den vom Patienten gefürchteten oder erhofften und auf ihn projizierten Part in der Inszenierung. Anstatt mit der Projektion innerlich umzugehen, sie in sich zu dulden und zu verarbeiten, übernimmt er die ihm angetragene Rolle und formuliert seine Interventionen aus dieser Position heraus. Er verhält sich also genau so, wie es der Patient schon erlebt hat und fürchtet oder auch hofft, er trägt somit zur Inszenierung einer introjizierten Objektbeziehung des Patienten in der therapeutischen Beziehung aktiv bei, indem er direkt antwortet. Der Analytiker handelt für eine gewisse Zeit so, als sei er das Objekt, von dem die Übertragung herrührt. Dadurch wird die Übertragungsszene eine Zeitlang in der Schwebe gehalten, sodass sie sich in ihrer vollen affektiven Intensität entfalten und lebendig werden kann. Der Patient ist sich für eine gewisse Zeitspanne nicht sicher, ob sich der Therapeut wirklich und dauerhaft gemäß den ihm zugewiesenen Rollenerwartungen, also traumatisch und planhindernd (Weiss und Sampson 1986), verhalten wird oder ob er doch das neutrale und gute zugewandte Objekt bleibt.

Diese Interventionsform ist meines Wissens erstmals von Streeck und Weidenhammer (1987) beschrieben worden und wurde kurz danach von Körner (1989) als »Arbeit *in* der Übertragung« definiert, im Gegensatz zur üblichen »Arbeit *an* der Übertragung«. Dieser Begriff unterstreicht die Tatsache, dass der Therapeut bei diesen Aktionen wirklich im Feld der Übertragung des Patienten steht. Von hier aus agiert er partiell mit und stellt für den Patienten somit die »virtuelle« (Streeck und Weidenhammer 1987) Realität des übertragenen Objekts dar. Auch Dantlgraber (1989, S. 992) spricht von einem »Stück agierte(r) Beziehung«, wo der Therapeut »eine bestimmte Beziehungsform auf der Realbeziehungsebene« hält und eine »pathogene Primärbeziehung in der Übertragung weiterhin agiert« (S. 995), indem er für eine gewisse Zeit so reagiert, »wie es die Übertragungsprojektionen des Patienten vorschreiben« (S. 990).

Folgender Dialog mit einer Patientin in der 70. Sitzung soll dieses Vorgehen illustrieren:

> P: Ich habe heute beim Herfahren krampfhaft überlegt, was ich heute erzählen kann oder soll. Es ist oft das gleiche oder ähnliches, glaube ich. T (in der Rolle des kritischen Objekts bzw. des Über-Ichs): Ja [...] sonst langweile ich mich allmählich. P: Ja genau, wenn es mir immer um das gleiche geht. Ich möchte Sie schon zufrieden stellen, dass Sie mit mir zufrieden sind. Eigentlich sollte ich ja vielleicht darauf achten, was für mich wichtig ist. Ich könnte mir ja sagen, dass das egal ist, dass das Ihr Beruf ist, und ich das besprechen könnte, was ich mir wünschen würde. T: Ja [...] es wäre schon leichter für Sie vielleicht, wenn Ihnen das egal wäre, ob ich mit Ihnen zufrieden bin. Aber wer ist schon so unabhängig?! P: Es ist ziemlich ungemütlich hier, so ohne Vorbereitung. T: Ja, eine ganz schön blöde Lage! P: Ja. Ich würde Sie jetzt gerne fragen: Was machen wir denn jetzt? Ich fühle mich richtungslos und unsicher. Habe eine Angst. T: Angst? Wovor? P: Eine ganz unbenennbare Angst. Als ob jemand käme und sagte: Was machst Du denn da?! Oder dass das ganz schlecht ist, was ich mache. Du musst was tun! Du bist unvorbereitet! Ich fühle mich ganz unzulänglich und schlecht, dass mich jemand schimpft. Ja, aber nicht nur schimpfen. Sogar eher, dass Sie innerlich unzufrieden sind mit mir. Da komme ich mir noch unzulänglicher vor, weil ich das Gefühl habe, Sie hätten recht und ich mich nicht richtig verhalte. Ich kann dem nichts entgegensetzen und sagen, dass das alles nicht stimmt, sondern ich stimme innerlich der Kritik zu. Ich tu da etwas nicht Erlaubtes und wenn ich es trotzdem tu, habe ich den Tadel auch verdient (Pat. schnaubt, prustet, es ist anstren-

> gend, sie lacht aber auch manchmal). T: Das klingt ziemlich dramatisch. P: Ja, vielleicht schon, [...] aber für mich ist das etwas ganz Normales, Empörung ist da nicht drin. T: Empörung gäbe ja nochmals einen Minuspunkt für Sie. P: Ja, das würde ganz aus dem Rahmen fallen, das wäre noch unmöglicher, völlig abwegig.

Während dieser ganzen Episode wird der emotionale Fokus in der Therapeut-Patient-Beziehung gehalten. Die Spannung wird nie wirklich aufgelöst, indem beispielsweise mithilfe der Frage »Woher kennen Sie dieses Gefühl?« der Fokus vom erlebten Hier und Jetzt zu einer anderen oder früheren Objektbeziehung verschoben würde. Eine solche Verschiebung des Fokus wäre in dieser Situation eine aktive Vermeidung der im Hier und Jetzt zwischen mir und der Patientin aktualisierten und von ihr sehr lebendig erlebten Szene. Für die Patientin ist diese Situation sehr ernst, gleichzeitig spürt sie aber auch das Spielerische in ihr, weil sie mich bisher nicht so streng erlebt hat. Da ich die Spannung längere Zeit nicht durch irgendeine Deutung auflöse, erlebt sie in dieser Situation ihre Angst mir gegenüber als sehr reell.

Dazu noch ein weiteres Beispiel von Körner (1989):

> Eine Patientin beklagt sich bei ihrem Analytiker mit den Worten: »Sie haben mir das Phallische weggenommen«. Er antwortet: »Ja, und ich gebe es Ihnen nicht zurück.« (S. 214)

Dieser Interventionsform fehlt das distanzierende Moment der üblichen Übertragungsdeutung. Dadurch bringt sie eine größere Spannung in die Therapeut-Patient-Beziehung, was für neurotische Patienten mit starker Gefühlsabwehr sehr förderlich sein kann. Weniger geeignet ist sie aus diesem Grund vermutlich in der Behandlung von Borderline-Persönlichkeitsstörungen, da bei diesen die Affektregulation sowieso schon defizitär ist und die Objektbeziehungen zu zerstören droht. Hier muss deshalb bereits eine sehr tragfähige Grundbeziehung zum Therapeuten entstanden sein, bevor eine solche verunsichernde Intervention sinnvoll eingesetzt werden kann, mit der der Patient konstruktiv umgehen können muss. Das wird im Allgemeinen vor allem in den späteren Phasen einer Behandlung der Fall sein.

Dadurch dass in dieser Form der Übertragungsdeutung der Analytiker probeweise aus seiner wohlwollend-neutralen therapeutischen Haltung heraustritt und zum virtuellen Mitakteur wird, kann sie in bestimmten Behandlungssituationen zu einer Intensivierung und Vertiefung des analytischen Prozesses beitragen. Allerdings gilt auch hier wie für alle Übertragungsdeutungen, dass sie nur dann ihre positive Wirkung entfalten können, wenn sie auf der Basis einer tragfähigen therapeutischen Beziehung gegeben werden und manchmal auch »mit supportiven Techniken in einem ausgewogenen Verhältnis durchgeführt werden« (Benecke 2017, S. 103). Die Beziehung zum Therapeuten wird in diesen Situationen unmittelbarer und persönlicher, da der Als-ob-Charakter der sonstigen Übertragungssituationen reduziert ist. Insofern erfordert diese Arbeit mit der Übertragung auch vom Therapeuten ein erhöhtes Maß an Präsenz, an Belastbarkeit und an Bereitschaft, sich selbst mitsamt den eigenen Empathie- und anderen Mängeln und Eigenschaften, die der Patient eventuell feststellt, zum Thema werden zu lassen – das Risiko der Verbundenheit (Jaenicke 2006). Man lässt den Patienten dabei viel näher an sich selbst heran, wodurch man selbst auch tiefer berührt wird und Unsicherheit, Ängstlichkeit, Scham- oder Schuldgefühle oder auch Nähe, angenehme und liebevolle Gefühle verspürt.

Gill und Hoffman (1982) haben versucht, den Fokus fast ausschließlich in der direkten Beziehung zwischen dem Therapeuten und dem Patienten zu halten und Außenassoziationen des Patienten immer wieder auf die aktuelle therapeutische Situation zu beziehen. Das Vorgehen von Gill und Hoffman erinnert sehr an die Kleinianische Behandlungstechnik der Übertragungsdeutung, wo jede Äußerung des Patienten unmittelbar auf die Übertragung bezogen wird. Sie unterscheidet sich jedoch, wie sie selbst betonen, von ihr insofern sehr deutlich, als Gill und Hoffman an konkreten Wahrnehmungen, Fantasien und Gefühlen ansetzen, die der Patient seinem Therapeuten gegenüber hat, sodass das Vorgehen und die deutenden Schlussfolgerungen für den Patienten nachvollziehbarer und einleuchtender sind als dies bei den Kleinianern der Fall war.

So fruchtbar und konstruktiv eine solche Arbeit im Hier und Jetzt der therapeutischen Beziehung prinzipiell und situationsspezifisch auch sein kann, so darf doch auch nicht der Fehler gemacht werden, diese einseitig überzubetonen, wie dies in der Kleinianischen Methode der Fall ist. Für die Patienten stehen meistens Konflikte in Außenbeziehungen im Vordergrund ihrer Erfahrung und es wäre für sie daher sehr unnatürlich und merkwürdig, wenn die Übertragungsebene durch den Therapeuten zu einseitig und zu penetrant immer wieder in den Mittelpunkt gerückt würde. Eine Überbetonung der direkten Gill'schen Übertragungsanalyse hätte auch eine unnötige Einengung der therapeutischen Möglichkeiten zur Folge, da sinnvollerweise immer da mit der Arbeit angesetzt werden sollte, wo der Patient affektiv gerade erreichbar ist. Gezielt und dosiert eingesetzt *kann* die Arbeit im Hier und Jetzt jedoch die klassische Arbeit *an* der Übertragung (Körner 1989, 2014) erheblich bereichern und intensivieren.

4.4.2.3 Klärung von Enactments in der Übertragung

Die meisten Inszenierungen in der therapeutischen Beziehung, die eine Grunderfahrung des Patienten wiederholen, entwickeln sich eher allmählich, unauffällig und unbewusst und führen dazu, dass der Therapeut unbemerkt eine spezifische Rolle übernimmt, die oft erst danach oder später als solche erkannt wird, wenn ein bestimmtes Ereignis oder eine spezifische Intervention oder ein Verhalten seitens des Therapeuten oder des Patienten darauf aufmerksam machen. Ich will dies an einem Beispiel von Renik (2008) verdeutlichen.

> Renik berichtet von seinem Patienten, einem selbstunsicheren Sohn eines berühmten, aber sehr kränkbaren und distanzierten Chirurgen. Nachdem der Patient in einer Sitzung erzählt hatte, wie er unter großem Einsatz als Arzt ei-

ner Patientin das Leben gerettet hatte, unterbricht er seine Ausführungen plötzlich und »bemerkt, daß er das Gefühl habe, meine Aufmerksamkeit verloren zu haben, daß meine Gedanken irgendwo anders seien. Nachdem er diesen Einfall geäußert hat, tut er ihn als dumm ab« (S. 29). Reniks Bemühungen, den Grund für dieses plötzliche Gefühl zu klären, bleiben ohne Erfolg. Auch seine Deutung, der Patient könnte die Befürchtung haben, dass Renik als »nicht richtiger« Arzt es vielleicht schlecht aushalten könne, von seinen Erfolgen zu hören, führen nicht weiter. »Er wiederholt, daß er [...] gedacht hatte, dass meine Stimme von weiter her komme, so als ob ich mich abgewendet hätte. Und dies sei eine typische Geste seines Vaters gewesen, [...] den Kopf abzuwenden und ins Leere zu starren« (S. 29).

Bis hierher ist das die klassische Bearbeitung einer Vaterübertragung. Etwas später in dieser Sitzung erinnert sich Renik jedoch, »daß ich vorher in der Stunde, während ich sprach, nach links sah, weg von der Couch. Ich wollte sehen, ob das Lämpchen an meinem Anrufbeantworter blinkt, um mir zu zeigen, daß eine Nachricht gekommen ist. Ich wartete auf den Anruf eines Freundes, mit dem ich mich zum Abendessen verabredet hatte« (S. 30).

Er erkannte somit, dass der Eindruck seines Patienten richtig war; seine Aufmerksamkeit war für einige Momente woanders gewesen und auch seine Stimme war aus einer anderen Richtung gekommen. »Als Ethan eine natürliche Pause macht, sage ich ihm, daß er richtig bemerkt habe, daß ich abgelenkt war: Daß ich mich jetzt wieder erinnern würde, überprüft zu haben, ob ein Anruf gekommen war, und ich mich deshalb umgedreht habe, während ich ihm eine Frage stellte« (S. 31). Diese Intervention von Renik wurde für den Patienten im Rahmen seiner Vaterübertragung eine berührende Erfahrung. Zwar wehrt er Enttäuschungswut deutlich ab, wenn er sagt, es sei keine große Sache, wenn Reniks Gedanken wandern, »das passiert von Zeit zu Zeit«. Jedoch ist ihm in dieser Situation die Erfahrung viel wichtiger, »daß wir so darüber reden können. Sie können es zugestehen, wenn Sie einen Fehler gemacht haben, wenn ich Ihnen etwas zeige, was Sie nicht bemerkt haben. Ich muß [...] keine Angst haben, was mit Ihnen passiert, wenn Sie sich herausgefordert fühlen. Ich wünschte, da das bei meinem Vater auch so gewesen wäre« (S. 31).

Renik bearbeitet in dieser Szene die Eindrücke des Patienten zunächst als klassische Vaterprojektion, bleibt jedoch nicht dabei stehen, als er bemerkt, dass er selbst durch sein Verhalten die Übertragungsfantasie hervorgerufen hat. In der traditionellen Behandlungstechnik wäre der Analytiker bei der weiteren Bearbeitung der Fantasien des Patienten geblieben. Die therapeutische Beziehung bekommt jedoch noch eine völlig andere Qualität, als Renik die Wahrnehmung des Patienten nicht nur als Fantasie kennzeichnet, sondern anerkennt, dass er etwas richtig wahrgenommen hat. Renik reagiert hier nicht nur defensiv deutend, gekränkt oder kränkend, auch nicht mit kleinlauten Entschuldigungen, sondern er gibt eine persönliche Antwort und bekennt sich offen und authentisch zu seiner Ablenkung. Wenn nötig, hätte sich hier auch eine längere gegenseitige Klärung und Durcharbeitung dieser Szene anschließen können. Denkbar wäre auch, die Ablenkbarkeit des Therapeuten zum analytischen Objekt zu machen und zu reflektieren, inwieweit sie als eine Reaktion auf den Patienten aufgefasst werden kann und evtl. insgesamt zur gemeinsamen Inszenierung einer Modellszene aus der Kindheit des Patienten gehört. Der Patient erlebt durch dieses offene Verhalten des Therapeuten eine berührende emotional korrigierende Erfahrung im Sinne einer wirklichen und realen Alternativerfahrung zum gekränkten strafenden Kontaktabbruch, den er von seinem Vater her kennt. Diese Intervention verdeutlicht dem Patienten nicht nur, dass er den Therapeuten projektiv verzerrt erlebt, weil dieser ruhig und entspannt bleibt, sondern er macht mit ihm die Erfahrung einer sehr persönlichen authentischen Interaktion zwischen zwei Personen, die die klassische Übertragungsdeutung um eine wesentliche Dimension erweitert.

Für die Bearbeitung von solchen Re-Inszenierungen in der Übertragungs-Gegenübertragungs-Beziehung eignen sich die folgenden Grundhaltungen (vgl. Bettighofer 2007):

- Die reale Interaktion zwischen Therapeut und Patient wird ernst genommen, weil man davon ausgeht, dass Übertragungen auch an der Oberfläche der Interaktion erkannt werden können und Enactments immer mit realer Beteiligung des Analytikers verbunden sind. Deshalb wird gerade auch die reale Person des Therapeuten und sein Verhalten dabei berücksichtigt.
- Seine Gegenübertragung reflektierend achtet der Therapeut im Sinne einer »selbstreflexiven Empfänglichkeit« (Mitchell 2005) auf seine Reaktion auf den Patienten und sein eigenes Verhalten; ebenso beachtet er die Reaktion des Patienten auf ihn und reflektiert seine mögliche eigene Beteiligung am Übertragungsgeschehen und der Inszenierung (Privitera 2013, Schmidt 2020). Er hört dabei auch sehr genau auf seine körperlichen Empfindungen (Volz-Boers 2016), seine intuitiven Einfälle und seine verbalen und nonverbalen Handlungsimpulse im Sinne der Bereitschaft zur Rollenübernahme (Sandler 1976).
- Eine realistische Wahrnehmung des Patienten wird bestätigt und als eine Erfahrung mit einem realen Anderen ausdrücklich anerkannt, worauf insbesondere Benjamin (2006, 2007) ausdrücklich hinweist, bevor die Übertragungsfantasie explorierend bearbeitet und weiter darüber gesprochen werden kann, was sie im Erleben des Patienten ausgelöst hat und wie er damit umgegangen ist.
- Zur Klärung der gemeinsamen Inszenierung kann es sinnvoll und therapeutisch fruchtbar sein, das eigene Gegenübertragungserleben bzw. spezifische Anteile davon selektiv dem Patienten mitzuteilen, um ihm die andere des auf den Therapeuten projizierte und ihm selbst noch unbewusste Seite des externalisierten Konflikts aufzuzeigen. Dies kann sich sowohl auf eine konkordante wie auch auf eine komplementäre Identifikation in der Gegenübertragung beziehen und ist insbesondere bei Patienten mit Defiziten hinsichtlich der Subjekt-Objekt-Trennung und der Mentalisierungsfähigkeit von großer Bedeutung (Allan, Fonagy, Bateman 2011).

4.4.3 Lassen sich Inszenierungen durch die direkte Übertragungsanalyse verhindern?

Es spricht einiges dafür, dass durch diese Form der Widerstands- und Übertragungsanalyse, bei der mit einer ungewöhnlichen Direktheit, Gezieltheit und Reflektiertheit an der Beziehung und in der Beziehung zwischen dem Therapeuten und seinem Patienten gearbeitet wird, die Tendenz zur Entwicklung latenter und nur schwer erkennbarer Übertragungsanteile verhindert werden könnte. Partiell und bis zu einem gewissen Maß ist das gewiss auch der Fall. Wenn man sich jedoch der Allgegenwärtigkeit dieser latenten Strukturen und ihrer Tendenz, sich unweigerlich zu inszenieren, bewusst ist, dann wird man sich auch darüber im Klaren sein müssen, dass man, unabhängig von der jeweiligen Methode, geradezu zwangsläufig bei jeder Begegnung mit dem Patienten in sein inneres System eintritt und interaktiv mit einbezogen wird (Bettighofer 2015, Streeck 2009). Deshalb ist auch bei der direkten Übertragungsanalyse ein szenisches Mitagieren unvermeidlich. Es kann vermutlich jedoch schneller entdeckt und bearbeitet werden, wenn man von der natürlichen Existenz dieser unterschwelligen Übertragungsstrukturen ausgeht.

Dass latente Übertragungsinszenierungen auch bei der direkten Arbeit mit der Übertragung vorkommen und von der jeweiligen Methode der Therapie unabhängig sind, lässt sich anhand der Arbeit von Gill selbst aufzeigen. In ihrem Buch mit Tonbandprotokollen stellen Gill und Hoffman (1982) einen Fall vor (S. 117–147), in dem deutlich wird, dass der Analytiker bei seiner aktiven Arbeit mit Übertragungsauslösern sehr subtil ein spezielles implizites Muster des Patienten mitagiert, ohne es selbst zu registrieren. So übertreibt er den Gill'schen Grundsatz, zunächst die Erfahrung des Patienten in der aktuellen Therapeut-Patient-Beziehung ernst zu nehmen und zu explorieren und erst danach die Beeinflussung dieser Erfahrungen durch frühere Erlebnisse zu untersuchen, indem er penetrant und fast verfolgend darauf insistiert, warum die Patientin von ihm den Eindruck habe, er sei nicht stark genug, um sie ertragen zu können. Er beginnt mit sinnvollen Ansätzen, wenn er beispielsweise fragt, »Was habe ich letzte Woche getan, was Ihnen das Gefühl gegeben hat, daß ich nicht stark genug bin, meine Müdigkeit vielleicht, oder andere Dinge?« (S. 140). Danach reagiert er aber immer wieder unvermittelt defensiv und bestrafend. Auf das »Kann sein, obwohl […]« der Patientin antwortet er: »Das heißt, was Sie für Müdigkeit gehalten haben« (S. 140) und unterstreicht dadurch, entgegen seiner bewussten Absicht und seiner theoretischen Ansicht, die Subjektivität ihrer Wahrnehmung. In dieser Formulierung bringt er zum Ausdruck, dass die Patientin sich mit ihrer Wahrnehmung möglicherweise getäuscht hat. So wird sie einerseits dazu ermutigt, ihre Wahrnehmung zu äußern und andererseits dafür bestraft. Sobald sie sich getraut, etwas zu sagen, fährt er ihr über den Mund. Bei der Analyse dieses Sitzungsprotokolls fielen Gill und Hoffman (1982) auf, dass sich dieses Interaktionsmuster während dieser Sitzung öfter wiederholte, durch den Analytiker selbst jedoch nicht wahrgenommen wurde. So konnte auch nicht bearbeitet werden, wie die Patientin diese subtilen Angriffe des Therapeuten wahrgenommen und verarbeitet hat. In ihren Assoziationen ist zu beobachten, dass sie nach einer gewissen Zeit dazu neigt, sich den verhüllten Gegenangriffen des Therapeuten zu beugen, zumal er ihr keine Zeit für die Exploration ihrer Gefühle und Fantasien lässt. Das Verhalten des Therapeuten hat eindeutig defensiven Charakter und dient vermutlich seinem eigenen Schutz vor der Kränkung durch die Aussagen der Patientin. Dadurch bleibt ungeklärt, ob die Patientin nicht vielleicht gerade dieses defensive und überaktive Intervenieren des Analytikers als Zeichen seiner Schwäche empfindet, auch wenn dies ihr selbst nur vorbewusst ist und sie es ohne die deutende Unterstützung des Therapeuten nicht eindeutig formulieren könnte. Dies würde bedeuten, dass die Patientin gerade diesen (über)aktiven Umgang mit der Übertragung in ihr inneres System eingebaut und es als Übertragungsauslöser für die Projektion ihrer Fantasie der Schwäche des Analytikers benutzt, was er eigentlich hatte vermeiden wollen. Man sieht, auch in diesem Fall war es zum Enactment einer unbewussten Modellszene gekommen, der der Therapeut nicht entrinnen konnte. Alternativ wäre es möglich gewesen, sich des defensiven Charakters seiner überaktiven Vorgehensweise bewusst zu werden und für sich selbst zu klären, ob er tatsächlich das Gefühl hatte, der Patientin nicht gewachsen zu sein. Und er könnte mit der Patientin zusammen darüber sprechen, wie es für sie ist, wenn sie ihn als nicht stark genug empfindet und könnte sie bei der Exploration dieses Grundgefühls begleiten.

Allerdings möchte ich nochmals hervorheben, dass auch in diesem Fall nicht die Anwendung der aktiven Übertragungsanalyse an sich der entscheidende Punkt war; vielmehr war bereits ein unbewusstes Enactment entstanden, das sich über diese Methode reinszenierte und im Einklang mit ihr zu einem überaktiven und verfolgenden Verhalten des Analytikers geführt hat.

4.5 Abstinenz – Gibt es nützliche Aspekte des Agierens?

Früher fragte man sich noch, ob es überhaupt nützliche Aspekte des Agierens (Roughton 1993) geben kann, wo es doch stets zu den wichtigsten Anliegen von Analytikern gehört hat, die neutrale analytische Haltung (Kutter et al. 1988, Löchel 2013) beizubehalten, aus dieser Position heraus zu intervenieren und der Gefahr des Agierens und Mitagierens zu widerstehen? Heute sprechen wir mehr von einem reflektierten Mitagieren (Privitera 2013, Zwiebel 2007, 2013) und die analytische Haltung wird weniger als eine stabile Eigenschaft oder Kompetenz des Therapeuten gesehen.

Durch passagere Identifikationen verlieren wir für eine gewisse Zeit und bestimmten Situationen die Neutralität und müssen sie immer wieder zurück gewinnen.

In der klassischen Psychoanalyse war stets versucht worden, allein schon durch das Setting die Möglichkeit von Handlungen und Begegnung gering zu halten, weil man der Meinung war, dass dadurch Energie abfließt, die man dann nicht für die innere Erinnerungs- und Veränderungsarbeit nutzen konnte. Heute wissen wir, dass auch das Sprechen nicht nur eine inhaltliche Funktion, sondern auch eine Handlungsdimension hat. Handlung dient nicht primär der Abwehr, wie ursprünglich angenommen, sondern erfüllt vielfältige kommunikative Funktionen. Deshalb tritt an die Stelle des klassischen Vermeidens von Interaktion und Mithandeln ein neues Verständnis von Handlung (Schmidt 2020) und von Enactment (Bohleber et al. 2013), eine Haltung, die auf der Unvermeidbarkeit von Handlungen aufbaut und die durch bewusste Reflexion von passageren Identifikationen die innere Neutralität und Autonomie immer wieder von neuem zu erringen versucht (Löchel 2013, Privitera 2013). Ich will diesen Aspekt unter einem bestimmten Gesichtspunkt nochmals aufgreifen, obwohl ich weiter oben schon die heutige Position dazu dargestellt habe.

Wir alle kennen Patienten, die es geschafft haben, uns aus der neutralen Reserve zu locken und uns zu einer Handlung zu verführen – das kann auch eine Deutung sein –, die wir als Übertragungs-Gegenübertragungs-Inszenierung auffassen und vielleicht im Nachhinein auch bereuen. Ein solches Ausleben von Gegenübertragungsimpulsen passiert jedem Therapeuten. Wollte man versuchen, immer seine Neutralität beizubehalten, auch in Situationen, wo sie schon lange verloren ist und wir unsere Gefühle kaum mehr kontrollieren können, führt das nicht selten dazu, dass die analytische Situation den Charakter einer natürlichen, wenn auch durch das Setting disziplinierten zwischenmenschlichen Begegnung verliert. Stattdessen beherrschen mehr oder weniger bewusste Ängste des Therapeuten, dem Patienten neurotische Triebbefriedigungen zu gewähren und in seine neurotischen Inszenierungen verwickelt zu werden, die therapeutische Situation und führen eher zu verkrampften Versuchen, diese neutrale analytische Haltung (Schachter 1994) aufrechtzuerhalten oder wiederzugewinnen und sein eigenes narzisstisches Gleichgewicht zu bewahren. Es ist dann auch nicht auszuschließen, dass gerade dieser Versuch, dem Patienten einen ausreichend tragfähigen Container für seine abgespaltenen und unintegrierten Anteile anzubieten, zu einem unnatürlichen und distanzierten Verhalten aufseiten des Analytikers führt, wodurch sich unter Umständen sogar gerade dadurch die traumatisierende frühe Beziehungskonstellation wiederholt.

> Dies ist in einer Behandlung, über die eine selbst Betroffene (Akoluth 2004) ausführlich und detailliert berichtet, auf eine dramatische Weise passiert. Der Therapeut wird in einer solchen Situation dann auch nicht mehr als neutral und wohlwollend, wie er es sich wünscht, sondern als unnatürlich, kühl distanziert und unerreichbar wahrgenommen und wurde gerade durch dieses Verhalten in der Inszenierung tatsächlich zum nicht erreichbaren Vater, wobei diese Wiederholung in der realen therapeutischen Beziehung nicht erkannt wurde und zu einer zunehmenden malignen Regression geführt hatte (Bettighofer 2004). Anstatt sich persönlich in der Übertragung zu äußern, war er in der Defensive geblieben und hatte vergeblich versucht, die Situation mit Als-Ob-Übertragungsdeutungen zu bewältigen.

Wie neutral muss das Containing bei Borderline-Störungen sein?

Dies gilt prinzipiell für jede therapeutische Situation, kommt jedoch insbesondere in der Behandlung von Frühstörungen und Borderline-Persönlichkeitsstörungen zum Tragen (Hoffmann 1986, Lohmer et al. 1992). Denn gerade diese Patienten haben als Kinder eine ausreichende und adäquate affektive Resonanz und Spiegelung durch ihre Bezugspersonen vermisst und wurden zusätzlich oft durch deren unberechenbare Emotionalität überfordert (Maroda 2004). Reifere Formen des Umgangs mit Affekten über Mentalisierungs- und Symbolisierungsprozesse und die Entwicklung eines kohärenten Selbst- und Identitätsempfindens war nur rudimentär möglich (Dornes 2004, Fonagy et al. 2002, Fonagy 2009, Köhler 2006). Zur Aufrechterhaltung einer gewissen inneren Kohärenz mussten sie deshalb primitive Spaltungs- und Verleugnungsmechanismen einsetzen, mussten sich selbst innerlich zerreißen, ein »falsches Selbst« (Winnicott 1984a) entwickeln und große Bereiche ihres authentischen Selbsterlebens lahmlegen. Sie sind nicht in der Lage, mit der Heftigkeit und Ursprünglichkeit ihrer Affekte, die sie noch in ihrer kindlich-undifferenzierten Form und mit rudimentärer Mentalisierungsfähigkeit in sich tragen, so umzugehen, dass sie dadurch ihre Beziehungen nicht zerstören.

Gerade diese Patienten, die in ihrer Kindheit keine Empathie, sondern überwältigende Affekte, Reaktionslosigkeit und insbesondere die traumatisierende Ohnmacht erlebt haben, an ihrer Situation nichts ändern zu können und hilflos ausgeliefert zu sein, haben ein ungeheures unbewusstes Bedürfnis, in der Therapeut-Patient-Beziehung den Spieß umzudrehen und ihr passiv erlittenes Schicksal dadurch zu bewältigen, dass sie jetzt selbst zu aktiv Handelnden werden. Dabei bekommen mit zunehmender Regressivität ihre Worte immer mehr die Qualität von Taten (Treurniet 1992). Im Rahmen einer projektiven Identifikation sind ihre unbewussten Provokationen jedoch Kommunikationsversuche mit dem Ziel, mit Hilfe der ihnen zur Verfügung stehenden Mittel den Therapeuten zu erreichen und eine Beziehung zu ihm herzustellen, auch wenn uns dies vordergründig nicht so erscheinen mag (Bion 1984).

Angesichts dieser Situation, wo man quasi ein weinendes und schreiendes Kind vor sich hat, das den Kontakt dringendst braucht, ihn aber zugleich auch aggressiv zurückweist, diesen Patienten eine Holding- und Containing-Haltung anzubieten, ist manchmal sehr schwer. Ist nun der Analytiker zudem noch zu sehr darum bemüht, in einer heroischen Anstrengung diese Haltung möglichst richtig und perfekt einzuhalten (Mertens 1991), um den Patienten keinerlei persönliche Betroffenheit oder Ärger spüren zu lassen und ihn nicht zu verletzen, ist er sicherlich irgendwann überfordert und verliert jegliche natürliche Spontaneität. Er zieht sich zu seinem eigenen Selbstschutz innerlich etwas zurück, will dennoch gleichzeitig präsent bleiben, auch noch »unter Beschuß denken können« (Bion, zit. n. Lazar 1993, S. 87) und behält seine äußere analytische Haltung bei (Akoluth 2004). Der Patient spürt in seiner ihm eigenen, selektiven Sensibilität jedoch einen solchen inneren Rückzug des Therapeuten, auch wenn dieser sehr subtil sein mag. Womöglich verstärkt der Patient daraufhin noch seine Provokationen, da er unbewusst Panik vor der drohenden Verlassenheit und

Objektlosigkeit bekommt und über keine anderen kommunikativen Möglichkeiten verfügt, seine Angst und Bedürftigkeit mitzuteilen. So kann es relativ leicht zu einem Teufelskreis kommen, in dem die Haltung des Therapeuten das dysfunktionale Verhalten des Patienten verstärkt und es sehr wahrscheinlich zu einer Stagnation des analytischen Prozesses (Rosenfeld 1987), zu einer malignen Regression (Bettighofer 1992) oder zu anderen negativen Verläufen kommt.

Das in solchen Situationen durch den Analytiker realisierte Verhalten wird durch den Patienten oft nicht als präsent und verfügbar erlebt. Der Patient hat vor dem Hintergrund seiner frühen Traumatisierung das extrem starke Bedürfnis, den Therapeuten zu erreichen, bei ihm anzukommen, bei ihm etwas zu bewirken und eine Reaktion zu bekommen, die ihm zeigt, dass er angekommen und nicht objektlos ist. Eine verbale Deutung macht ihn manchmal nicht ruhiger, da seine innere Symbolisierungsfähigkeit noch nicht so weit entwickelt ist, dass er die haltgebende und beziehungsstiftende Qualität einer verbalen Deutung verstehen könnte. Die fehlende für ihn emotional spürbare Reaktion oder eine zu sachliche Intervention des Therapeuten kommt bei dem Patienten auf seinem stark regredierten Niveau gar nicht an und er empfindet dies deshalb unter Umständen als Reaktionslosigkeit, als einen Hinweis darauf, dass er nicht beim Therapeuten angekommen ist und sich von ihm nicht wahrgenommen und nicht verstanden fühlt. Unter solchen Umständen bräuchte er eine deutliche affektive Resonanz des Therapeuten, um ihn und seine Anwesenheit spüren zu können (Heinrich-Clauer 2021). Es kann in einer solchen Situation auch sein, dass er neben der Deutung eine andere Form von Interaktion braucht, z. B. ein Dialoghandeln (Ermann 1993), einen Handlungsdialog im Sinne von Heisterkamp (2002, 2007) oder Worm (2007) oder eine »inszenierende Interaktion« (Scharff 1995, 2007), um sich wahrgenommen, gespiegelt und zugleich begrenzt und gehalten zu fühlen. Dies gäbe ihm die Sicherheit, dass er etwas bewirken kann. Er hätte auch eine Antwort bekommen, die für ihn auf seinem regressiven Niveau verständlich ist und ihm das Gefühl gibt, mit seiner Erfahrung nicht allein zu sein.

> Eine Patientin von mir drückte dies einmal spontan mit den folgenden Worten aus:
> »Ihre emotionslose Präsenz mit ihrem Kopf, das ist eine herzlose Angelegenheit. Mir ist es egal, ob Sie mich hassen oder lieben. Hauptsache ist, dass Sie reagieren. Ich wünsche mir Reflexion von Ihnen, dass Sie sich berühren lassen. Ich kann mich eher verstehen, wenn Sie ein Spiegel sind, wenn Sie auch auf mich reagieren. Sie absorbieren nur, sie reagieren nicht. Ich brauche Ihre emotionale, Ihre wirkliche Präsenz. Ich habe seit zwei Wochen viel Aggression gegen Sie. Sie erlauben mir nicht, zu Ihnen Beziehung aufzunehmen. Sie lassen sich nicht berühren von mir, innerlich. Sie lassen Beziehung nicht zu, das macht mich wahnsinnig wütend.«

In Zeiten des manualgeleiteten kontrollierten Therapeutenverhaltens bei Persönlichkeitsstörungen und mit dem Anspruch, den Angriffen des Patienten standzuhalten und sie zu containen, sorgt Hübner (2009) für einen interessanten Kontrast: »Nach meiner Überzeugung kann die Behandlung von schweren

Persönlichkeitsstörungen nur Erfolg haben, wenn der Patient *auch* die Erfahrung machen kann, dass es ihm gelingt, seinen Analytiker in dessen Realität *als Person* zu berühren [...]« (S. 22) und diesen zu Regelverletzungen verleiten kann, wo der Analytiker dann aus seiner abstinenten Rolle fällt und etwas tut oder sagt, meist auch emotional, was den Patienten erreicht und dann auch zu Gegenwarts- oder Begegnungsmomenten führen kann. Auch Goldner (2003) beschreibt eine Patientin, die bei ihren unablässigen Herausforderungen des Rahmens durch den »brennenden Wunsch, den Analytiker ehrlich und wahrhaftig zu machen« (S. 135) motiviert war, also etwas Persönliches von ihm spüren musste, um sich nicht verlassen vorzukommen.

Die dosierte affektive Reaktion des Therapeuten

Aus den genannten Gründen plädiere ich für ein verändertes Verständnis des Containing-Begriffes (Crepaldi 2018) und bin mit Mertens (1991) der Ansicht, dass das Containing prinzipiell nicht perfekt sein muss. In einer verbalen Deutung darf durchaus ein dosierter Affekt für den Patienten spürbar sein. Dadurch wird der Tatsache Rechnung getragen, dass es dem Therapeuten in einer Situation, in der er durch die Affekte des Patienten berührt und angesteckt ist, häufig gar nicht möglich ist, immer die Fassung zu bewahren und dieses Unverdauliche dem Patienten wieder gut verdaut und erträglich zurückzugeben. Häufig »wird mit dem Containing eine durch Passivität gekennzeichnete Haltung assoziiert, bei der ein Therapeut möglichst still dasitzen und wie ein Schwamm absorbieren soll, was ein Patient sagt« (Crepaldi 2018, S. 101). Crepaldi betont, dass es sich dabei um einen Vorgang handelt, in dem der Analytiker sich aktiv engagiert und »beim Benennen von bisher unartikulierten Erfahrungen« (S. 101) hilft. Zudem bin ich mit Carpy (1989), Dornes (1995), Goldner (2003), Hübner (2009) und Maroda (2004) der Ansicht, dass es für den Patienten manchmal sogar notwendig, konstruktiv und heilsam sein kann, wenn er einen Analytiker erlebt, dem es nicht immer gelingt, alle diese schwierigen Gefühle scheinbar mühelos wegzustecken und zu verdauen, und der dadurch zum Objekt für Bewunderung und Neid wird. So kann es auch einen kurativen Effekt haben, wenn der Patient erlebt, dass der Therapeut sich zwar nicht wie in einer Alltagsinteraktion primitiv an ihm rächt, dass er aber doch innerlich mit sich und seinen Gefühlen kämpfen und sich bemühen muss, um relativ bedacht reagieren zu können (Lichtenberg 2005, Ermann 2016). In diesem Fall kommt es dann nicht zur Introjektion eines einseitig idealisierten Analytikers oder einer idealen Mutter, sondern zur Internalisierung eines realistischeren Bildes von Beziehung. Der Patient macht dabei die implizite Erfahrung, dass heftige Affekte nicht nur für ihn schwierig sind und eine Beziehung an den Rand der Entgleisung bringen können, dass man sich aber mit ihnen doch auch letztlich konstruktiv auseinandersetzen, mit ihnen ringen und mit ihnen fertig werden kann.

Auch in der Behandlung anderer Patienten erweist es sich nicht unbedingt als zweckmäßig für die Herstellung einer tragfähigen Arbeitsbeziehung, wenn der Analytiker mit einer zu großen Ängstlichkeit auf die Einhaltung der Neutralität und Abstinenz bedacht ist und dadurch eventuell zu sehr damit beschäftigt ist, dem analytischen Regelwerk gerecht zu werden, anstatt sich auf den jeweiligen Patienten einzustellen und innerlich bei ihm zu bleiben. Es soll hier keinem blinden beliebigen oder grenz- und regelverletzenden Mitagieren das Wort geredet werden. Es sollte aber verdeutlicht und anerkannt werden, dass Agieren und Mitagieren in der therapeutischen Beziehung unvermeidlich sind und nicht nur in Form von groben Handlungen, sondern auch sehr subtil in paraverbaler Form wie beispielsweise der Intonation und der eine verbale Deutung begleitenden Körpersprache stattfinden (Daser 1995, Körner 2014, Streeck 2004, 2009). Auch nach Wulf Hübner (2009) darf der Patient durchaus mitbekommen, dass er uns berührt und erreicht hat, dass wir vielleicht überrascht oder erschrocken sind, verlegen, gekränkt oder uns freuen. Er darf auch merken, wenn wir mit unseren Gefühlen kämpfen müssen.

Gemeinsam von Therapeut und Patient via Agieren und Mitagieren in Szene gesetzte und eine Zeitlang ausgelebte Wiederholungen sind im Sinne von Handlungsdialogen, Enactments, Gegenwarts- und Begegnungsmomenten (Stern 2004) sehr fruchtbare Grundlagen der Erkenntnisgewinnung (Bohleber et al. 2013, 2018, Grefe und Reich 1996, Schmidt 2020, Scharff 2009, Zwiebel 2007). Sie können den verbalen Deutungen vorausgehen und diese mit Leben füllen, da der Patient den Konflikt in der Beziehung zum Therapeuten in anschaulicher und erlebnisnaher Dichte ganzheitlich, quasi am eigenen Körper erfahren hat. So können sie für eine intensive und anschauliche Durcharbeitung der Übertragung sehr fruchtbar werden (Benjamin 2007, Bettighofer 2007, 2014, Katz 1998, Kogan 1996, Renik 1993, 1998, Scharff 2009, Schmidt 2020, Thomä 1999, 2001).

Infolgedessen wird aus Freuds Diktum »Erinnern, Wiederholen, Durcharbeiten« eine ergänzende Reihenfolge aus »Wiederholender Inszenierung, Erinnern, Durcharbeiten«, die den tatsächlichen Gegebenheiten analytischer und therapeutischer Prozesse in vielen Fällen eher entspricht. Das natürliche und unvermeidliche Agieren und Mitagieren wird seit Gill (1982), Klüwer (1983) und dem Postulat einer »frei schwebenden Rollenübernahmebereitschaft« des Therapeuten (Sandler 1976) zusehends weniger als Abwehr gesehen, die es unter allen Umständen zu vermeiden gilt, sondern gilt – ebenso wie die Gegenübertragung – als wichtiges Mittel zur Gewinnung von emotionsgetragener ganzheitlicher Einsicht und als Mittel der Veränderung. Wie im früheren Kapitel über das Mitagieren der Übertragung schon erwähnt, befürworten auch schon Analytiker wie Hoffman und Gill (1988) aus diesen Gründen das Miteinander-Agieren ausdrücklich und halten es nicht nur für unvermeidlich, sondern für die Vertiefung des analytischen Prozesses sogar für wünschenswert (Heisterkamp 2002, Hoffman 1987, Siebert 1996). Auch Streeck (2002) ermuntert dazu, »sich von dem Verhalten des Patienten gleichsam anstecken und in *gemeinsame* Szenen und Inszenierungen verwickeln« (S. 270) zu lassen. Und für Renik (1993) ist eine Analyse ohne spontane vorausgehende Inszenierungen überhaupt nicht denkbar. Für ihn ist Psychoanalyse die Durcharbeitung einer Serie von Übertragungsinszenierungen. Auch für Hübner (2009) gehören Gegenübertragungsenactments, die oft sogar zu Regelverletzungen durch den Therapeuten führen, konstitutiv zum therapeutischen Prozess: »Ohne Enactment in der Gegenübertragung keine Psychoanalyse.

Das heißt aber auch: Ohne Gegenübertragungsenactment kann die psychoanalytische Praxis nicht heilsam sein« (S. 23). Somit gehört die Verbannung der Handlung und des Handlungsdialogs aus der Psychoanalyse weitgehend der Vergangenheit an, und im Gegenzug wird über die therapeutische »Wirksamkeit von Handlungen in der Psychoanalyse« (Schmidt 2020, S. 261) diskutiert.

4.5.1 Der Mut zur Authentizität: Die natürliche Affektivität und die spontane Geste des Therapeuten

Gilt das partielle Mitagieren des Therapeuten bzw. Miterschaffen einer erlebten Wirklichkeit des Patienten in der Behandlungssituation nicht mehr als analytische Todsünde oder gerade noch als Lapsus, der zwar jedem einmal passieren kann, den es jedoch prinzipiell zu vermeiden gilt, dann kann sich auch der Analytiker (angesichts eines wohlwollenderen und gewährenderen analytischen Über-Ichs) innerlich entspannen und sich freier seiner Arbeit und dem Patienten zuwenden (Erdely 1998, Jaenicke 2006). Er wird dann nicht ständig von der Angst begleitet, einen Fehler zu begehen. Auch seine Angst, gelegentliche ungewöhnliche und außerhalb der üblichen Norm liegende Reaktionen und Interventionen ehrlich anderen Kollegen zu berichten, verringert sich, wenn solche Vorkommnisse wie Regelverletzungen als natürlich gelten und wenn er weiß, dass die meisten Therapeuten häufig Dinge tun, die außergewöhnlich sind und nicht im Lehrbuch empfohlen werden, worauf schon einmal Sandler (1983) hingewiesen hatte. Vor diesem Hintergrund ist es eher möglich, solche Interventionen ins kollegiale Gespräch einzubringen und sie hinsichtlich ihres psychodynamischen Gehalts verstehen zu lernen.

Ohne den begrifflich letztlich unklaren und etwas mythologischen Begriff des »wahren Selbst« (Winnicott 1984a) überstrapazieren zu wollen, benennt er doch eine wesentliche Qualität auch im Erleben des Therapeuten, die für seine eigene Psychohygiene entscheidend ist. Ist der Analytiker während seiner Arbeit bei sich oder ist er außer sich und von sich entfremdet? Das hängt unter anderem davon ab, inwieweit er während seiner Arbeit den Eindruck hat, sich ehrlich, natürlich und authentisch fühlen und verhalten zu können. Je mehr er darum bemüht ist, fremdbestimmte innere und äußere Standards zu erfüllen, desto mehr nimmt dieses Gefühl in vielen Situationen ab und desto mehr verliert er seine Autonomie gegenüber den eigenen inneren Objekten und gegenüber dem Regelwerk der analytischen Gemeinschaft (Hilgers 2018).

»Die spontane Geste ist das wahre Selbst in Aktion. Nur das wahre Selbst kann kreativ sein, und nur das wahre Selbst kann sich real fühlen« (Winnicott 1984a, S. 193). Diese Empfindung gilt auch für jeden Therapeuten bei seiner Arbeit mit Patienten. Wie wir gesehen haben, ist er den vielfältigsten Einflüssen seitens des Patienten ausgesetzt. Emotionale Zustände, Gefühle und Stimmungen des Patienten teilen sich ihm mit und »stecken« ihn geradezu an (Dornes 1995, Herdieckerhoff 1988, Krause und Lütolf 1989, Streeck 2004, 2009). Häufig verläuft diese Gefühls- und Stimmungsinduktion über nonverbale und paraverbale Signalsysteme, wie schon Kernberg (1988a) beschrieben hatte, deren existentiell notwendige biologisch-evolutionäre Funktion darin besteht, den eigenen emotionalen Zustand den Mitmenschen mitzuteilen und bei diesen die jeweils entsprechenden Emotionen, Motivationen und die dazu gehörigen komplementären Reaktionsweisen hervorzurufen (Steimer-Krause 1996), um das unbedingt notwendige Gefühl von Resonanz, Verbundenheit und Zugehörigkeit zu erleben. Insofern dienen sie der Strukturierung und Aufrechterhaltung von sozialen Beziehungen und somit letztlich auch dem Überlebenspotenzial vieler Arten (Bauer 2015, 2019, Forgas 1995). So ist z. B. das Weinen eine biologisch im Bindungssystem verankerte Reaktion, die dazu dient, bei den Anderen ein Bindungsverhalten wie Trost und Zuwendung zu bewirken (Grossmann 2009).

Auf dieser Ebene wird auch der Analytiker unweigerlich berührt oder wie es Modell (1990) formuliert, »we are all hardwired to respond to affectladen material« (S. 18). Dieser Hinweis auf unsere neurobiologische Hardware ist sehr wörtlich zu nehmen, da die Gehirnforschung nachweisen konnte, dass die Amygdala sehr »mimiksensibel« auf ängstliche, wütende und ärgerliche Gesichter und Signale reagiert, selbst wenn diese Gesichter nicht bewusst wahrgenommen werden. Das bedeutet zunächst, dass »die Amygdala des Patienten auf jedes kleinste Zeichen von Ärger in der Mimik des Therapeuten reagiert« (Grawe 2004, S. 93). Aber zugleich muss gesehen werden, dass auch die Amygdala des Therapeuten angesichts der vielen affektiven Reaktionen seiner Patienten permanent stark aktiviert ist, auch wenn ihm selbst das nicht immer bewusst ist. Auch Situationen, mit denen wir durch unsere Erfahrung routiniert umgehen können, lösen auf dieser neurophysiologischen Ebene heftige Erregungszustände aus, die uns selbst belasten und deren mimische Korrelate durch die Patienten subtil, wenn auch oft nicht bewusst wahrgenommen werden. Dass unsere Amygdala während eines Tages häufig mit Gefühlen von Bedrohung reagiert, wenn wir angegriffen oder entwertet werden, selbst wenn wir dies als Übertragung auffassen, sollte uns im Interesse unserer Psychohygiene sehr bewusst sein.

Für die Psychohygiene und die Arbeitsfähigkeit des Analytikers kann es auch sehr hilfreich sein, wenn er sich prinzipiell natürlich und authentisch verhält, manchmal spontane Reaktionen bei sich zulässt und sich so auf einen partiellen Handlungsdialog einlässt oder in seinen Interventionen auch eine gewisse Dosis antwortenden Affekts spüren lässt. Auf diese Weise kann auch er ein gewisses Maß an psychischer Energie abbauen und wird zudem für den Patienten greifbarer. Indem er sich etwas weniger kontrollieren und unter Umständen auch weniger verleugnen muss, fühlt er sich mehr bei sich und im Einklang mit sich selbst. In solchen Situationen ist er sich selbst, d. h. seinem »wahren Selbst«, näher und erlebt das als Zufriedenheit, manchmal auch als Freude oder Begeisterung, was sich wiederum auf seine Beziehungsfähigkeit gegenüber dem Patienten günstig auswirkt. Wenn der Analytiker manchmal etwas von sich selbst und seinen Gefühlen spüren lässt, kann dies durchaus auch den Nebeneffekt haben, dass dies vom Patienten als eine indirekte Erlaubnis interpretiert wird, auch selbst bestimmte Emotionen und Fantasien eher zuzulassen und zu zeigen.

Der Forderung Ferenczis (1982a) nach einer Eliminierung der persönlichen Gleichung müsste somit aus heutiger Sicht entgegengehalten werden, dass ein authentisches und autonomes analytisches Arbeiten nur möglich ist, wenn der

Analytiker Mut zu einer »kontrollierten Subjektivität« (Mertens 1993, S. 16) und zu »diszipliniert spontanen Engagements« (Lichtenberg et al. 2000, S. 159) hat und wenn er seine persönliche Gleichung nicht als störend empfindet, sondern in seiner eigenen Art und Weise »kreative, innovative, unvorbereitete, ungeplante und unerwartete Interventionen« (a.a.O., S. 160) anbietet, bei denen er sich selbst wohl fühlt und sich treu bleibt. So kann er seine eigene Art konstruktiv in seine Behandlungen einbringen, auf dieser Basis seinen eigenen und ihm angemessenen Arbeitsstil finden und den Mut haben, diesen auch öffentlich zu vertreten (Lachmann 2010).

Von Subjektivität und Intersubjektivität ist heute in der Psychoanalyse viel die Rede. Auf einem im Jahr 1992 durchgeführten amerikanischen Panel über das Thema der »Interaktion« hat Renik die Auffassung vertreten, dass sogar die analytische Idealtechnik notwendigerweise subjektiv eingefärbt sei (Purcell 1995, S. 541). Er fordert an anderer Stelle ebenfalls den Mut zur Subjektivität, indem er empfiehlt, Deutungen als Hypothesen zu betrachten, deren Richtigkeit in gemeinsamer Arbeit mit dem Patienten überprüft werden könne. Auch an weiteren Ermunterungen zur Subjektivität fehlt es nicht (Cooper 1993, 2010, Gabbard und Ogden 2010, Goldberg 1994, Grossmark 2012, Mitchell 2005, Levine 1994, Raphling 1995, Renik 1998), wohl aber häufig noch am Mut, sich dazu zu bekennen.

Es bleibt letztlich immer wieder offen, auf welche Weise derartige programmatische Stellungnahmen wiederum im klinischen Alltag und in der spezifischen analytischen Situation umgesetzt werden. Auch die jeweilige individuelle Realisierung dieser Ermutigung zur Authentizität und Natürlichkeit, wie sie durch die Intersubjektivitätstheoretiker vertreten wird, bleibt letztlich subjektiv und jedem selbst überlassen. Anhand von ehrlichen und authentischen Darstellungen der eigenen Arbeit lässt sich darüber jedoch sinnvoll diskutieren.

4.5.2 Ein intersubjektiver Neutralitätsbegriff – Neutralität durch reflektiertes Mitagieren

Vor diesem Hintergrund ist, wie bereits unter 4.5. beschrieben, das ursprüngliche Verständnis von Neutralität und Abstinenz in der negativen Definition, dass man den Patienten nicht befriedigt, ihn nicht beeinflusst oder manipuliert, in dieser Form nicht mehr sinnvoll und bedarf einer Neubestimmung, da beide Forderungen aus der Sicht einer bidirektionalen gegenseitigen Beeinflussung von Therapeut und Patient nicht zu verwirklichen und auch gar nicht immer wünschenswert sind. Thomä und Kächele (1985) schlugen deshalb vor, die Bezeichnung »Neutralität« durch die Begriffe »Wertoffenheit« oder »Bedachtsamkeit« (S. 327) zu ersetzen. Hinsichtlich der Dimensionen, in denen sich der Analytiker wertoffen verhalten solle, unterscheiden sie in 1. Offenheit in der gedanklichen Strukturierung – weder voreingenommen noch uninformiert, 2. Bedachtsamkeit im Fühlen – weder verführbar noch unerreichbar, 3. Offenheit in den Wertvorstellungen – weder parteiisch noch gesichtslos, 4. Offenheit bezüglich der Machtausübung – weder intrusiv noch unempathisch. Die ideale Position liegt jeweils in der Mitte. Es geht also darum, ein einigermaßen ausgewogenes Mittelmaß dieser polarisierten Werte zu verwirklichen oder im Rahmen dieser Kontinuen flexibel zu sein.

Meine eigenen Überlegungen führen mich zu der Schlussfolgerung, dass Neutralität weder in einer alltäglichen Interaktion noch in einer analytischen Begegnung möglich ist. In diesem Punkt gibt es inzwischen eine breite theoretische Übereinstimmung vieler Analytiker. Beide Teilnehmer sind auch im Rahmen einer analytischen Begegnung sowohl Bestimmende und auch vom Anderen Bestimmte, wenngleich der Einfluss des Therapeuten auf den Patienten üblicherweise natürlich überwiegt und die therapeutische Beziehung trotz gegenseitiger Beeinflussung ihre asymmetrische Qualität behält. Auch können Werthaltungen und suggestive Einflüsse nicht aus den therapeutischen Interventionen eliminiert werden. Und es kann schon gar nicht verhindert werden, dass der Patient bei seiner Suche nach Orientierung den Aussagen der Analytiker normative Bedeutungen unterstellt, die dieser gar nicht gemeint hat und die beiden unbewusst bleiben.

Ein interaktionell orientiertes Neutralitätskonzept (Schachter 1994) kann nur davon ausgehen, dass dieser gegenseitige Einfluss zweifellos gegeben ist, und zwar immer und überall, bewusst und unbewusst. Es kann unter Umständen situativ auch sinnvoll sein, dem Patienten seine eigene Einschätzung mitzuteilen oder ihm Empfehlungen oder Ratschläge zu geben. Insbesondere wenn man sich auf eine Rollenübernahme einlässt oder *in* der Übertragung arbeitet, werden Standpunkte vertreten, die einmal komplementären und ein anderes Mal konkordanten Charakter haben, die die Positionen des Es wie auch des Über-Ichs oder des Ichs sein können und vieles andere mehr.

Das Wesentliche eines intersubjekiven Neutralitätsbegriffes besteht darin, dass der Analytiker sein natürliches Involviertsein anerkennt, für seinen Einfluss die Verantwortung übernimmt und sich dazu bekennt. Das bedeutet, sich darüber im Klaren zu sein, dass er diesen Einfluss zwangsläufig ausübt. Deshalb gehört es auch zur »großen Verantwortung des Therapeuten, sich so zu verhalten, daß der Patient nicht unnötig und übermäßig gekränkt und ihm nicht geschadet wird« (Bettighofer 2007, S. 69), und er begleitet sein involviertes therapeutisches Handeln daher immer mit der Grundhaltung einer »engagierten Selbstreflexion« (Mitchell 2005), die man auch als eine »reflexiv abstinente Haltung« (Privitera 2013, S. 1205) konzeptualisieren kann. Auf diese Weise kann es gelingen, sein Mitagieren zu erkennen und die Bedeutung der gemeinsamen Inszenierung zu verstehen, um dadurch immer wieder zu einer neutralen analytischen Haltung (Löchel 2013) oder zur »kompetenten Position« (Voigtel 2014) zurückzufinden.

Es ist sinnvoller, nicht mehr in den vergeblichen Versuch zu verfallen, den eigenen Einfluss auf den Patienten verhindern zu wollen, sondern stattdessen gezielt der Wirkung nachzugehen, die die Haltungen und Interventionen des Analytikers auf den Patienten ausüben und wie der Patient insgesamt auf den Therapeuten als Person reagiert (Gill 1982, Lichtenberg 2005). Diese Vorgehensweise erlaubt eine größere Freiheit und Spontaneität beim analytischen und therapeutischen Arbeiten und erschließt zudem eine Vielfalt von Interventionsmöglichkeiten. Denn das primäre Ziel besteht jetzt nicht mehr darin, nichts falsch zu machen und die »richtige« Deutung zu geben. Auch eine nicht zutreffende Deutung oder gar eine den Patienten kränkende und verletzende Äußerung bietet vielleicht eine gute Möglichkeit, konstruktiv mit den dadurch ausgelösten inneren Prozessen des Patienten zu arbeiten. Dabei kann auch überlegt werden, ob man in der Intervention des Therapeuten seinen eigenen Anteil an einer gemeinsamen Übertragungs-Gegenübertragungs-Inszenierung erkennen kann. Was immer auch in einer analytischen oder therapeutischen Begegnung geschieht, lässt sich somit unter dem Gesichtspunkt einer gemeinsamen Inszenierung reflektieren und verstehen.

4.5.3 Inszenierung und Mitteilung der Gegenübertragung

In einer Inszenierung wiederholt sich das Problem oder das Schema des Patienten (und manchmal auch des Analytikers) in der realen Beziehung zwischen beiden. Beide agieren in ihren jeweils dazu gehörigen Rollen so lange unbewusst, bis diese Situation durch irgendein Ereignis, ein Gefühl oder eine Reaktion des Patienten oder des Therapeuten bewusst und bearbeitbar wird. Wenn der Analytiker sein Mitagieren in dieser Verwicklung erkennt, ihm jedoch die Situation auch noch nicht verständlich ist, kann es sich anbieten, dem Patienten die Gegenübertragung in einer relativ wertfreien, beschreibenden, nicht abwertenden, gut dosierten und verdaulichen Form mitzuteilen, um die gemeinsame Szene in ihrer Vollständigkeit verstehen zu können und mit dem Patienten durchzuarbeiten. Dabei geht es darum, konkret und detailliert den Übertragungsauslöser zu erkennen und zu benennen, was der Patient wahrgenommen und wie er es interpretiert und anschließend darauf reagiert hat. Auch der Therapeut kann seine eigene Erfahrung dazu mitteilen, was beinhaltet, was er konkret beobachtet hat, wie er den Patienten erlebt hat, was dieser in ihm auslöst und wie er innerlich auf ihn reagiert. So kann in einer gemeinsamen interaktionellen Klärung das Zustandekommen dieser Inszenierung erkannt und verstanden werden. Aus den mitgeteilten Reaktionen des Therapeuten gewinnt der Patient unter Umständen enorm wichtige Erkenntnisse über die Qualität und den Verlauf seiner sonstigen Beziehungen und der zugrundeliegenden Introjekte, die er auf seine Mitmenschen projiziert (Bettighofer 2007, 2014).

Zu dieser Frage der sog. »self-disclosure« wurden in den letzten Jahren sehr kontroverse Standpunkte geäußert. Die ursprüngliche analytische Methodik lehnt diese Mitteilung von Gegenübertragungsgefühlen und -fantasien durch den Analytiker kategorisch ab, weil dadurch die Einhaltung von Abstinenz und Neutralität erheblich gestört werde. Andere wiederum, als deren Exponent der amerikanische Analytiker Renik (1998, 1999) angesehen werden kann, befürworten solche Mitteilungen sehr dezidiert und behaupten, dass sich trotzdem die wesentlichen Inszenierungen des Patienten ungehindert einstellen. Mehrere Autoren vertreten hier jedoch einen eher gemäßigten Standpunkt, der dafür plädiert, diese Interventionsform prinzipiell in Betracht zu ziehen, sie jedoch sehr bedacht und taktvoll und unter Berücksichtigung der jeweiligen Übertragungssituation, des Regressionsniveaus und der Belastungsfähigkeit des Patienten einzusetzen (Meissner 1998).

Wenn man die therapeutische Beziehung konsequent als intersubjektive Zwei-Personen-Situation betrachtet, in der sich die introjizierten Objektbeziehungen und die daraus entstehenden Konfliktdispositionen interaktiv entfalten, dann gehören Übertragung und Gegenübertragung dynamisch zusammen und bilden die zusammengehörigen Anteile eines Konflikts, die externalisiert in der Gegenübertragung des Therapeuten spürbar werden. Deshalb sehe ich in Enactments jeglicher Art, gerade auch wenn sie zu Störungen und Brüchen in der therapeutischen Beziehung führen, eine ideale Möglichkeit, die teilweise gar nicht bewusstseinsfähigen, noch nicht symbolisierten und nicht mentalisierbaren unbewussten Objekterfahrungen über nonverbale Prozesse (Mertens 2013) der Bearbeitung zugänglich zu machen. Vor diesem Hintergrund halte ich selbst es in manchen Situationen für äußerst fruchtbar, meine eigenen affektiven Reaktionen, mein Denken und meinen Standpunkt transparent zu machen und mit dem Patienten zu teilen, um eine wichtige soziale Inszenierung verstehen und dem Patienten erklären zu können (Bettighofer 2001, 2014, Dreyer 2017).

Hier bedarf es allerdings einer »Ethik der Selbstenthüllung« (Renik 1999, S. 954), um der Gefahr vorzubeugen, den Patienten in irgendeiner Form, und sei es subtil, für eigene narzisstische Belange zu missbrauchen. Voraussetzung ist zudem ein tragfähiges Arbeitsbündnis bzw. therapeutische Allianz (Gumz et al. 2018) ein gutes Taktgefühl und große therapeutische Erfahrung, die es ermöglichen, dass der Patient die Mitteilung konstruktiv für sich verarbeiten kann und nicht unnötig gekränkt und verletzt wird. Es geht dabei nie um eine gleichberechtigte Gegenseitigkeit, denn im Zentrum stehen immer die Belange des Patienten, sodass die grundsätzliche Asymmetrie der therapeutischen Beziehung stets erhalten bleibt. Auch sollte der Therapeut den Sinn von Abstinenz und Neutralität in ihrer wirklichen Bedeutung verstanden haben, nicht um daran dogmatisch festzuhalten, sondern um den Patienten nicht für eigene Bedürfnisse zu missbrauchen, ihn zu manipulieren oder sich einseitig mit spezifischen Anteilen in ihm dauerhaft zu verbünden. Die Selbstmitteilung darf auch kein indirektes Ausagieren von Aggression sein, sondern ein hilfreiches Bereitstellen unserer Gegenübertragung, um bei der Klärung von Beziehungskrisen und der Entwicklung der Mentalisierungsfähigkeit zu helfen. Sie dient prinzipiell nicht der Entlastung des Analytikers von Schuldgefühlen und auch nicht seiner Affektabfuhr. Sie bezweckt auch kein Abgeben von Verantwortung, bedeutet keine Schuldzuweisung an den Patienten und führt auch nicht zu einer Einebnung der grundsätzlich asymmetrischen Beziehung.

Nicht selten fühlen sich Patienten jedoch auch wertgeschätzt und erleben es als ein Zeichen von Vertrauen unsererseits, wenn wir eigene Gefühle und Gedanken offenlegen und uns ihnen gegenüber etwas öffnen. Sie spüren, dass wir sie ernst nehmen und dass es uns wichtig ist, mit ihnen gemeinsam zu verstehen, was eine bestimmte interpersonelle Situation bedeutet, wie es dazu kam und wie sie selbst durch ihr Verhalten zu den oft negativen Konsequenzen beitragen, die sie aus ihrem Alltag kennen. Diese gemeinsame Arbeit und die dabei vom Patienten empfundene Wertschätzung kann dazu führen, dass ein zunehmend stabileres Arbeitsbündnis entsteht und der Patient die Beziehung zum Therapeuten als hilfreich empfindet. Konnte eine schwierige und konfliktreiche Übertragungssituation auf diese Weise durchgearbeitet werden, dann fühlen sich beide (mit Recht) gut. Und diese hilfreiche Beziehung ist ja, wie ich bereits am Anfang ausgeführt habe, der wesentlichste und grundlegendste Wirkmechanismus von Psychotherapie überhaupt, unabhängig von der jeweils verwendeten spezifischen Therapiemethode (Wampold et al. 2018, Flückiger 2021).

4.6 Analyse der Gegenübertragung

Die Darstellung der Psychoanalyse als Beziehungskonflikttherapie bedeutet jedoch nicht, dass die inszenierten Konflikte immer auf die beschriebene direkte Weise offen mit dem Patienten ausgetragen werden sollten, Übertragung und Gegenübertragung sind eine »Einheit im Widerspruch« (Körner 1990), d. h. sie sind zwei Seite einer Medaille und gehören zusammen. Auf den Therapeuten wird eine Seite des inneren Konflikts projiziert, die er früher oder später als Gegenübertragung spürt oder die ihn zu bestimmten Handlungen drängen kann. So nennt Bollas (1997) die Gegenübertragung einen Zustand, »in dem ich erfahre, ohne zu wissen« (S. 213) und nach der bahnbrechenden Arbeit von Paula Heimann (1996/1950) sieht Betty Joseph (1994) in ihr unser »entscheidendes Werkzeug« (S. 232). Sie ist ein wichtiges Erkenntnismittel und zugleich auch therapeutisches Agens, wenn wir gekonnt mit ihr umgehen können. Unser therapeutischer Umgang mit ihr kann Patienten dabei helfen, die Schleifen ihres Wiederholungszwanges zu erkennen und sich daraus zu befreien.

Das Unbewusste ist für uns nicht direkt zugänglich. Um unbewusste Prozesse zu erkennen, sind wir deshalb auf »Derivate unbewussten Erlebens« (Ogden 2004, S. 40) angewiesen, die wir über unsere frei schwebende Aufmerksamkeit, das Achten auf Assoziationen, mittels Empathie und über unsere ungerichtete träumerische Reverie (Bion 1990) wahrnehmen und zum Erschließen des Unbewussten verwenden können. Auch die Gegenübertragung ist ein Weg zum Unbewussten, insbesondere auch zum prozeduralen impliziten Unbewussten (Ermann 2016, Schmidt 2020), da die frühkindlichen Erfahrungen vorwiegend auf dem Weg der nonverbalen Interaktion, also auf der Handlungsebene kommuniziert werden und von uns als Handlungsimpuls, als Gefühl und Körperempfindung oder als intuitiver Einfall wahrgenommen werden können (Roth & Strüber 2014).

Von Anfang an bewegen wir uns in einem intersubjektiven Feld mit dem Patienten, in dem sich durch die Berührung zweier subjektiver Welten ein gemeinsames Zwei-Personen-Unbewusstes bildet (Lyons-Ruth 1999, Mertens 2013). So stehen wir permanent in einer Atmosphäre, die durch gegenseitige Übertragungen und Gegenübertragungen zirkulär entsteht und dadurch dominiert wird. Manches davon wird uns bewusst erfahrbar, vieles bleibt jedoch auch unbewusst und ist für unser bewusstes Erleben noch nicht zugänglich, auch nicht als Gefühl oder Intuition.

Diese unbewussten Prozesse können sich nur indirekt und allmählich in der therapeutischen Beziehung äußern und zeigen sich darin, wie wir die Beziehung zum Patienten erleben. Auch tiefe unbewusste Affekte sind in den interaktiven Feinheiten der Handlungsebene spürbar und erkennbar (Buchholz 2019). Der Patient steckt uns mit seinen Affekten an und drängt uns subtil in bestimmte Rollen, die wir als Gefühl oder Handlungsimpuls in uns wahrnehmen können. Ogden (2004) spricht von der »Entwicklung einer analytischen Sensibilität« (S. 24):

> [...] zu beachten, dass der Blick einer Patientin im Wartezimmer sich kokett, bedauernd oder ›erotisch‹ anfühlt; zu spüren, dass eine Nachricht auf dem Anrufbeantworter gefährlich und gleichzeitig verführerisch und geheimnisvoll klingt; körperlich zu empfinden, dass eine Periode der Stille während einer Analysestunde sich anfühlt, als läge man mit einem Partner, den man viele Jahre lang geliebt hat, im Bett und empfände ihn nun wie einen Fremden. (ebd.)

Die Gegenübertragung stellt sich ein, sobald wir an einen Patienten denken. Sie beschäftigt uns manchmal schon, bevor der Patient da ist, wenn die Übertragung gerade angespannt ist oder wir Angst, Schuldgefühle oder Aggression über die jeweilige Sitzung hinaus als eine chronische Gegenübertragung verspüren. Während der Stunde erleben wir verschiedene akute Gefühle, die manchmal kurzlebig sind und sich oft wieder verändern. Deshalb konzentrieren wir uns zunächst darauf, unsere Gegenübertragung wahrzunehmen; wie fühlen wir uns, wenn wir mit dem Patienten zusammen sind? Welche Gefühle und Eindrücke erleben wir in der Beziehung zu ihm? Welche Metaphern steigen in uns auf, wenn wir ihn vergegenwärtigen? In einer »sensorisch-intuitiven Haltung« (Volz-Boers 2016) können wir uns auch auf körperliche Empfindungen konzentrieren, die manchmal deutlich sind wie Atemnot und Druckgefühle, jedoch häufig auch sehr subtil und weniger eindeutig sind. Die Bedeutung dieser Gefühle erschließt sich oft nicht unmittelbar; manchmal erfordert es ein längeres Nachdenken, auch außerhalb der Sitzungen oder in einer Supervision, wenn wir aus dem intersubjektiven Feld heraustreten und unsere Erfahrung mit einem Dritten teilen, analysieren und verarbeiten (Bettighofer 2016).

Analyse und Durcharbeiten der Gegenübertragung

Insofern sind wir während einer gesamten Sitzung mit den Wirkungen der Übertragung und unserer Gegenübertragung beschäftigt. Der übliche Umgang mit der Gegenübertragung sieht grundsätzlich vor, dass wir diese Gefühle für uns behalten, sie in uns tragen und dulden. Gerade bei schwierigen Patienten, die uns sehr herausfordern, besteht der hilfreiche therapeutische Prozess darin, dass wir unsere Erfahrungen in einer Haltung der »selbstreflexiven Empfänglichkeit« (Mitchell 2005) registrieren und in uns durcharbeiten, ohne die analytische Haltung zu verlieren: »Der Analytiker muss seinen eigenen psychischen Zustand also fortwährend bearbeiten und stabilisieren, indem er die Gegenübertragung ständig aufmerksam beobachtet« (Ferro 2003, S. 269). Wir spüren sie im Grunde immer, sollten sie aber immer mal wieder ganz gezielt wahrnehmen, um sie neben anderen Informationen, neben Empathie und Reverie zum Verstehen des Patienten und für Deutungen verwenden zu können.

Das bedeutet, dass wir unsere Gegenübertragung für uns behalten und den Patienten davon nichts oder nur wenig spüren lassen, um ihn nicht zu irritieren oder unnötig zu belasten. Es liegt in der Verantwortung des Therapeuten, sich mit seinen eigenen Gefühlen auseinanderzusetzen, seine Gegenübertragung mithilfe seiner Alpha-Funktion (Bion 1990) durchzuarbeiten und sie selbst zu bewältigen (Brenman Pick 1991). So wird er für den Patienten zu einem Transformationsobjekt (Bollas 1997), indem in der Übertragung nicht die erwartete und meist negative Reaktion erfolgt, sondern die Szene verstanden und gedeutet wird.

Beispiel

In jeder Sitzung mit einer psychosomatischen Patientin erfasst mich nach einer Viertelstunde eine zunehmende innere Lähmung und Müdigkeit, die für den Rest der Stunde und über viele Stunden anhält. Mein Gegenübertragungsgefühl direkt anzusprechen, wäre vermutlich zu kränkend. Beim Nachdenken darüber erkenne ich, dass ich möglicherweise in einer konkordanten Identifikation die Affektunterdrückung der Patientin und ihre innere Leere mitfühle. Bei der Frage nach einer möglichen Intervention fällt mir auf, dass die Patientin nicht nur stets steif dasitzt und mich permanent anschaut, mich fast mit ihrem Blick festnagelt, sondern dass in ihrem Gesicht und ihrer Stimme keinerlei affektive Beteiligung zu erkennen ist. Unabhängig vom Inhalt und von dem zu vermutenden Gefühl spricht sie stets ruhig, nie schneller oder langsamer, auch nicht mal lauter, es wirkt alles leblos. Mir schien es sinnvoll und für die Patientin nachvollziehbar, dies direkt anzusprechen. Ich sagte: »Mir fällt auf, dass Ihre Stimme immer gleich ist, nicht mal lauter oder leiser oder schneller – egal was Sie erzählen.« Sie reagiert sehr erstaunt, und es ist im Anschluss daran möglich, erstmalig über ihre Verdrängung insbesondere von Aggression zu sprechen und die Verbindung zu ihren körperlichen Symptomen herzustellen.

Ein anderes Mal fühlte ich mich wie benebelt. Bei passender Gelegenheit fragte ich sie: »Kommt es vor, dass Sie sich wie benebelt fühlen?« »Ja, sehr oft.« Ich fragte: »Ist das jetzt hier auch so?« »Ja, ... oft, wie wenn ich neben mir stehe«. Im weiteren Verlauf der Therapie nahm meine Müdigkeitsreaktion allmählich ab, ohne dass sie direkt angesprochen worden war. Der verändernde vitale Impuls war in diesem Fall zunächst als mein Bedürfnis des Ausbruchs ins Bewusstsein getreten. Möglicherweise war ich in der Übertragung auch komplementär mit ihrem abwesenden Vater identifiziert, der ihr keine Resonanz vermittelt hatte.

Auch aus dieser Behandlungssituation ging die Veränderung von der Beachtung und Reflexion meiner Gegenübertragung aus, da ich mich aus meiner Lähmung heraus darum bemühte, mit ihr in Beziehung zu kommen.

Eine weitere Fallvignette

Ein sehr beanspruchter Geschäftsmann fühlt von seiner Frau regelmäßig dazu gezwungen, bis tief in die Nacht über ihre Beziehung zu reden. Er hat ein schlechtes Gewissen, fühlt sich ungenügend und will es ihr unterwürfig recht machen. Meine konkordante Gegenübertragung: Ich finde seine Frau egozentrisch, fordernd und verständnislos und bin wütend auf sie. Ich finde es übel, was er sich bieten lässt. Ich sage: »Könnte es sein, dass Sie Angst haben und Ihre Wut nicht richtig zulassen und sich nicht trauen, sich zu wehren oder sich abzugrenzen?«

Etwas später wird mir bewusst, dass ich ungeduldig bin. Er redet sehr rational, langatmig und umständlich, eine gefühlsmäßige Beteiligung ist nicht erkennbar, er wirkt unzugänglich. Ich möchte immer wieder penetrant nachfragen und tue das eine Weile auch, ich merke, dass ich zunehmend genervt bin. Jetzt wird mir allmählich meine komplementäre Identifikation in der Gegenübertragung bewusst: meine ungeduldige verhaltene Aggression, und mir fällt auf, dass ich mich so ähnlich wie seine Frau verhalte. Es könnte sein, dass auch sie das Gefühl hat, nicht an ihn ranzukommen. Eine mögliche Intervention ist: »Sie wählen Ihre Worte sehr genau, könnte es sein, dass Sie auch hier ängstlich sind, dass ich Sie kritisiere?«

Auch in diesem Beispiel geht der Therapeut innerlich reflektierend mit seiner Gegenübertragung um und fragt sich, worauf sie hinweisen und was sie bedeuten könnte. Da sich hier offensichtlich ein dysfunktionales Muster des Patienten in der Übertragung reinszeniert, könnte es zusätzlich auch sinnvoll sein, im Sinne einer »Transparenz und Teilhabe« (Dreyer 2017) dem Patienten die Gegenübertragung mitzuteilen (▶ Kap. 4.5.3), um mit ihm sowohl seine eigene Angst wie auch das entsprechende Beziehungsmuster zu bearbeiten, das paradoxerweise zu den Angriffen und Entwertungen durch seine Frau führt, vor denen er sich eigentlich schützen will. Diese Mitteilung der Gegenübertragung sollte allerdings gezielt, reflektiert, selektiv und auf eine für den Patienten annehmbare ruhige Art geschehen. Eine direkte Mitteilung der Gegenübertragung könnte z. B. lauten: »Mir fällt auf, dass ich sehr oft nachfrage und Sie dauernd mit Fragen löchern möchte. Ich verstehe oft nicht richtig, was Sie sagen möchten. Das macht mich ungeduldig und etwas ärgerlich« (später: »Ich könnte mir vorstellen, dass es Ihrer Frau vielleicht ähnlich geht«).

Sackgassen und Gegenübertragungs-Kollusion

Die Reflexion der Gegenübertragung ist besonders wichtig, wenn der Analytiker das Gefühl hat, dass sich die Behandlung in einer Sackgasse oder Stagnation (Rosenfeld 1987) befindet, wenn es negative therapeutische Reaktionen gibt (Mayr et al. 2001) oder der Zustand des Patienten sich verschlechtert. Erfahrungsgemäß liegt diesen Entwicklungen eine unbewusste latente Inszenierung im Rahmen einer noch nicht erkannten negativen Übertragung zugrunde. Häufig ist es so, dass sich der Therapeut, vielleicht auf der Basis einer Eigenübertragung, mit einer Projektion des Patienten identifiziert hat und unbewusst damit verwickelt ist. Nicht selten macht sich die Übertragung die Verwundbarkeit des Therapeuten zunutze und führt zu defensiven Reaktionen seinerseits, zu Schuld- und Schamgefühlen oder Angst. Solange eine solche Übertragungs-Gegenübertragungs-Kollusion besteht, sind alle Versuche, die Situation mit Deutungen zu lösen, zum Scheitern verurteilt, da er auf der realen Beziehungsebene eine dieser Projektion entsprechende Rolle ausagiert und seine eigene Verwicklung nicht erkennt und bearbeitet. Auch hier beginnt die Veränderung im Therapeuten, indem er innehält, die Situation reflektiert, die Szene versteht und sich auch seines eigenen Involviert seins bewusst wird. Durch diese Bearbeitung seiner Gegenübertragung kann er sich aus der projektiven Identifizierung lösen und wieder zu einem sinnvollen Zustand von Abstinenz und Neutralität zurückfinden (Löchel 2013, Privitera 2013).

Beispiel

Die Therapeutin war sehr unzufrieden mit dem Verlauf der Behandlung; seit einigen Monaten verdichtete sich bei ihr immer mehr das Gefühl, in einer Sackgasse zu stecken, die Behandlung hatte sich irgendwie totgelaufen. Die Patientin arbeitete nicht wirklich an sich, stattdessen waren die Stunden voller Berichte und Klagen über ihren Ehemann, den sie als unzugänglich erlebte und als ihr Problem ansah, weil er nicht mit ihr reden wolle. Alle Energie der Patientin war darauf gerichtet, ihn zu verändern; wenn das gelänge, dann wäre aus ihrer Sicht das Problem gelöst, die Harmonie wäre wieder hergestellt und ihre Depression und Angst besser. Alle Versuche der Therapeutin, den Fokus wieder mehr auf sie selbst zu richten, führten zu keiner Veränderung, die Patientin hatte sich regelrecht in ihre Sicht der Dinge verbissen.

Als die Gegenübertragung der Therapeutin immer negativer wurde, zunehmend dominiert von Ärger, ungeduldigem und direktivem Drängen, von Entwertung und zugleich starker Hilflosigkeit, war sie alarmiert. Sie klärte diese Situation in einer Supervision. Dabei wurde schnell deutlich, dass sie sich mit der Mutterrolle der Patientin identifiziert hatte und alle Interventionen aus dieser Rolle heraus unternahm. Ihre Gegenübertragung, dass die Patientin nicht »richtig« mitarbeite und nur den Ehemann verändern möchte, hatte eine direkte Entsprechung im Gefühl der Patientin, »nicht richtig zu sein und wertlos«. Vergeblich hatte sie alles versucht, ihrer Mutter etwas zu beweisen. Dieses Gefühl hatte sie unbewusst auch in der Übertragung, sie fühlte sich nicht wahrgenommen, sondern unter Druck gesetzt, was in diesem Fall nicht nur Projektion, sondern auch wirklich so war, denn die Therapeutin verhielt sich tatsächlich immer mehr wie die Mutter der Patientin. Sie agierte die Mutterrolle aus, zugleich war sie strenges Über-Ich und war in dieser einseitigen Identifikation nicht mehr in der Lage, die abgewehrte Seite des bedürftigen Kindes zu sehen. Auch ihren eigenen realen Anteil an dieser Inszenierung konnte sie währenddessen nicht mehr erkennen. Die traumatisierende Mutterbeziehung hatte sich also tatsächlich zwischen ihr und der Patientin reinszeniert – die Patientin fühlte sich weder von ihrer Mutter noch von ihrem Ehemann gesehen. Und sie hätte sich auch in dieser Therapie nicht davon befreien können, wenn es der Therapeutin nicht gelungen wäre, diese Verstrickung in der Übertragung zu erkennen und wieder zu einem innerlich abgegrenzten neutralen Standpunkt zurückzufinden. Somit hatte sich, latent und unbemerkt, auch unabhängig von der konkreten Technik und der bewussten Behandlungsplanung, der ursprüngliche Mutterkonflikt in der Übertragung wiederholt. Durch ihre komplementäre Identifizierung empfand die Therapeutin dabei in ihrer Gegenübertragung ziemlich genau diejenigen Gefühle, die die Patientin auch bei ihrer Mutter erlebt und die sie auf die Therapeutin projiziert hatte.

Derartige Konstellationen können auch Behandlungswiderständen und Krisen zugrunde liegen; es kann aber auch zu Abbrüchen, Therapieschäden oder zu suizidalen Krisen führen, wenn diese Übertragungsprozesse nicht reflektiert werden und wieder eine neutrale analytische Haltung hergestellt werden kann (▶ Kap. 3.3.2). Unsere »Bereitschaft zur Rollenübernahme« (Sandler 1976) wird immer wieder dazu führen, dass wir die auf uns projizierten Rollen übernehmen. Deshalb ist diese Art, über latente Inszenierungen in der therapeutischen Beziehung nachzudenken, grundsätzlich wichtig und nicht nur im Falle von Therapiekrisen, Sackgassen oder Fehlentwicklungen relevant. Es sollte auch nicht nur in Situationen von heftigen Übertragungs- oder Gegenübertragungsneurosen, sondern regelmäßig immer dann berücksichtigt werden, wenn ein Fall reflektiert wird. Durch eine solche Auseinandersetzung verarbeitet der Analytiker die in ihn projizierten Inhalte und kann sich von seinen Identifikationen befreien. Dabei geht es immer auch darum, die Eigenübertragung des Therapeuten, also seine eigenen Projektionen und deren Verschränkung mit den Projektionen des Patienten zu erkennen.

Da Patienten »sehr geschickt in bestimmte Aspekte des Analytikers hineinprojizieren« (Brenman Pick 1991, S. 55), »löst der Patient im Analytiker tiefe Probleme und Ängste aus« (a. a. O., S. 56), wenn verletzbare Anteile in ihm berührt werden. Deshalb kann es gelegentlich zu Situationen kommen, in denen der Therapeut an die Grenzen seiner Belastbarkeit kommt und ungewollt emotional reagiert, seine Gegenübertragung also unmittelbar und relativ unkontrolliert ausagiert. Dies geschieht vorwiegend bei strukturell gestörten Patienten und in anhaltenden belastenden negativen Übertragungssituationen. Dann kann es vorkommen, dass er seine analytische Haltung verliert und dass ihm etwas »herausrutscht« oder er seinem Ärger ungebremst Luft macht.

Beispiele

»Wütend geworden, ermüdet von den vielen Anschuldigungen und Klagen und nach fruchtlosen Intervention, konstatiert er (der Analytiker), dass er wohl nicht in der Lage sei, ihr zu helfen und fügt gereizt hinzu: ›und so kann es hier auch nicht weitergehen!‹« (Merk 2009, S. 327).

Auch Mitchell (2003) spricht von »Ausbrüchen hasserfüllter Erbitterung« bei einem Patienten: »Bei einer ... Gelegenheit platzte ich regelrecht damit heraus, ich sei der Meinung, dass wir analytisch nicht mehr weiter kommen würden« (S. 205).

Interessanterweise berichten auch weitere Autoren, dass diese Ausbrüche in der Gegenübertragung (outburst) oft zum entscheidenden Wendepunkt in einer schwierigen Übertragungskonstellation geworden sind (Benjamin 2009, Bollas 1997, Lichtenberg 2005, Munich 2006). Das setzt allerdings voraus, dass eine tragfähige therapeutische Beziehung im Sinne eines Arbeitsbündnisses besteht, die es möglich macht, diese Situation gemeinsam zu bewältigen. Ohne eine gute therapeutische Allianz wären derartige Neutralitätsverletzungen ausgesprochen destruktiv und würden wohl in den meisten Fällen zum Therapieabbruch führen. Letztlich kommt es im weiteren Verlauf darauf an, dass der Therapeut in der Lage ist, sich wieder empathisch der Erfahrung des Patienten zuzuwenden und dadurch die alles entscheidende »optimale Differenz zwischen pathogenem Schema und neuem Objekt« (Fischer et al. 2011, S. 176) herzustellen.

Dann wäre der Analytiker zwar »momentan aus der Fassung, nicht aber gänzlich und auf längere Sicht aus seiner analytischen Haltung« gebracht worden (Merk 2009, S. 329), sondern konnte in seine »kompetente Position« (Voigtel 2014) zurückfinden. Wenn es nach einem mehr oder weniger heftigen Enactment möglich ist, die Krise gut zu bewältigen und gemeinsam zu verstehen, dann lässt sich sogar ein positiver Zusammenhang mit dem Therapieerfolg feststellen. Somit kann man im konstruktiven Umgang mit einer Krise sogar einen wichtigen Wirkfaktor in der Psychotherapie und im Falle ihrer Auflösung auch einen wichtigen prognostischen Vorteil sehen (Gumz et al. 2018). Das liegt vermutlich auch daran, dass eine gut bewältigte »problematische Situation« in einer Sitzung (Zwiebel 2007) oder die Erfahrung, dass auch eine länger anhaltende krisenhafte Zuspitzung gemeinsam bewältigt werden konnte, das therapeutische Bündnis festigt und vom Patienten als positive Erfahrung introjiziert wird – und auch beim Therapeuten ein gutes Gefühl hinterlässt.

Literatur

Abend S. M. (1993): An inquiry into the fate of the transference in psychoanalysis. *J. Am. Psychoanal. Ass. 41*: 627–652.
Ainsworth M. D. S., Blehar M. C., Waters E., Wall S. (1978): *Patterns of attachment: a psychological study of the strange situation*. Hillsdale: Earlbaum.
Akoluth M. (2004): *Unordnung und spätes Leid. Bericht über eine mißglückte Psychoanalyse und den Versuch ihrer Bewältigung*. Würzburg: Königshausen & Neumann.
Albani C., Blaser G., Geyer M., Kächele H. (1999): Die »Control-Mastery«- Theorie. *Forum Psychoanal 15*: 224–236.
Alexander F., French P. M. (1946): *Psychoanalytic Therapy*. New York: Roland Press.
Allan J. G., Fonagy P., Bateman A. W. (2011/2008): *Mentalisieren in der psychotherapeutischen Praxis*. Stuttgart: Klett-Cotta.
Almond R. (1995): The analytic role: A mediating influence in the interplay of transference and countertransference. *J. Am. Psychoanal. Ass. 43*: 469–494.
Altmann U., Schwartz B., Schönherr B., Rubel J., Stangier U., Lutz W., Strauß B. (2020): Therapeuteneffekte bei der ambulanten Behandlung sozialer Ängste. *Psychotherapeut 65*: 444-455.
Altmeyer M. (2000): *Narzissmus und Objekt. Ein intersubjektives Verständnis der Selbstbezogenheit*. Göttingen: Vandenhoeck & Ruprecht.
Altmeyer M., Thomä H. (Hg.) (2006): *Die vernetzte Seele. Die intersubjektive Wende in der Psychoanalyse*. Stuttgart: Klett-Cotta.
Andreas S., Kadur J., Sammet J. (2019): Bedeutung von Beziehungstests in der Psychotherapie. *Psychotherapeut 64*: 71-85.
Argelander H. (1966): Zur Psychodynamik des Erstinterviews. *Psyche 20*:40–53.
Argelander H. (1979): *Die kognitive Organisation psychischen Geschehens*. Stuttgart: Klett-Cotta.
Argelander H. (1984): Eine vergleichende Textstudie von Verbatim- und Gedächtnisprotokollen. *Psyche 38*: 385–419.
Aron L., Starr K. (2013): *A Psychotherapy for the people*. New York, London: Routledge.
Argyle M. (1972/1969): *Soziale Interaktion*. Köln: Kiepenheuer & Witsch.
Arlow J. A. (1991): Methodologie und Rekonstruktion. *Psyche 47*: 1093–1115.
Aron L. (1991): The patient's experience of the analyst's subjectivity. *Psychoanalytic Dialogues, 1*: 29–51.
Bacal H. (1985): Optimal responsiveness and therapeutic process. In A. Goldberg (Ed.): *Progress in Self Psychology*, Vol I. Hillsdale, N.J.: The Analytic Press, 202–227.
Bacal H. A., Newman K. M. (1994/1990): *Objektbeziehungstheorien – Brücken zur Selbstpsychologie*. Stuttgart – Bad Cannstatt: frommann-holzboog.
Bänninger-Huber E. (2014): Übertragung und Gegenübertragung in Verhaltenstherapie und Psychoanalyse. *Psychotherapeut 59*: 206–211.
Balint M. (1973/1968): *Therapeutische Aspekte der Regression*. Reinbeck: Rowohlt.
Balint M., Balint A. (1965/1939): Übertragung und Gegenübertragung: In Balint M. (1965): *Die Urformen der Liebe und die Technik der Psychoanalyse*. Bern Stuttgart: Huber – Klett.
Barwinsky R. (2014): Differenzierung der Gegenübertragung anhand entwicklungspsychologischer Konzepte. *Psyche – Z Psychoanal 68*: 517-534.
Bateson G., Jackson D. D., Haley J., Weakland J. W. (1969/1956): Auf dem Weg zu einer Schizophrenietheorie. In Bateson G., Jackson D. D., Laing R. D., Lidz T., Wynne L. et al. (Hg.): *Schizophrenie und Familie*. Frankfurt a. M.: Suhrkamp (1969), 11–43.

Bateson G. (1981/1971): Die Kybernetik des »Selbst«: Eine Theorie des Alkoholismus. In Bateson G. (1981): *Ökologie des Geistes*. Frankfurt a. M.: Suhrkamp.
Bauer J. (2015): *Selbststeuerung*. München: Heyne Verlag.
Bauer J. (2019): *Wie wir werden, wer wir sind*. München: Blessing.
Bauriedl T. (1980): *Beziehungsanalyse*. Frankfurt a. M.: Suhrkamp.
Beebe B., Lachmann F. M. (2004/2002): *Säuglingsforschung und die Psychotherapie Erwachsener*. Stuttgart: Klett-Cotta.
Benecke C. (2017): Konfliktorientierte Therapie. *Psychotherapeut 62*: 98-105.
Benjamin J. (2006): Tue ich oder wird mir angetan? Ein intersubjektives Triangulierungskonzept. In Altmeyer M., Thomä H. (Hg.): *Die vernetzte Seele. Die intersubjektive Wende in der Psychoanalyse*. Stuttgart: Klett-Cotta, 65–107.
Benjamin J. (2007): Unser Treffen in Theben. Anerkennung und Angst, den Patienten zu verletzen. In M. Müller, F. Wellendorf (Hg.): *Zumutungen – Die unheimliche Wirklichkeit der Übertragung*. Tübingen: edition discord, 86–102.
Benjamin J. (2009): A relational psychoanalytic perspective on the necessity of acknowledging failure in order to restore the facilitating and containing features of the intersubjective relationship (the shared third). *Int. J. Psychoanal 90*: 441-450.
Bettighofer S. (1992): Der Beitrag des Analytikers zur Entstehung der malignen Regression. *Prax. Psychother. Psychosom. 37*: 297–309.
Bettighofer S. (1993): Die Befriedigung regressiver Bedürfnisse in der Behandlung einer psychotischen Patientin. *Prax. Psychother. Psychosom. 38*: 52–55.
Bettighofer S. (1994): Aspekte zur Genese der Depression im Lichte neuerer Forschungsergebnisse. *Zeitschrift für psychoanal. Theorie und Praxis 9*: 371–384.
Bettighofer S. (1994): Die latente Ebene der Übertragung. Interaktionelle und systemische Aspekte der therapeutischen Situation. *Forum Psychoanal. 10*: 116–129.
Bettighofer S. (2001): Sexualität zwischen Verdrängen und Agieren. In Geißler P. (Hg.): *Über den Körper zur Sexualität finden*. Gießen: Psychosozial-Verlag, 95–117.
Bettighofer S. (2003): Intersubjektivität in der Psychotherapie – Therapeutische Beziehung, Übertragung und Kontakt im Hier und Jetzt. In Geißler P. (Hg.): *Körperbilder*. Gießen: Psychosozial-Verlag, 51–72.
Bettighofer S. (2004): Von der heilsamen Beziehung zur heillosen Verstrickung. In Akoluth M. (Hg.): *Unordnung und spätes Leid*. Würzburg: Königshausen & Neumann, 158–186.
Bettighofer S. (2007): Die interaktionelle Übertragungsanalyse. In Geißler P., Heisterkamp G. (Hg.): *Psychoanalyse der Lebensbewegungen*. Wien, New York: Springer, 59–82.
Bettighofer S. (2013): Interaktionelle Analyse von Übertragungs-Inszenierungen. In Geißler P., Heisterkamp G. (Hg.): *Einführung in die analytische Körperpsychotherapie*. Gießen; Psychosozial-Verlag, 108–115.
Bettighofer S. (2014): Zwei-Personen-Psychologie. In Mertens W. (Hg.): *Handbuch psychoanalytischer Grundbegriffe* (4. Aufl.). Stuttgart: Kohlhammer, 1113–1116.
Bettighofer S. (2015): Psychoanalyse und psychodynamische Therapie: Die therapeutische Beziehung zwischen Retraumatisierung und korrigierender emotionaler Erfahrung. *Psychotherapie 20-2*: 48–76.
Bettighofer S. (2016): Supervision im intersubjektiven Kontext von Übertragung und Gegenübertragung. *Psychotherapie 21*: 62-84.
Beutler L. E., Machado P. P. P., Neufeldt S. A. (1995): Therapist variables. In Bergin A. E., Garfield S. L. (Hg.): *Handbook of psychotherapy and behavior change*. New York: Wiley, 229–269.
Biermann-Ratjen E., Eckert J., Schwartz H. J. (1997/1979): *Gesprächspsychotherapie* (8. Aufl.). Stuttgart, Berlin, Köln, Mainz: Kohlhammer.
Bion W. R. (1990/1962): *Lernen durch Erfahrung*. Frankfurt a. M.: Suhrkamp.
Bion W. R. (1984/1970): *Attention and Interpretation*. London: Maresfield Reprints.
Blankenburg-Winterberg S. (1988): Der Übertragungs-Gegenübertragungs- Widerstand. *Forum Psychoanal. 4*: 318–332.
Blanton S. (1975/1971): *Tagebuch meiner Analyse bei Sigmund Freud*. Frankfurt a. M.: Ullstein.

Bleger J. B. (1993/1966): Die Psychoanalyse des psychoanalytischen Rahmens. *Forum Psychoanal.* 9: 268–280.
Blomeyer R. (1989): Psycho-Therapie: Praktische Zielsetzung versus Reifungsphantasie. *Forum Psychoanal.* 5: 61–75.
Bokanowsky T. (1996): Freud and Ferenczi: Trauma and transference depresssion. *Int. J. Psycho-Anal.* 77: 519–536.
Bohleber W. (2018): Übertragung – Gegenübertragung -Inersubjektivität. *Psyche – Z Psychoanal* 72: 702-733.
Bohleber W., Fonagy P., Jimenez J., Scarfone J.P., Varvin V., Zysman S. (2013): Für einen besseren Umgang mit psychoanalytischen Konzepten, modellhaft illustriert am Konezept enactment. *Psyche Z Psychoanal* 67: 1212-1250.
Bollas C. (1997/1987): *Der Schatten des Objekts.* Stuttgart: Klett-Cotta.
Boothe B. (2004): *Der Patient als Erzähler in der Psychotherapie.* Gießen: Psychosozial-Verlag.
Boston Change Process Study Group (2004/2002): Das Implizite erklären: Die lokale Ebene und der Mikroprozeß der Veränderung in der analytischen Situation. *Psyche* 58: 935–952.
Boston Change Process Study Group (2013): Enactment und das Auftauchen einer neuen Beziehungsorganisation. *Psyche* 68: 971–996.
Bowlby J. (1980/1979): *Das Glück und die Trauer. Herstellung und Lösung affektiver Bindungen.* Stuttgart, Klett-Cotta.
Bräutigam W. (1988): Realistische Beziehung und Übertragung. In Kutter P., Paramo-Ortega R., Zagermann P. (Hg.): *Die psychoanalytische Haltung.* München: Verlag Internationale Psychoanalyse, 165–186.
Brenner C. (1979/1976): *Praxis der Psychoanalyse.* Frankfurt a. M.: Fischer.
Brenman Pick I. (1991/1985): Durcharbeiten in der Gegenübertragung. In Bott Spillius E. (Hrsg.): *Melanie Klein heute, Bd. 2: Anwendungen.* Stuttgart: Klett-Cotta, 45-64.
Brocher T., Sies C. (1986): *Psychoanalyse und Neurobiologie.* Bad Cannstatt: frommann-holzboog.
Brodbeck H. (1993): »Von der Ver-Wicklung zur Ent-Wicklung«: Zur Relevanz interaktioneller Gegenübertragungskonzepte für den psychoanalytischen Prozeß. *Jb. D. Psychoanal. Bd. 31*: 101–131.
Buchholz M. B. (1988): Die therapeutische Situation. *Forum Psychoanal.* 4: 273–291.
Buchholz M. B. (1992): In Gefahr und größter Not bringt der Mittelweg den Tod. Bericht über eine Seminartagung der DPV zum Thema: »Analytischer Prozeß im Blickwinkel der Frequenz«. *Forum Psychoanal.* 8: 163–168.
Buchholz M. B. (2017): Zur Lage der professionellen Psychotherapie. *Forum Psychoanal* 33: 289-310.
Buchholz M. B. (2019): Szenisches Verstehen und Konversationsanalyse. *Psyche* 73: 414-441.
Busch F. (2009): Can you push a camel through the eye of a needle? Reflections on how the unconscious speaks to us and its clinical implications. *Int. J. Psychoanal* 90: 53–68.
Carpy D. V. (1989): Tolerating the countertransference: a mutative process. *Int. J. Psychoanal.* 70: 287–294.
Casement P. J. (1982): Some pressures on the analyst for physical contact during the reliving of an early trauma. *Int. Rev. Psychoanal.* 9: 279–286.
Casement P. J. (1989/1985): *Vom Patienten lernen.* Stuttgart: Klett-Cotta.
Caspar F. (2015): Therapeutische Beziehung zwischen Grundlagenforschung, Prozessforschung und Praxis. In Sammet I., Dammann G., Schiepek G. (Hg.): *Der psychotherapeutische Prozess.* Stuttgart: Kohlhammer (143–155).
Chused J. F. (1992): The patient's perception of the analyst: the hidden transference. *Psychoanal. Quart.* 61: 161–184.
Cooper S. H. (1993): Interpretative fallibility and the psychoanalytic dialogue. *J. Am. Psychoanal. Ass.* 41: 95–126.
Cooper S. H. (1996): Facts all come with a point of view. *Int. J. Psycho-Anal.* 77: 255–273.
Cooper S. H. (2010): *A disturbance in the field. Essays in Transference-Countertransference Engagement.* New York, London: Routledge.
Cremerius J. (1979): Gibt es zwei psychoanalytische Techniken? *Psyche* 33: 577–599.

Cremerius J. (1990): Die hochfrequente Langzeitanalyse und die psychoanalytische Praxis, Utopie und Realität. *Psyche 44*: 1–29.
Cremerius J. (1981): Freud bei der Arbeit über die Schulter geschaut. Seine Technik im Spiegel von Schülern und Patienten. *Jb. Psychoanal.* 6: 123–158.
Cremerius J. (1982): Kohuts Behandlungstechnik. Eine kritische Analyse. *Psyche 36*: 17–46.
Cremerius J. (1983): »Die Sprache der Zärtlichkeit und der Leidenschaft«. Reflexionen zu Sandor Ferenczis Wiesbadener Vortrag von 1932. *Psyche 37*: 988–1015.
Crepaldi G. (2018): *Containing*. Gießen: Psychosozial-Verlag.
Dantlgraber J. (1989): Die psychoanalytische Haltung als Stufe in der Übertragungs-/Gegenübertragungsbeziehung. *Psyche 43*: 973–1006.
Daser E. (1995): Nonverbale Kommunikation im therapeutischen Dialog. *Forum Psychoanal.* 11: 119–132.
Deserno H. (1990): *Die Analyse und das Arbeitsbündnis*. München, Wien: Verlag Internationale Psychoanalyse.
Dornes M. (1993): *Der kompetente Säugling. Die präverbale Entwicklung des Menschen*. Frankfurt a. M.: Fischer Taschenbuch.
Dornes M. (1995): Gedanken zur frühen Entwicklung und ihre Bedeutung für die Neurosenpsychologie. *Forum Psychoanal.* 11: 27–49.
Dornes M. (1997): *Die frühe Kindheit*. Frankfurt a. M.: Fischer Taschenbuch.
Dornes M. (2000): *Die emotionale Welt des Kindes*. Frankfurt a. M.: Fischer Taschenbuch.
Dornes M. (2004): Über Mentalisierung, Affektspiegelung und die Entwicklung des Selbst. *Forum Psychoanal 20*: 175–199.
Dott A. (2001): *Was mir Therapeuten schuldig blieben*. Düsseldorf: Walter.
Dreyer K.-A. (2017): *Transparenz und Teilhabe*. Gießen: Psychosozial-Verlag.
Drigalski D. von (1979): *Blumen auf Granit. Eine Irr- und Lehrfahrt durch die deutsche Psychoanalyse*. Frankfurt a. M.: Ullstein.
Emde R. N. (1991): Die endliche und die unendliche Entwicklung. I. Angeborene und motivationale Faktoren aus der frühen Kindheit. *Psyche 45*: 745–779.
Emde R. N. (1995): Die Aktivierung grundlegender Formen der Entwicklung: Empathische Verfügbarkeit und therapeutisches Handeln. In Petzold H. (Hg.): *Die Kraft liebevoller Blicke. Psychotherapie und Babyforschung* (Bd. 2). Paderborn: Junfermann, 219–251.
Emde R. N. (2011): Regeneration und Neuanfänge. Perspektiven einer entwicklungsorientierten Ausrichtung der Psychoanalyse. *Psyche 65*: 778–807.
Erazo N. (1997): Die Entwicklung des Selbstempfindens. Stuttgart: Kohlhammer.
Erdely Z. E. (1998): *Und die Wirklichkeit – es gibt sie doch*. Gießen: Psychosozial-Verlag.
Ermann M. (1984): Von der Psychodynamik zur Interaktion des Widerstandes. *Prax. Psychother. Psychosom.* 29: 61–70.
Ermann M. (1987): Behandlungskrisen und die Widerstände des Psychoanalytikers. Bemerkungen zum Gegenübertragungs-Widerstand. *Forum Psychoanal.* 3: 100–111.
Ermann M. (1992): Die sogenannte Realbeziehung. *Forum Psychoanal.* 8: 281–294.
Ermann M. (1993): Übertragungsdeutungen als Beziehungsarbeit. In ders. (Hg.): *Die hilfreiche Beziehung in der Psychoanalyse*. Göttingen: Vandenhoeck & Ruprecht, 50–67.
Ermann M. (1994): Sandor Ferenczis Aufbruch und Scheitern. Sein Umgang mit der Regression aus heutiger Sicht. *Psyche 48*: 706–719.
Ermann M. (2005): Explizite und implizite psychoanalytische Behandlungspraxis. *Forum Psychoanal 21*: 3–13.
Ermann M. (2014): Widerstand. In Mertens W. (Hg.): Handbuch psychoanalytischer Grundbegriffe (4. Aufl.). Stuttgart: Kohlhammer, 1078–1083.
Ermann M. (2016): Prozedurale Faktoren in der psychoanalytischen Behandlung. *Forum Psychoanal 32*: 53-68.
Fäh M. (2011): Wenn Psychoanalytiker Fehler machen – Möglichkeiten und Grenzen einer psychoanalytischen Fehlerkultur. *Psychotherapie & Sozialwissenschaft 13*: 29-48.
Fairbairn W. R. D (1982/1952): Object-relationships and dynamic structure. In: Kutter P. (Hg.): Psychologie der zwischenmenschlichen Beziehungen. Darmstadt: Wiss. Buchgesellschaft, 64–81.

Fenichel O. (1935): Zur Theorie der psychoanalytischen Technik. *Int. Z. Psychoanal.* 21: 78–95.
Ferenczi S. (1982a/1928): Die Elastizität der psychoanalytischen Technik. In ders.: *Schriften zur Psychoanalyse* (Bd: II, hrsg. V. M. Balint). Frankfurt a. M: Fischer Taschenbuch, 237-250.
Ferenczi S. (1982b/1931): Kinderanalysen mit Erwachsenen. In ders.: *Schriften zur Psychoanalyse* (Bd: II, hrsg. v. M. Balint). Frankfurt a. M: Fischer Taschenbuch., 274-289.
Ferenczi S. (1982c/1933): Sprachverwirrung zwischen den Erwachsenen und dem Kind. In ders.: *Schriften zur Psychoanalyse* (Bd: II, hrsg. v. M. Balint). Frankfurt a. M: Fischer Taschenbuch, 303–313.
Ferenczi S., Rank O. (1924): *Entwicklungsziele der Psychoanalyse*. Wien: Int. Psychoanal. Verlag.
Ferro A. (2003): *Das bipersonale Feld. Konstruktivismus und Feldtheorie in der Kinderanalyse*. Gießen: Psychosozial-Verlag.
Fiedler P., Rogge K. (1989): Zur Prozeßuntersuchung psychotherapeutischer Episoden. *Z. f. Klin. Psychol.* 18: 45–54.
Fischer G. (1996): *Dialektik der Veränderung in Psychoanalyse und Psychotherapie* (2. Aufl.). Heidelberg: Roland Asanger Verlag.
Fischer G. (2000): *Mehrdimensionale psychodynamische Traumatherapie MPTT*. Heidelberg: Roland Asanger Verlag.
Fischer G., Barwinsky R., Becker-Fischer M. (2011): *Emotionale Einsicht und therapeutische Veränderung*. Kröning: Asanger Verlag.
Flader D., Grodzicki W.-D., Schröter K. (1982): *Psychoanalyse als Gespräch. Interaktionsanalytische Untersuchungen über Therapie und Supervision*. Frankfurt a. M.: Suhrkamp.
Flückiger C. (2021): Basale Wirkmodelle in der Psychotherapie. *Psychotherapeut 66*: 73-82
Focke I. (2004): Das Schicksal unerträglicher Affekte in der Übertragung. In Rohde-Dachser C., Wellendorf F. (Hg.): *Inszenierungen des Unmöglichen*. Stuttgart: Klett-Cotta, 227–244.
Fonagy P., Steele M, Moran G., Steele H., Higgitt A. (1993): Measuring the ghost in the nursery: An empirical study of the relation between parents' mental representations of childhood experiences and their infants' security of attachment. *Am. Psychoanal. Ass.* 41: 957–989.
Fonagy P. (2001): *Bindungstheorie und Psychoanalyse*. Stuttgart: Klett-Cotta (2003).
Fonagy P. (2009): Bindung, Trauma und Psychoanalyse – wo Psychoanalyse auf Neurowissenschaft trifft. In Leuzinger-Bohleber M., Canestri J., Target M. (Hg.): *Frühe Entwicklung und ihre Störungen*. Frankfurt a. M.: Brandes & Apsel (40–61).
Fonagy P., György G., Jurist E. L., Target M. (2002): *Affektregulierung, Mentalisierung und die Entwicklung des Selbst*. Stuttgart: Klett-Cotta (2004).
Fonagy P., Target M., Allison L. (2003): Gedächtnis und therapeutische Wirkung. *Psyche 57*: 841–856.
Forgas J. P. (1995/1985): *Soziale Interaktion und Kommunikation* (3. Aufl.). Weinheim: Psychologischer Verlag Union.
Fortune C. (1993): Der Fall »R. N.«. Sandor Ferenczis radikales psychoanalytisches Experiment. *Psyche 48*: 683–705.
Fosshage J. (1990): How theory shapes technique: perspectives on a self psychological clinical situation. The Analyst's Response. *Psycholanal. Inquiry 4*: 601–622.
Fosshage J. L. (1994): Toward reconceptualising transference: theoretical and clinical considerations. *Int. J. Psychoanal.* 75: 265–280.
Frenzl D., Gawlytta R., Schleu A., Strauß B. (2020): (Kunst)Fehler in der Psychotherapie. *Psychotherapeut 65*: 475-486.
Freud A. (1936): *Das Ich und die Abwehrmechanismen*. Wien: Int. Psychoanal. Verlag.
Freud E. L., Meng H. (Hg.) (1963): *Sigmund Freud und Oskar Pfister. Briefe 1909–1939*. Frankfurt a. M.: Fischer.
Freud S. (1895): Zur Psychotherapie der Hysterie. In Freud S., Breuer J.: *Studien über Hysterie*. GW 1, 252-312.
Freud S. (1900): *Die Traumdeutung*. GW 2/3, 1–642.
Freud S. (1909): *Analyse der Phobie eines fünfjährigen Knaben*. GW 7, 241–377.

Freud S. (1910): *Die zukünftigen Chancen der psychoanalytischen Therapie*. GW 8, 104–115.
Freud S. (1912): *Zur Dynamik der Übertragung*. GW 8, 363–374.
Freud S. (1913): *Zur Einleitung der Behandlung*. GW 8, 453–478.
Freud S. (1920): *Jenseits des Lustprinzips*. GW 13, 1–69.
Frick E. (1996): *Durch Verwundung heilen. Zur Psychoanalyse des Heilungsarchetyps*. Göttingen Vandenhoeck & Ruprecht.
Gabbard G.O., Ogden T.H. (2010): Psychoanalytiker werden. In Mauss-Hanke A. (Hrsg.): *Internationale Psychoanalyse 2010*. Gießen: Psychosozial-Verlag, 19-41.
Geißler P. (2002): Psychoanalyse und Körper: Überlegungen zum gegenwärtigen Stand analytischer Körperpsychotherapie. *Psychoanalyse & Körper 1*: 37–81.
Geißler P. (2004): Die relationale Psychoanalyse. *Psychosozial 27*: 43–54.
Geißler P., Heisterkamp G. (2007): *Psychoanalyse der Lebensbewegungen*. Wien, New York: Springer.
Gergen K. J. (1985): The social constructionist movement in modern psychology. *Am. Psychologist 40*: 266–275.
Gergen K. J. (2002): *Konstruierte Wirklichkeiten. Eine Hinführung zum sozialen Konstruktivismus*. Stuttgart: Kohlhammer.
Gerhardt C. (2002): *Risiko Psychoanalyse. Erfahrungsbericht einer Patientin*. Berlin: Frieling.
Gilch-Geberzahn G. (1994): Projektive Identifikation im psychoanalytischen Prozeß. *Forum Psychoanal. 10*: 260–273.
Gill M. M. (1993/1979): Die Analyse der Übertragung. *Forum Psychoanal. 9*: 46–61.
Gill M. M. (1982): Die Übertragungsanalyse. Frankfurt a. M.: Fischer Taschenbuch.
Gill M. M. (1997/1994): *Psychoanalyse im Übergang*. Stuttgart: Verlag Internationale Psychoanalyse.
Gill M. M., Hoffman I. Z. (1982): *Analysis of transference* (Vol. II) New York: Int. Univ. Press.
Gill M. M., Thomä H., Rotmann J. M. (1999): »Sich der Natur der Interaktion bewußt zu werden«. *Psyche 53*: 905–928.
Gillett E. (1996): Learning theory and intrapsychic conflict. *Int. J. Psycho-Anal. 77*: 689–707.
Glasersfeld E. von (1981): Einführung in den radikalen Konstruktivismus. In Watzlawick P. (Hg.) (1981): *Die erfundene Wirklichkeit*. München: Piper, 16–38.
Götzmann L., Holzapfel M. (2003): Die Natur des »Sechsten Sinnes«. Die Gegenübertragung im Kontext der Psychoanalyse und der kognitiven Neurosciences. *Forum Psychoanal. 19*: 116–128.
Goldberg A. (1994): Farewell to the objective analyst. *Int. J. Psychoanal. 75*: 21–30.
Goldner V. (2003): Geschlecht und Trauma. *Selbstpsychologie 4*: 129–137.
Grawe K., Donati R., Bernauer F. (1994): *Psychotherapie im Wandel. Von der Konfession zur Profession*. Göttingen: Hogrefe.
Grawe K. (1995): Grundriß einer Allgemeinen Psychotherapie. *Psychotherapeut 40:* 130–145.
Grawe K. (2004): *Neuropsychotherapie*. Göttingen: Hogrefe.
Greenberg J. (1995): Psychoanalytic technique and the interactive matrix. *Psychoanal. Quart. 64*: 1–22.
Greenson R.R. (1982a/1965): Das Arbeitsbündnis und die Übertragungsneurose. In. ders.: *Psychoanalytische Erkundungen*. Stuttgart: Klett-Cotta, 151-177.
Greenson R. R. (1975/1967): *Technik und Praxis der Psychoanalyse*. Stuttgart: Klett Verlag.
Greenson R.R. (1982b/1968): Die Verwendung von Traumsequenzen zur Aufdeckung technischer Fehler: Eine klinische Studie. In ders.: *Psychoanalytische Erkundungen*. Stuttgart: Klett-Cotta, 265-282.
Grefe J., Reich G. (1996): »Denn eben, wo Begriffe fehlen ...« Zur Kritik des Konzeptes »Projektive Identifizierung« und seiner klinischen Verwendung. *Forum Psychoanal. 12*: 57–77.
Gries S., Longley M., Kästner D., Gumz A. (2020): Therapeutenmerkmale und Therapieabbruch. *Psychotherapeut 65*: 425-443.
Grimmer B. (2006): *Psychotherapeutisches Handeln zwischen Zumuten und Mut machen*. Stuttgart: Kohlhammer.
Grimmer B. (2014): *Psychodynamische Gesprächskompetenzen*. Stuttgart: Kohlhammer.

Grimmer B. (2015): Psychotherapie als Gespräch – kommunikative und interaktive Prozesse. In Sammet J., Dammann G., Schiepek G. (Hg.): *Der psychotherapeutische Prozess*. Stuttgart: Kohlhammer, 217–223.
Grossmann K., Frommer-Bombik E., Rudolph J., Grossmann K. E. (1988): Maternal attachment representations as related to patterns of infant mother attachment and maternal care during the first year. In Hinde R. A., Stevenson-Hinde J (Hg.): *Relationships within families*. Oxford: Clarendo Press, 241–260.
Grossmann K. E., Frommer-Bombik E., Friedl A., Grossmann K., Spengler G., Suess G. (1989): Die Ontogenese emotionaler Integrität und Kohärenz. In Roth E. (Hg.): *Denken und Fühlen*. Berlin, Heidelberg, New York: Springer, 36–55.
Grossmann K., Grossmann K. E. (2004): *Bindungen – das Gefüge psychischer Sicherheit*. Stuttgart: Klett-Cotta.
Grossmann K. (2009): Weinen, ein Bindungsverhalten. *Psychotherapeut 54*:77–89.
Grossmark R. (2012): The unobstrusive relational analyst. *Psychoanalytic Dialogues 22*: 629-646.
Gumz A. (2012): Kritische Momente im Therapieprozess. *Psychotherapeut 57*: 256-262.
Gumz A. (2020): Umgang mit Spannungen und Krisen in der Therapiebeziehung. *Psychotherapeut 65*: 119-132.
Gumz A., Villmann T., Bergmann B., Geyer M. (2008): Übertragung. Ein attraktiver Systemzustand. *Forum Psychoanal 24*: 229–245.
Gumz A., Rugenstein K., Munder T. (2018): Allianz-Fokussiertes Training. Schulenübergreifender Weg zum Umgang mit Krisen in der therapeutischen Beziehung. *Psychotherapeut 63*: 55-61.
Guntrip H. (1975): My experience of analysis with Fairbairn and Winnicott. In. *Rev. Psychoanal. 2*: 145–156.
Haerlin P. (1983): *Präsenz und Abstinenz des Analytikers*. Unveröff. Vortrag.
Hartmann H. P., Milch W. (Hg.) (2000): *Übertragung und Gegenübertragung. Weiterentwicklungen der psychoanalytischen Selbstpsychologie*. Gießen: Psychosozial-Verlag.
Haubl R., Mertens W. (1996): *Der Psychoanalytiker als Detektiv*. Stuttgart: Kohlhammer.
Haynal A. (1988): Probleme aus der Geschichte der Psychoanalytischen Praxis und Technik. *Psyche 42*: 561–576.
Heigl-Evers A., Heigl F. (1979): Die psychosozialen Kompromißbildungen als Umschaltstellen innerseelischer und zwischenmenschlicher Beziehungen. *Gruppenpsychother. Gruppendyn. 14*: 310–325.
Heigl-Evers A., Ott J. (1996): Die psychoanalytisch-interaktionelle Methode. Ein Behandlungsangebot für strukturell gestörte Patienten. *Psychotherapeut 41*: 77–83.
Heimann P. (1996/1950): Über Gegenübertragung. *Forum Psychoanal. 12*: 179–184.
Heinonen E., Nissen-Lie H.A. (2020): The professional and personal characteristics of effective psychotherapists: a systematic review. *Psychother Res 30*: 417-432.
Heinrich-Clauer V. (2021): Therapeuten als Resonanzkörper. In *Jahrbuch Selbstpsychologie Bd. 3: Die implizite Dimension der Resonanz*. Frankfurt a. M.: Brandes & Apsel, 51-73.
Heisterkamp G. (1999): Zur Freude in der analytischen Psychotherapie. *Psyche 53*: 1247–1265.
Heisterkamp G. (2002): *Basales Verstehen. Handlungsdialoge in Psychotherapie und Psychoanalyse*. Stuttgart: Pfeiffer bei Klett-Cotta.
Hemminger H. J, Becker V. (1985): *Wenn Therapien schaden*. Reinbek: Rowohlt.
Henningsen F. (2012): *Psychoanalysen mit traumatisieren Patienten*. Stuttgart: Klett-Cotta.
Herdieckerhoff G. (1988): Stimmung und Stimmungsübertragung in psychoanalytischer Therapie. *Forum Psychoanal 4*: 204–215.
Hermer M. (2012): TherapeutInnen, die nicht mehr ganz unbekannten Wesen – Teil II: Therapeutische Beziehung. *Verhaltensther Psychosoz Prax 44*: 573–585.
Herold R. (1995): *Übertragung und Widerstand*. Ulm: Ulmer Textbank.
Herrmann A.P. (2016): Behandlungsfehler und Fehlerkultur in der psychoanalytischen Praxis. *Psycho – Z Psychoanal 70*: 585-617.
Heuft G. (1990): Bedarf es eines Konzepts der Eigenübertragung? *Forum Psychoanal. 6*: 299–315.

Hilgers M. (2018): *Der authentische Psychotherapeut*. Stuttgart: Schattauer Verlag.
Hoffman I. Z. (1987): The value of uncertainty in psychoanalytic practice. *Cont. Psychoanal.* 23: 205–215.
Hoffman I. Z. (1991): Discussion: Toward a social constructivist view of the psychoanalytic situation. *Psychoanal. Dialogues 1*: 74–105.
Hoffman I. Z. (1998): *Ritual and spontaneity in the psychoanalytic process. A dialectical-constructivist view*. Hillsdale: The Analytic Press.
Hoffman I. Z., Gill M. M. (1988): Critical reflections on a coding scheme. *Int. J. Psychoanal.* 69: 55–64.
Hoffman I. Z. (2006): The myths of free association and the potentials of the analytic relationship. *Int. J. Psychoanal.* 87:43–61.
Hoffman I. Z. (2009): Therapeutic Passion in the Countertransference. *Psychoanalytic Dialogues 19:* 617–637.
Hoffmann S. O. (1986): Die sogenannte frühe Störung. *Prax. Psychother. Psychosom.* 31: 179–190.
Hoffmann S. O., Rudolf G., Strauß B. (2008): Unerwünschte und schädliche Wirkungen von Psychotherapie. *Psychotherapeut 53:* 4–16.
Hofmann A. (1999): *EMDR in der Therapie posttraumatischer Belastungssyndrome*. Stuttgart: Thieme.
Holderegger H. (1993): *Der Umgang mit dem Trauma*. Stuttgart: Klett-Cotta.
Hübner W. (2007): Verwandlungserfahrungen und Augenblicke der Wahrheit. In Müller M., Wellendorf F. (Hg.): *Zumutungen – die unheimliche Wirklichkeit der Übertragung*. Tübingen: edition discord, 209–226.
Hübner W. (2009): Notwendige Regelverletzungen. *Psyche 63:* 22–47.
Hübner W. (2014): Die realen Anderen. Wenn Eltern nicht »gut genug« sind. *Psyche 68:* 1224–1248.
Hurst D. (1995): Toward a definition of the term and concept of interaction. *J. Am. Psychoanal. Ass.* 43: 521–537.
Jacobs T. J. (1986): On countertransference enactments. *J. Am. Psychoanal. Ass.* 34: 289–307.
Jacocs T. (1999): Countertransference past and present: A review of the concept. *Int. J Psychoanal* 80: 575-594.
Jacobs. T. J. (2000): Unbewußte Kommunikation und verdeckte Enactments im analytischen Setting. In Streeck U. (Hg.): *Erinnern, Agieren und Inszenieren*. Göttingen: Vandenhoeck & Ruprecht, 97–126.
Jaenicke C. (2006): *Das Risiko der Verbundenheit. Intersubjektivitätstheorie in der Praxis*. Stuttgart: Klett-Cotta.
Jaenicke C. (2010): *Veränderung in der Psychoanalyse*. Stuttgart: Klett-Cotta.
Jaenicke C. (2014): *Die Suche nach Bezogenheit*. Frankfurt a. M.: Brandes & Apsel.
Jaffe J. (1964): Verbal behavior analysis in psychiatric interviews with the aid of digital computers. In Rioch D., Weinstein E. A. (Hg.): *Disorders of communication*. Res. Publ. Ass. Res. Nerv. Ment. Dis. 42, Kap. 27.
Jimenez de la Jara J. P. (1992): Der Beitrag des Analytikers zu den Prozessen der projektiven Identifizierung. *Forum Psychoanal.* 8: 295–310.
Jones E. (1962): *Das Leben und Werk von Sigmund Freud* (Bd. 3). Bern Stuttgart Wien: Hans Huber.
Jordan J. F. (1992): The transference: Distortion or plausible conjecture? *Int. J. Psychoanal.* 73: 729–738.
Joseph B. (1994/1985): Übertragung: Die Gesamtsituation. In dies.: *Psychisches Gleichgewicht und psychische Veränderung*. Stuttgart: Klett-Cotta, 231-248.
Junkert-Tress B., Tress W., Hildenbrand G., Hildenbrand B., Windgassen F., Schmitz N., Hartkamp N., Franz M. (2000): Der Behandlungsabbruch – ein multifaktorielles Geschehen. *PPmP Psychother. Psychosom. med. Psychol.* 50: 351–365.
Kächele H. (1992): Die Persönlichkeit des Psychotherapeuten und ihr Beitrag zum Behandlungsprozeß. Psychosom. Med. Psychoanal. 38: 227–239.
Kächele H., Schachter J. (2014): On side effects, destructive processes, and negative outcomes in psychoanalytic therapies. *Contemporary Psychoanalysis 50:* 233-258.

Kaimer P, Reinecker H., Schindler L. (1989): Interaktionsmuster von Klient und Therapeut bei zwei unterschiedlich erfolgreich behandelten Fällen. *Z. f. Klin. Psychol. 18*: 80–92.
Kaiser H. (1996): *Grenzverletzung. Macht und Mißbrauch in meiner psychoanalytischen Ausbildung.* Zürich: Walter.
Kantrowitz J. L. (1993): Impasses in psychoanalysis: Overcoming resistance in situations of stalemate. J. Am. Psychoanal. Ass. *41*: 1021–1050.
Katz G. A. (1998); Where the action is: the enacted dimension of analytic process. *J. Am. Psychoanal. Ass.* 46:1129–1167.
Kebeck G. (1994): *Wahrnehmung.* Weinheim, München: Juventa.
Kemper J. (1992): Sexualtherapeutische Praxis. München: Pfeiffer bei Klett-Cotta.
Kemper W. (1969): Übertragung und Gegenübertragung als funktionelle Einheit. In *Jahrbuch der Psychoanalyse Bd. 6*, 35–68.
Kernberg O. F. (1989/1987): Projektion und projektive Identifikation. *Forum Psychoanal. 5*: 267–283.
Kernberg O. F. (1988a): Probleme mit der Übertragung bei schweren Charakterpathologien – Ich-psychologische und objektbeziehungstheoretische Aspekte. In Kutter P. (Hg.): *Die psychoanalytische Haltung.* Stuttgart Wien: Verlag Internationale Psychoanalyse (1988).
Kernberg O. F. (1988): *Innere und äußere Realität.* München-Wien: Verlag Internationale Psychoanalyse
Kernberg O. F. (1993): The current status of Psychoanalysis. *J. Am. Psychoanal. Ass. 41*: 45–62
Khan M. M. R. (1963): Das kumulative Trauma. In: ders. (1977): *Selbsterfahrung in der Therapie.* München: Kindler, 50–70
Khan M. M. R. (1977b): *Selbsterfahrung in der Therapie.* München: Kindler.
Klauber J. (1980/1976): Einige wenig beschriebene Elemente der psychoanalytischen Beziehung und ihre therapeutischen Implikationen. In ders.: *Schwierigkeiten in der analytischen Begegnung.* Frankfurt a. M.: Suhrkamp.
Klein M. (1972/1946): Bemerkungen über einige schizoide Mechanismen. In dies. (1972): *Das Seelenleben des Kleinkindes.* Reinbeck: Rowohlt.
Klöpper M. (2005): Die Bedeutung der Säuglingsforschung, Bindungstheorie und Neurowissenschaften für den psychoanalytischen Prozeß. *Forum Psychoanal 21*: 184–200.
Klüwer R. (1983): Agieren und Mitagieren. *Psyche 37*: 828–840.
Köhler L. (2006): Zur Entstehung des autobiographischen Selbst und des autobiographischen Gedächtnisses. *Selbstpsychologie 7*: 96–114.
König H. (1996): Gleichschwebende Aufmerksamkeit. Modelle und Theorien im Erkenntnisprozeß des Psychoanalytikers. *Psyche 50*: 337–375.
König K. (1993): *Gegenübertragungsanalyse.* Göttingen: Vandenhoeck & Ruprecht.
König K. (1995): *Widerstandsanalyse.* Göttingen: Vandenhoeck & Ruprecht.
König K. (2002): *Fallstricke in der psychoanalytischen Praxis.* Stuttgart: Klett-Cotta.
König K. (2010): *Gegenübertragung und die Persönlichkeit des Psychotherapeuten.* Frankfurt a. M.: Brandes & Apsel.
Körner J. (1989): Arbeit an der Übertragung? Arbeit in der Übertragung! *Forum Psyoanal. 5*: 209–223.
Körner J. (1989): Kritik der »therapeutischen Ich-Spaltung«. *Psyche 43*: 385–396.
Körner J. (1990): Übertragung und Gegenübertragung, eine Einheit im Widerspruch. *Forum Psychoanal. 6*: 87–104.
Körner J. (1995): Der Rahmen der psychoanalytischen Situation. *Forum Psychoanal. 11*: 15.26.
Körner J. (1995): Psychoanalytische Arbeit und die Ziele der Weiterbildung. *Forum Psychoanal. 11*: 338–347.
Körner J. (2011): Deutungen. *Psychotherapeut 56*: 110–117.
Körner J. (2013): Pladoyer für eine Direktausbildung zum Psychotherapeuten. *Forum Psychoanal 29*: 235–257.
Körner J. (2014): Arbeit »in« der Übertragung – Fünfundzwanzig Jahre später. *Forum Psychoanal 30*: 341-356.
Körner J. (2015): *Die Deutung in der Psychoanalyse.* Stuttgart: Kohlhammer.

Körner J. (2018): *Die Psychodynamik von Übertragung und Gegenübertragung*. Göttingen: Vandenhoeck & Ruprecht.
Kogan I. (1996): Von der Konkretisierung durch Agieren zur Differenzierung. *Forum Psychoanal. 12:* 226–241.
Kohut H. (1976/1971): *Narzißmus*. Frankfurt a. M.: Suhrkamp.
Kohut H. (1979/1977): *Die Heilung des Selbst*. Frankfurt a. M.: Suhrkamp.
Kohut H. (1989/1984): *Wie heilt die Psychoanalyse?* Frankfurt a. M.: Suhrkamp.
Koellreuter A. (Hrsg.) (2009): *»Wie benimmt sich der Prof. Freud eigentlich?«* Gießen: Psychosozial-Verlag.
Krause R., Lütolf P. (1989): Mimische Indikatoren von Übertragungsvorgängen –Erste Untersuchungen. *Z. f. Klin. Psychol. 18:* 55–67.
Krause R. (1997): *Allgemeine psychoanalytische Krankheitslehre* (Bd. 1: Grundlagen). Stuttgart: Kohlhammer.
Krause R. (2006): Emotionen, Gefühle, Affekte – ihre Bedeutung für die seelische Regulierung. In Remmel A., Kernberg O. F., Vollmoeller W., Strauß B. (Hg.): *Handbuch Körper und Persönlichkeit*. Stuttgart: Schattauer, 22–44.
Krutzenbichler H. S., Essers H. (1991): *Muß denn Liebe Sünde sein?* Freiburg i. B.: Kore.
Krutzenbichler H.S., Essers H. (2010): *Übertragungsliebe*. Gießen: Psychosozial-Verlag.
Krutzenbichler H.S. (2019): Die Übertragungsliebe – sie ist der Vogel, den sein Nest beschmutzt. *Forum Psychoanal 35:* 213-225.
Kuhn T. S. (1973/1962): *Die Struktur wissenschaftlicher Revolutionen*. Frankfurt a. M.: Suhrkamp.
Kunzke D. (2011): Grundlegende Merkmale interpersonaler, intersubjektiver und relationaler Ansätze als Ausdruck aktueller Entwicklungstendenzen in der Psychoanalyse. *Psyche 65:* 577–616.
Kutter P., Páramo-Ortega R., Müller T. (1998): *Weltanschauung und Menschenbild*. Göttingen: Vandenhoeck & Ruprecht.
Lachauer R. (1990): Die Bedeutung des Handlungsdialogs für den therapeutischen Prozeß. *Psyche 44:* 1082–1099.
Lachmann F. M., Beebe B. (1992): Representational and selfobject transferences: a developemental perspective. In Goldberg A. (Ed.): *New therapeutic visions. Progress in self psychology*. Hillsdale: The Anal. Press, 3–15.
Lachmann F. M. (2010/2008): *Narzißmus verstehen und verändern*. Frankfurt a. M.: Brandes & Apsel.
Lambert M. J. (2010): *Preventions of treatment failure: the use of measuring, monitoring, and feedback in clinical practice*. Washington: American Psychological Association.
Langs R. (1987/1982): *Die psychotherapeutische Verschwörung*. Stuttgart: Klett-Cotta.
Langs R. (1989/1984): Die Angst vor validen Deutungen und vor einem festen Rahmen. *Forum Psychoanal 5:* 1–18.
Lazar R. A. (1993): »Container – Contained« und die helfende Beziehung. In Ermann M. (Hg.): *Die hilfreiche Beziehung in der Psychoanalyse*. Göttingen: Vandenhoeck & Ruprecht, 68–91.
Leitner M. (2001): *Ein gut gehütetes Geheimnis*. Gießen: Psychosozial-Verlag.
Lennard H. L., Bernstein A. (1960): *The anatomy of psychotherapy*. Columbia Univ. Press.
Leuzinger-Bohleber M., Pfeifer R. (1998): Erinnern in der Übertragung. Vergangenheit in der Gegenwart? Psychoanalyse und Embodied cognitive science: ein interdisziplinärer Dialog zum Gedächtnis. *Psyche 52:* 884–918.
Leuzinger-Bohleber M. (2014): Den Körper in der Seele entdecken. *Psyche – Z Psychoanal 68:* 922-950.
Levine H. B. (1994): The analyst's participation in the analytic process. *Int. J. Psychoanal. 75:* 665–676.
Levine L. V., Tuber S. B., Slade A., Ward M. J. (1991): Mothers' mental representations and their relationship to mother-infant attachment. *Bull. Menninger Clinic 55:* 454–469.
Lichtenberg J. D. (1989): Modellszenen, Affekte und das Unbewußte. In Wolf E., Ornstein A., Ornstein P. M., Lichtenberg J. D., Kutter P.: *Selbstpsychologie*. München, Wien: Verlag Internationale Psychoanalyse.

Lichtenberg J. D. (1989): *Psychoanalysis and Motivation*. Hillsdale: The Analytic Press.
Lichtenberg J. D. (1990): Rethinking the scope of the patient's transference and the therapist's conterresponsiveness. In Goldberg A. (Ed.): *The realities of transference*. Hillsdale: The Analytic Press, 23–33.
Lichtenberg J. D. (1991): Motivational-funktionale Systeme als psychische Strukturen. *Forum Psychoanal.* 7: 85–97.
Lichtenberg J. D. (2005): *Kunst und Technik psychoanalytischer Therapien*. Frankfurt a. M.: Brandes & Apsel (2007).
Lichtenberg J. D., Lachmann F. M., Fosshage J. L. (1992): *Self and motivational systems. Toward a theory of psychoanalytic treatment*. Hillsdale: The Analytic Press.
Lichtenberg J. D., Lachmann F. M., Fosshage J. L. (1992): Werte und moralische Haltungen. *Psyche 50*: 407–443.
Lichtenberg J. D., Lachmann F. M., Fosshage J. L. (2000): *Zehn Prinzipien psychoanalytischer Behandlungstechnik. Konzepte der Selbst- und Entwicklungspsychologie in der Praxis*. Stuttgart: Pfeiffer bei Klett-Cotta.
Linden M., Strauß B. (Hrsg.)(2018): *Risiken und Nebenwirkungen von Psychotherapie* (2. Aufl.). Berlin: Medizinisch-wissenschaftliche Verlagsgesellschaft.
Little M. J. (1994/1990): *Die Analyse psychotischer Ängste. Zwei unorthodoxe Fallgeschichten*. Stuttgart: Klett-Cotta.
Löchel E. (2013): Ringen um psychoanalytische Haltung. *Psyche 67*: 1167–1190.
Loewald H. W. (1960): Zur therapeutischen Wirkung der Psychoanalyse. In ders.: *Psychoanalyse. Aufsätze aus den Jahren 1951–1979*. Stuttgart: Klett-Cotta, 209–247.
Lohmer M., Klug G., Herrmann B., Pouget D., Rauch M. (1992): Zur Diagnostik der Frühstörung. *Prax. Psychother. Psychosom. 37*; 243–255.
Luborsky L. (1976): Helping alliances in psychotherapy. In Claghorn J. L. (Hg.): *Successful Psychotherapy*. New York: Brunner Mazel, 92-116
Luborsky L., Mc Lelland A. T., Woody G.E., O'Brien C. P., Auerbach A. (1985): Therapist sucess and its determinants. *Arch. Gen. Psychiatry 42*: 602–611.
Luhmann N. (1992): Die operative Geschlossenheit psychischer und sozialer Systeme. In Fischer R., Retzer A., Schweitzer J. (Hg.): *Das Ende großer Entwürfe*. Frankfurt a. M.: Suhrkamp, 117-131.
Lyons-Ruth K. (1999): The two-person unconscious. *Psa. Inquiry 19*: 576-617.
Maroda K. (2004): *The Power of Countertransference*. Hillsdale: The Analytic Press.
Maturana H. R. (1985): *Erkennen: Die Organisation und Verkörperung von Wirklichkeit*. Braunschweig, Wiesbaden: Friedr. Vieweg & Sohn.
Maturana H. R., Varela F. J. (1987/1984): *Der Baum der Erkenntnis*. Bern, München: Scherz.
May U. (2015): *Freud bei der Arbeit*. Gießen: Psychosozial-Verlag.
Mayr U. (Hg.) (2001): *Wenn Therapien nicht helfen. Zur Psychodynamik der negativen therapeutischen Reaktion*. Stuttgart: Pfeiffer bei Klett-Cotta.
Mayr U. (2005): False memories. *Forum Psychoanal 21*:58–67.
Meissner W. W. (1998): Neutrality, abstinence, and the therapeutic alliance. *J. Am. Psychoanal. Ass. 46*: 1089–1128.
Mentzos S. (1976): *Interpersonale und institutionalisierte Abwehr*. Frankfurt a. M.: Suhrkamp.
Merk A. (2009): Der Ausdruck von Emotionen in der psychoanalytischen Haltung. *Z für psychoanal Theorie und Praxis 24*: 320-329.
Merten J. (2001): *Beziehungsregulation in Psychotherapien*. Stuttgart: Kohlhammer.
Mertens W. (1990): *Einführung in die psychoanalytische Therapie* (Bd. 2). Stuttgart: Kohlhammer.
Mertens W. (1991): Einführung in die psychoanalytische Therapie (Bd. 3). Stuttgart: Kohlhammer.
Mertens W. (1993): Die psychoanalytische Haltung. In Ermann M. (Hg.): *Die hilfreiche Beziehung in der Psychoanalyse*. Göttingen: Vandenhoeck & Ruprecht, 11–34.
Mertens W. (2009): *Psychoanalytische Erkenntnishaltungen und Interventionen*. Stuttgart: Kohlhammer.
Mertens W. (2011): Entwicklungsorientierung in der Psychoanalyse – überflüssig oder unerlässlich? *Psyche 65*: 808-831.

Mertens W. (2013): Das Zwei-Personen-Unbewusste – Unbewusste Wahrnehmungsprozesse in der analytischen Situation. *Psyche* 67: 817–843.
Mertens W. (2015): *Psychoanalytische Behandlungstechnik*. Stuttgart: Kohlhammer.
Mertens W., Haubl R. (1996): *Der Psychoanalytiker als Archäologe*. Stuttgart: Kohlhammer.
Milch W., Hartmann H.-P. (1996): Zum gegenwärtigen Stand der psychoanalytischen Selbstpsychologie. *Psychotherapeut* 41: 1–12.
Milch W. (2001): *Lehrbuch der Selbstpsychologie*. Stuttgart: Kohlhammer.
Mitchell S. A. (1988): *Relational concepts in Psychoanalysis. An integration*. Cambridge: Harvard University Press.
Mitchell S. A. (2005/1997): *Psychoanalyse als Dialog*. Gießen: Psychosozial-Verlag.
Mitchell S. A. (2003/2000): Bindung und Beziehung. Auf dem Weg zu einer relationalen Psychoanalyse. Gießen: Psychosozial-Verlag.
Mitscherlich-Nielsen M. (1988): Fußnote. In KutterP., Páramo-Ortega. R., Zagermann P. (Hrsg.) (1988): *Die psychoanalytische Haltung*. München -Wien: Verlag Internationale Psychoanalyse, S. VII.
Modell A. H. (1990): *Other times, other realities. Towards a theory of psychoanalytic treatment*. Cambridge, London: Harvard Univ. Press.
Moeller M.L. (1977): Zur Theorie der Gegenübertragung. *Psyche* 31: 142–166.
Morgenthaler F. (1978): *Technik. Zur Dialektik der psychoanalytischen Praxis*. Frankfurt a. M.: Syndikat.
Moser T. (1974): *Lehrjahre auf der Couch*. Frankfurt a. M.: Suhrkamp.
Moser T. (2003): Der Körper und die Seele. Neuere Entwicklungen der analytischen Körperpsychotherapie. In Gerlach A., Schlösser A.-M., Springer A. (Hg.): *Psychoanalyse mit und ohne Couch*. Gießen: Psychosozial-Verlag, 507–517.
Moser T. (2004): *Bekenntnisse einer halb geheilten Seele*. Frankfurt a. M.: Suhrkamp.
Munich R.L. (2006): Eine Verbindung von mentalisierungsgestützter Behandlung und herkömmlicher Psychotheapie zur Weiterentwicklung der gemeinsamen Basis und Förderung der Urheberschaft. In Allen J.G., Fonagy P. (Hrsg.): Mentalisierungsgestützte Therapie. Stuttgart: Klett-Cotta, 2009, 207-224.
M'Uzan, M. de (1989): Während der Sitzung. Überlegungen zum psychischen Geschehen im Analytiker. In *Jahrbuch der Psychoanalyse Bd. 31*. Stuttgart-Bad Cannstatt: frommann-holzboog (1993).
Neyraut M. (1974): *Die Übertragung*. Frankfurt a. M.: Suhrkamp 1976.
Nissen B. (2018): Frei-schwebend zum Ereignis. Der Prozess der Deutung. *Psyche* 72: 847-868.
Nuetzel E. J. (1993): Learning from our unsuccessful cases. *J. Am. Psychoanal. Ass.* 41: 743–754.
Oelsner R. (Hg.)(2013): *Transference and Countertransference today*. London, New York: Routledge.
Ogden T. H. (1988/1979): Die projektive Identifikation. *For. Psychoanal* 4:1–21.f
Ogden T. H. (2001/1997): *Analytische Träumerei und Deutung*. Wien, New York: Springer.
Ogden T. H. (2004/2001): Gespräche im Zwischenreich des Träumens. Gießen: Psychosozial-Verlag.
Orange D. M., Atwood G. E., Stolorow R. D. (2001): *Intersubjektivität in der Psychoanalyse. Kontextualismus in der psychoanalytischen Praxis*. Frankfurt a. M.: Brandes & Apsel.
Orange D. M. (2003): Warum die Intersubjektivitätstherorie meine Psychoanalyse ist. *Selbstpsychologie* 4: 328–346.
Orange D. M. (2004): *Emotionales Verständnis und Intersubjektivität*. Frankfurt a. M.: Brandes & Apsel.
Orlinsky D. E., Grawe K., Parks B. K. (1995): Process and outcome in therapy – noch einmal. In Bergin A. E., Garfield S. L. (Hg.): *Handbook of psychotherapy and behavior change*. New York: Wiley, 270–376.
Ornstein A. (1996/1991): Die Angst vor der Wiederholung. Bemerkungen zum Prozeß des Durcharbeitens in der Psychoanalyse. *Psyche* 50: 444–462.
Ornstein P. (1993): Supervisionsseminar im Rahmen des Selbstpsychologie-Symposiums »Der therapeutische Prozeß«, Dreieich/Frankfurt a M.

Ornstein P. H. (1995): Die Funktion der Theorie im Deutungsprozeß. In Kutter P. (Hg.): *Der therapeutische Prozeß. Psychoanalytische Theorie und Methode in der Sicht der Selbstpsychologie*. Frankfurt a. M.: Suhrkamp, 52–80.
Pflichthofer D. (2007): Die verwundbare Analytikerin. Forum Psychoanal 23: 343–363.
Piaget J., Inhelder B. (1966): *Die Psychologie des Kindes*. Frankfurt a. M.: Fischer.
Piper W.E., Ogrodniczuk J.S., Joyce A.S. et al. (1999): Prediction of dropping out in time-limited, interpretative individual psychotherapy. Psychotherapy 36: 114-122.
Pizer S. (1998): *Building Bridges: the negotiation of paradox in Psychoanalysis*. Hillsdale: The Analytic Press.
Plassmann R. (2010): Inhaltsdeutung und Prozessdeutung. Forum Psychoanal 26:105-120.
Plenker F.P. (2015): Behandlungskrisen und die Rolle des Analytikers. Psyche – Z Psychoanal 69: 25-46.
Pohlen M., Bautz-Holzherr M. (1995): *Psychoanalyse – Das Ende einer Deutungsmacht*. Reinbek: Rowohlt.
Pohlen M. (2006): *Freuds Analyse. Die Sitzungsprotokolle Ernst Blums*. Reinbek: Rowohlt.
Porder M. S. (1991/1987): Projektive Identifikation: Eine Alternativ-Hypothese. Forum Psychoanal 7: 189–201.
Privitera A. R. (2013): Die Abstinenzregel in der psychoanalytischen Behandlungstechnik. Psyche 67: 1191–1211.
Pulver S. E. (1991): Psychoanalytic technique: Progress during the past decade. Psychoanalytic Inquiry 11: 65–87.
Purcell S. D. (1995): Interpretative perspectives on interaction. J. Am. Psychoanal. Ass. 43: 539–551.
Racker H. (1978/1959): *Übertragung und Gegenübertragung. Studien zur psychoanalytischen Technik*. München: Reinhardt.
Rangell L. (1954): Similarities and differences between psychoanalysis and dynamic psychotherapy. J. Am. Psychoanal. Ass. 2: 734–744.
Raphling D. L. (1995): Interpretation and expectation: The anxiety of influence. J. Am. Psychoanal Ass. 43: 95–111.
Rayner E. (1992): Matching, attunement and the psychoanalytic dialogue. Int. J. Psycho-Anal. 73: 39–54.
Reed G. S. (1995): Clinical truth and comtemporary relativism: meaning and narration in the psychoanalytic situation. J. Am. Psychoanal. Ass. 43: 713–739.
Reimer Ch. (1991): Schwierige Patienten und ihre Therapeuten. Prax. Psychother. Psychosom. 36: 173–181.
Renik O. (1993): Analytic interaction: conceptualizing technique in light of the analyst's irreducible subjectivity. Psychoanalytic Quart. 62: 553–571.
Renik O. (1995): Clinical technique: Reflections on the concept of resistance. J. Am. Psychoanal. Ass. 43: 83–94.
Renik O. (1999): Das Ideal des anonymen Analytikers und das Problem der Selbstenthüllung. Psyche 53: 929–957.
Renik O. (2006): *Practical Psychoanalysis for Therapists and patients*. New Hampshire: Alpha Graphics of Pittsfield.
Renik O. (2008): Denken in Gegenwart des Anderen. Die Subjektivität und die Objektivität des Analytikers. Z anal Theorie und Praxis 23: 27–41.
Retzer A. (1994): *Familie und Psychose*. Stuttgart: Gustav Fischer.
Ringstrom P. (2007): Scenes that write themselves: Improvisational moments in relational psychoanalysis. Psychoanalytic Dialogues 17: 69–99.
Roazen P. (1999): *Wie Freud arbeitete*. Gießen: Psychosozial-Verlag.
Rohde-Dachser C. (1993): Weiterentwicklung der psychoanalytischen Behandlungstechnik. In Mertens W. (Hg.): *Schlüsselbegriffe der Psychoanalyse*. Stuttgart, Wien: Verlag Internationale Psychoanalyse, 283–289.
Rosenfeld E. (1966): Unpublished adress to the British Psychoanalytical Association.
Rosenfeld H. (1987): *Sackgassen und Deutungen*. München, Wien: Verlag Internationale Psychoanalyse.

Rosenhan D. L. (1973): Gesund in kranker Umgebung. In Watzlawick P. (Hg.) (1981): *Die erfundene Wirklichkeit*. München: Piper, 111–137.
Roth G., Strüber N. (2014): Neurobiologische Grundlagen von Psychotherapie und ihrer zeitlichen Dynamik. In Janta B., Walz-Pawlita S., Unruh B. (Hg.): *Unzeitgemäßes*. Gießen: Psychosozial-Verlag, 257–277.
Roughton R. E. (1993): Useful aspects of acting out: repetition, enactment and actualization. *J. Am. Psychoanal. Ass.* 41: 443–472.
Rudolf G. (1991): *Die therapeutische Arbeitsbeziehung*. Berlin, Heidelberg: Springer.
Sachse R. (2006): *Therapeutische Beziehungsgestaltung*. Göttingen, Bern: Hogfrefe.
Safran J.D., Muran J.C. (2000): *Negotiation the therapeutic alliance: a relational treatment guide*. New York: Guilford.
Sandler J. (1976): Gegenübertragung und Bereitschaft zur Rollenübernahme. *Psyche 30*: 297–307.
Sandler J. (1983): Die Beziehung zwischen psychoanalytischen Konzepten und psychoanalytischer Praxis. *Psyche 37*: 577–595.
Sandler J., Sandler A.-M. (1978): On the developement of object relationships and affects. *Int. J. Psychoanal. 59*: 285– 296.
Sandler J., Sandler A.-M. (1985): Vergangenheits-Unbewußtes, Gegenwarts-Unbewußtes und die Deutung der Übertragung. *Psyche 39*: 800–829.
Sandweg R. (2015): Zeige mir Deine Welt. Zur dialogischen Konstruktion von Wirklichkeit in der Psychoanalyse. *Forum Psychoanal 31*: 191–203.
Sassenfeld A. (2012): *Relationale Psychotherapie*. Gießen: Psychosozial-Verlag (2015).
Schachter J. (1994): Abstinence and neutrality: Development and diverse views. *Int. J. Psychoanal. 75*: 709–720.
Scharff J. M. (1995): Zwischen Freud und Ferenczi: die inszenierende Interaktion (Teil I und II). *Zt. f. psychoanal. Theorie und Praxis 10*: 349–374, 442–461.
Scharff J. (2007): Psychoanalyse und inszenierende Interaktion: Gemeinsamkeiten und Unterschiede. In Geißler P., Heisterkamp G. (Hg.): *Psychoanalyse der Lebensbewegungen*. Wien, New York: Springer, 83–98.
Scharff J. (2009): Verwickeln und Entwickeln – das analytische Paar und das Sexuelle. *Psyche 63*: 1–21.
Scheibe G. (1996): Computergestützte Textanalyse psychiatrischer Behandlungsgespräche – Vergleich zu psychoanalytisch orientierten Erstinterviews, psychoanalytischen Sitzungen und Visitengesprächen. *Psychother. Psychosom. med. Psycholog. 46*: 438–443.
Schiepek G. Schütz A., Köhler M., Richter K., Strunk G. (1995): Die Mikroanalyse der Therapeut-Klient-Interaktion mittels sequentieller Plananalyse. *Psychotherapie Forum 3*: 1–17.
Schindler L. (1989): Das Codiersystem zur Interaktion in der Psychotherapie (CIP): Ein Instrument zur systematischen Beobachtung des Verhaltens von Therapeut und Klient im Therapieverlauf. *Z.f. Klin. Psychol. 18*: 68–79.
Schmidt M. G. (2020): Zur therapeutischen Wirksamkeit von Handlungen in der Psychoanalyse. *Forum Psychoanal 36*: 261-276.
Schneider-Lehmann A., Abeken H. (2002): Die Bedeutung des Rahmens in der übertragungsfokussierten Psychotherapie für Borderline-Persönlichkeiten. *Persönlichkeitsstörungen 1:* 43–55.
Schore A. N. (2003): *Affektregelung und die Reorganisation des Selbst*. Stuttgart: Klett-Cotta (2007).
Schwaber E. A. (1995/1981): Empathie: Eine Form analytischen Zuhörens. *Forum Psychoanal. 11*: 160–183.
Schwaber E. A. (1988/1986): Rekonstruktion und Wahrnehmungserleben: Weiterführende Gedanken zum psychoanalytischen Zuhören. In Kutter P., Paramo-Ortega R., Zagermann P. (Hg*.)*: *Die psychoanalytische Haltung*. München, Wien: Verlag Internationale Psychoanalyse, 207–230.
Schwaber E. A. (2006): Das Ringen ums Zuhören. *Psyche 60*: 31–56.
Schwaber E. A. (2013). Meine Reise ins Zuhören. *Selbstpsychologie 14*: 9–60.
Seiler K. (2014): Spiel, Intersubjektivität und implizites Beziehungswissen in der Kinder- und Jugendlichen-Psychoanalyse. *Selbstpsychologie 15*: 70–114.

Shapiro F. (1998): *EMDR – Grundlagen und Praxis*. Paderborn: Junfermann.
Siebert G. (1996): Über das Agieren des Psychoanalytikers und die Stagnation als nützliche Bestandteile des Behandlungsprozesses. *Forum Psychoanal. 12*: 315–327.
Silber A. (1996): Analysis, reanalysis, and selfanalysis. *J. Am. Psychoanal. Ass. 44*: 491–501.
Simon B. (1993): In search of psychoanalytic technique: Perspectives from behind the couch. *J. Am. Psychoanal. Ass 41*: 1051–1082.
Simon F. (1995): Die andere Seite der Gesundheit. Ansätze einer systemischen Krankheits- und Therapietheorie. Heidelberg: Carl-Auer-Systeme.
Slavin J. H. (1994): On making rules. Toward a reformation of the dynamics of transference in psychoanalytic treatment. *Psychoanalytic Dialogues 4*: 253–274.
Slavin J. H. (2010): Becoming an Individual: Technically Subversive Thoughts on the Role of the Analyst's Influence. *Psychoanalytic Dialogues 20*: 308–324.
Smith H. F. (1990): Cues: the perceptual edge of the transference. *Int. J. Psychoanal. 71*: 219–228.
Spangler G., Zimmermann P. (Hg.) (1995): *Die Bindungstheorie. Grundlagen, Forschung und Anwendung*. Stuttgart: Klett-Cotta.
Spence D. P. (1982): *Narrative truth and historical truth*. New York: Norton.
Spence D. P., Dahl H., Jones E. E. (1993): Impact of interpretation on associative freedom. *J. cons. clin. Psychol. 61*: 395–402.
Steiner J. (1996): The aim of psychoanalysis in theory and practice. *Int. J. Psycho-Anal. 77*: 1073–1083.
Steele M., Steele H. (1995): Intergenerationale Tradierung von Bindung, mütterliche Responsivität und Fremdbetreuung: Eine ideographische Illustration. In Spangler G., Zimmermann P. (Hg.): *Die Bindungstheorie*. Stuttgart: Klett-Cotta, 161–177.
Steimer E., Krause R., Sänger-Alt C., Wagner G. (1988): Mimisches Verhalten schizophrener Patienten und ihrer Gesprächspartner. *Z. f. Klin. Psychol. 17*: 132–147.
Steimer-Krause E. (1996): *Übertragung, Affekt und Beziehung. Theorie und Analyse nonverbaler Interaktionen schizophrener Patienten*. Bern: Peter Lang.
Sterba R. (1934): Das Schicksal des Ich im therapeutischen Verfahren. *Int. Z. Psychoanal. 20*: 60–73.
Stern D. N. (1994/1986): *Selbsterfahrung des Säuglings*. Stuttgart: Klett-Cotta.
Stern D. N. (1995/1989): Die Repräsentation von Beziehungsmustern. Entwicklungsbiologische Betrachtungen. In Petzold H. G. (Hg.): *Die Kraft liebevoller Blicke. Psychotherapie und Babyforschung*. Paderborn: Junfermann 1995, 193–218.
Stern D. N. (2004): *Der Gegenwartsmoment*. Frankfurt a. M.: Brandes & Apsel.
Stern D. N., Sander L. W., Nahum J. P., Harrison A. M., Lyons-Ruth K., Morgan A. C., Bruschweiler-Stern N., Tronick E. Z. (2002): Nicht-deutende Mechanismen in der psychoanalytischen Therapie. Das »Etwas-Mehr« als Deutung. *Psyche 56*: 974–1006.
Stern D. N. et al. (Boston Change Process Study Group) (2012/2010): Veränderungsprozesse. Ein integratives Paradigma. Frankfurt a. M.: Brandes & Apsel.
Stirn A. (2002): Gegenübertragung. *Psychotherapheut 47*: 48–58.
Stolorow R., Brandchaft B., Atwood G. E. (1996/1987): Psychoanalytic treatment. An intersubjective approach. Hillsdale, NJ: Analytic Press. Deutsch: Psychoanalytische Behandlung. Ein intersubjektiver Ansatz. Frankfurt a. M.: Fischer Taschenbuch.
Stork T. (2020): *Übertragung*. Stuttgart: Kohlhammer.
Strachey J. (1934): Grundlagen der therapeutischen Wirkung der Psychoanalyse. *Int. Z. f. Psychoanal. 21*: 486–516.
Strauss M. S. (1979): Abstraction of prototypical informations by adults and 10 month old infants. *J. Experimental Psychology: Human learning and memory 5*: 618–632.
Strauß B., Schwark B. (2007): Die Bindungstheorie und ihre Relevanz für die Psychotherapie. *Psychotherapeut 52*: 405–425.
Streeck U. (1986): Hintergrundannahmen im psychoanalytischen Behandlungsprozeß. *Forum Psychoanal. 2*: 98–110.
Streeck U., Weidenhammer B. (1987): Zum Redeverhalten des Analytikers im Übertragungsgeschehen. *Psyche 41:* 60–75.

Streeck U. (1998): Agieren, Deuten und unbewußte Kommunikation. *Forum Psychoanalyse 14*: 66–78.
Streeck U. (Hg.) (2000): *Erinnern, Agieren und Inszenieren. Enactments und szenische Darstellungen im therapeutischen Prozeß*. Göttingen: Vandenhoeck & Ruprecht.
Streeck U. (2002): Handeln im Angesicht des Anderen. Über nicht-sprachliche Kommunikation in therapeutischen Dialogen. *Psyche 56*: 247–274.
Streeck U. (2004): *Auf den ersten Blick*. Stuttgart: Klett-Cotta.
Streeck U. (2009): *Gestik und die therapeutische Beziehung*. Stuttgart: Kohlhammer.
Streeck U., Leichsenring F. (2014): *Handbuch psychoanalytisch-interaktionelle Therapie*. Göttingen: Vandenhoeck & Ruprecht.
Strupp H. H. (1989): Psychotherapy: Can the practitioner learn from the researcher? *American Psychologist 44*: 717–724.
Strupp H. H. (1996): Nachhaltige Lektionen aus der psychotherapeutischen Praxis und Forschung. *Psychotherapeut 41*: 84–87.
Strupp H. H. Schacht T. E. Henry W., Gaston L. (1994): Psychodynamic approaches. In Bergin A. E. & Garfield S. L. (Hg.): *Handbook of psychotherapy and behavior change* (4. Aufl.). New York: Wiley.
Stucki C., Grawe K. (2007): Bedürfnis und motivorientierte Beziehungsgestaltung. *Psychotherapeut 52*: 16–23.
Sullivan H. S. (1953): *Die interpersonale Theorie der Psychiatrie*. Frankfurt a. M.: Fischer (1980).
Tähkä V. (1993): *Mind and its Treatment. A Psychoanalytic Approach*. Madison: University Press.
Thomä H. (1981): *Schriften zur Praxis der Psychoanalyse. Vom spiegelnden zum aktiven Psychoanalytiker*. Frankfurt a. M.: Suhrkamp.
Thomä H. (1984a): Der Beitrag des Psychoanalytikers zur Übertragung. *Psyche 38*: 29–62.
Thomä H. (1984b): Der »Neubeginn« Michael Balints aus heutiger Sicht. *Psyche 38*: 516–543.
Thomä H. (1991): Idee und Wirklichkeit der Lehranalyse. Ein Plädoyer für Reformen (I). *Psyche 45*: 385–433.
Thomä H., Kächele H. (2007/1985): *Lehrbuch der psychoanalytischen Therapie* (Bd. 1, 4. Aufl.). Berlin, Heidelberg, New York, Tokyo: Springer.
Thomä H. (1999): Zur Theorie und Praxis von Übertragung und Gegenübertragung im psychoanalytischen Pluralismus. *Psyche 53*: 820–872.
Thomä H. (2001): Intersubjektivität und Bifokalität der Übertragung. In Bohleber W., Drews S. (Hg.): *Die Gegenwart der Psychoanalyse – die Psychoanalyse der Gegenwart*. Stuttgart: Klett-Cotta, 370–383.
Treurniet N. (1986): Die Übertragung als Struktur und Prozeß. In Lobner H. (Hg.): *Psychoanalyse heute*. Wien: Orac, 17–44.
Treurniet N. (1992): Zur Theorie der freien Assoziation. *Z. f. psychonal. Theorie und Praxis 7*: 242–255.
Treurniet N. (1996): Über eine Ethik der psychoanalytischen Technik. *Psyche 50*: 1–31.
Turnbull O., Solms M. (2005): Gedächtnis und Fantasie. In Green V. (Hg.): *Emotionale Entwicklung in Psychoanalyse, Bindungstheorie und Neurowissenschaften*. Frankfurt a. M.: Brandes & Apsel, 69–113.
Tyson R. (1986): Countertransference evolution in theory and practice. *J. Am. Psychoanal. Ass. 34*: 251–274.
Voigtel R. (2014): Gegenübertragung und Identifizierung und Identifizierung in der kompetenten Position. *Forum Psychoanal 30*: 275-290.
Volkan V. D. (1987): *Six steps in the treatment of borderline personality organization*. Northvale: Jason Aronson.
Volz-Boers U. (2016): Resonanz im Körper des Analytikers. Das Konzept der sensorisch-intuitiven Haltung. In Walz-Pawlita S., Unruh B., Janta B. (Hrsg.): *Körper-Sprachen*. Gießen: Psychosozial-Verlag, 141-152.
Wachtel P. (1980): Transference, schema and assimilation: The relevance of Piaget to the psychoanalytic theory of transference. *Ann. Psychoanal. 8*: 59–76.

Wackernagel K. (2011): Psychoanalyse und Traumatherapie. Das Gewalttrauma als Einbruch in die innere Realität. *Forum Psychoanal* 27: 223–237.
Wallerstein R. (1998): The new American psychoanalysis: a commentary. *J. Am. Psychoanal. Ass.* 46:1021–1043.
Walter A. (2010): Entwicklungslinien psychoanalytischer Entwicklungspsychologie und Entwicklungstheorie. In Sulz S., Höfling S. (Hg.): *... und er entwickelt sich doch! Entwicklung und Psychotherapie.* München: CIP-Medien, 71–116.
Walter A. (2015): Die Angst des Therapeuten vor dem Patienten. In Glogau E., Wölfl A. (Hg.): *Der Angst begegnen – in der Musiktherapie.* Wiesbaden: Reichert Verlag, 21–37.
Walter A. (2019): Spielen zwischen Latenz und Sich-zeigen-wollen. In Bründl P., Timmermann H. (Hrsg.): *Geschlechterdifferenzen im Spielraum.* Frankfurt a. M.: Brandes & Apsel, 154-195.
Wampold B. E., Imel Z.E., Flückiger C. (2015): *Die Psychotherapie-Debatte.* Bern: Hogrefe, 2018.
Watzlawick P., Beavin J. H., Jackson D. (1969/1967): *Menschliche Kommunikation.* Bern: Huber.
Watzlawick P. (Hg.) (1985): *Die erfundene Wirklichkeit.* München: Piper.
Wegner P. (1992): Zur Bedeutung der Gegenübertragung im psychoanalytischen Erstinterview. *Psyche* 46: 286–307.
Wegner P., Henseler H. (1991): Die Anfangsszene des Erstinterviews im Prisma einer Analytikergruppe. *Forum Psychoanal.* 7: 214–224.
Weiss H. (2007): Ein mehrphasiges Modell der projektiven Identifizierung. *Psyche* 61: 151-173.
Weiss J. (1990): Strategien des Unbewußten. *Spektrum der Wissenschaft, Heft Nr. 5*: 122–129.
Weiss J., Sampson H. (1986): *The psychanalytic process. Theory, clinical observations and research.* New York: Guilford Press.
Westen D., Gabbard G. O. (2002): Developments in cognitive neuroscience: II. Implications for theories of transference. *J. Am. Psych. Ass.* 50: 99–134.
Whitehorn J. C., Betz B. (1960): Further studies of the doctor as a crucial variable in the outcome of treatment of schizophrenic patients. *Am. J. Psychiatry* 117: 215–223.
Wilke S. (1992): *Die erste Begegnung. Eine konversations- und inhaltsanalytische Untersuchung der Interaktion im psychoanalytischen Erstgespräch.* Heidelberg: Asanger.
Will H. (2003): *Was ist klassische Psychoanalyse?* Stuttgart: Kohlhammer.
Will H. (2010): *Psychoanalytische Kompetenzen* (2. Aufl.). Stuttgart: Kohlhammer.
Will H. (2016): Ungesättigte und gesättigte Deutungen. *Psyche* 70: 2-23.
Will H. (2021): Drei Dimensionen, die eine psychoanalytische Deutung ausmachen. In Nissen B., Zeitzschel U. (Hrsg.): *Jahrbuch der Psychoanalyse* 80: 135-157.
Willutzki U., Reinke-Kappenstein B., Hermer M. (2013): Ohne Heiler geht es nicht. Bedeutung von Psychotherapeuten für Therapieprozess und -ergebnis. *Psychotherapeut* 58: 427–437.
Winnicott D. W. (1983/1955): Metapsychologische und klinische Aspekte der Regression im Rahmen der Psychoanalyse. In ders.: *Von der Kinderheilkunde zur Psychoanalyse.* Frankfurt a. M.: Fischer Taschenbuch, 183–207.
Winnicott D. W. (1984a/1960): Ich-Verzerrung in Form des wahren und des falschen Selbst. In ders.: *Reifungsprozesse und fördernde Umwelt. Studien zur Theorie der emotionalen Entwicklung.* Frankfurt a. M.: Fischer Taschenbuch, 182–199.
Winnicott D. W. (1984b/1963): Die Entwicklung der Fähigkeit der Besorgnis. In ders.: *Reifungsprozesse und förderne Umwelt. Studien zur Theorie der emotionalen Entwicklung.* Frankfurt a. M.: Fischer Taschenbuch, 93–105.
Wöller W. (2016): Der ausreichend gute Therapeut. *Psychotherapeut* 61: 105-109.
Wolf E. S. (1996/1988): *Theorie und Praxis der psychoanalytischen Selbstpsychologie.* Frankfurt a. M.: Suhrkamp.
Wolf E. S. (1989): Anmerkungen zum therapeutischen Prozeß in der Psychoanalyse. In Wolf E. S. et al.: *Selbstpsychologie. Weiterentwicklungen nach Heinz Kohut.* München Wien: Verlag Internationale Psychoanalyse, 107–124.

Wolf E. S. (2000): Optimale Responsivität und der Unterbrechungs-Wiederherstellungs-Prozeß. In Kutter P. (Hg.): *Psychoanalytische Selbstpsychologie*. Göttingen: Vandenhoeck & Ruprecht, 63–78.
Worm G. (1998): Zum Umgang mit Übertragung in einer analytischen Körperpsychotherapie. In Geißler P. (Hg.): *Analytische Körperpsychotherapie in der Praxis*. Stuttgart: Pfeiffer bei Klett-Cotta.
Worm G. (2003): Der Körper: Unheimlicher Abgrund oder wiederentdecktes Paradies. *Psychoanalyse & Körper 2*: 7–25.
Worm G. (2007): Zum Umgang mit Handlungsdialogen in der therapeutischen Beziehung. In Geißler P., Heisterkamp G. (Hg.): *Psychoanalyse der Lebensbewegungen*. Wien, New York: Springer, 211–238.
Wortis J. (1994): *Meine Analyse bei Freud*. Innsbruck, Wien: Verlag Integrative Psychiatrie.
Wurmser L. (1987): *Flucht vor dem Gewissen*. Berlin, Heidelberg: Springer.
Wurmser L. (1988): Die Übertragung der Abwehr. Gedanken zur psychoanalytischen Technik. *Forum Psychoanal.* 4: 292–317.
Wurmser L. (2005): Das Auge wars, was die Taten verwandelt. Das neugeborene Auge verwandelt die alte Tat. Einige Gedanken zum Thema psychoanalyt. Identität und Zeit. *Forum Psychoanal 21*: 130–142.
Zwettler-Otte S. (2007): *Entgleisungen in der Psychoanalyse*. Göttingen: Vandenhoeck und Ruprecht.
Zwiebel R. (2004): Der Analytiker als Anderer: Überlegungen zum Einfluß der Person des Analytikers in der analytischen Praxis. *Psyche 58*: 836–868.
Zwiebel R. (2007): *Von der Angst, Psychoanalytiker zu sein*. Stuttgart: Klett-Cotta.
Zwiebel R. (2013): *Was macht einen guten Psychoanalytiker aus?* Stuttgart: Klett-Cotta.
Zwiebel R. (2017): *Vom Irrtum lernen*. Stuttgart: Klett-Cotta

Stichwortverzeichnis

A

Abstinenz 151, 154
affect attunement 57, 108
Affektregulierung 93, 108
Agieren 143, 148
Akkommodation 40, 99
aktive Übertragungsanalyse 127 f., 143
analytic third 113
analytische Haltung 105, 143
Antwortbereitschaft
– optimale 36
Arbeit
– an der Übertragung 139
– in der Übertragung 136
Arbeitsbündnis 14, 16, 49, 59, 66, 76, 154, 161
Arbeitsmodelle
– innere 42, 45
Assimilation 38, 40
Ausbrüche in der Gegenübertragung 161
Authentizität 149, 151
Autopoiese 41, 96

B

Begegnungsmomente 128
Beziehung 14
– hilfreiche 13 f., 16
Beziehungsanalyse 16
Beziehungskonflikt-Therapie 128
Bindungsforschung 98
Bindungsmuster 47
Bindungsverhalten 47
Borderlinepatienten und Neutralität 145

C

Containing 82, 102, 134, 145, 147
Control-Mastery-Theorie 41, 100, 121

D

Deutung
– Beziehungsaspekt der 122
– des Dort und Damals 127
– des Hier und Jetzt 127
– genetische 124
Die Zuschreibungen tragen 134
Diszipliniert spontane Engagements 151

E

Eigenübertragung 61–63, 159 f.
Empathie 13, 15, 62 f., 89, 105, 107, 127
– Entwicklungsförderung durch 107
– mängel 110
empathischer Wahrnehmungsmodus 131
Enactment 14, 68, 113 f., 139, 141, 143 f., 148, 154
Erkenntnisprozess des Analytikers 28
Erwartungshaltung
– Verletzung der 112
Erwartungshaltung des Patienten 83, 90

F

Fehlerkultur 114

G

Gedächtnis
– deklaratives 74
Gegenübertragung 16, 23, 26, 114, 117, 141
– Analyse der 155
– Durcharbeiten der 156
– interaktionelle Klärung der 153
– Mitagieren der 50
– Mitteilung der 153
– Widerstand 70
Gegenübertragungskollusion 81, 158
Gegenübertragungswiderstand 24, 64 f., 69
Gegenwartsmomente 128

H

Handlungsdialog 49, 68, 146, 148
– und Psychohygiene des Therapeuten 150
Heilungsideale 32
Holding 105

I

Ich-Psychologie 118
Ich-Spaltung
– therapeutische 32
implizit Unbewusstes 155
implizites Beziehungswissen 87
innere Schemata 38, 60, 115
Inszenierung 68, 113, 117, 142, 148, 153
– Gegenübertragungs- 149
– Klärung einer 141
– und Neubeginn 99
interaktionelle Symmetrie 52
Interaktionsanalysen 93
Interaktionserfahrung des Kindes 43
Interaktionserfahrungen 42, 44
Interaktionsmuster
– mimische 94
– unbewusste 94
Interaktionsregeln
– unbewusste 95
interaktive Kompetenz 97
interpersonelle Fähigkeiten 14
interpersonelle Kompetenz 14
interpretative Fehlbarkeit 37
intersubjektive Beziehungsmatrix 92
intersubjektive Wende 129
Intersubjektivitätstheorie 38
Interventionen
– Leitlinie für 36

K

Kleinkindforschung
– s. Säuglingsforschung 42, 107
kommunikative Kompetenz 14, 114
komplementäre Identifikation 73, 136
konkordante Identifizierung 73
konstruktivistische Erkenntnistheorie 37
Kontext
– Patient als 92
– selektive Macht des 92
– unbewusste Regeln als 95
Konversationsregeln 93
korrigierende emotionale Erfahrung 97, 99, 103, 128
Kreditierung 40

Krise 113 f., 160 f.
matching 57, 108
Mentalisierung 46 f.
Mitagieren 50, 63 f., 148
Mitteilung der Gegenübertragung 153
Modellszene 45
Motivationssysteme 45
Mutative Deutung 25, 56

N

Narration 45
Natürlichkeit 151
Neubeginn 75, 82, 99
Neutralität 154
– und reflektiertes Mitagieren 151
objektale Übertragung 39, 107, 115
optimale Differenz 40, 67
optimale Frustration 111

P

Projektion 19 f., 30, 62, 82, 103, 114, 134, 136, 143, 159, 170
projektive Identifikation 20, 145
Prozessdeutung 131
psychoanalytische Kompetenz 15
Psychotherapieforschung 13 f.

R

Realbeziehung 59
reflexiv abstinente Haltung 152
Regression 19, 55, 61, 65, 67, 98, 100, 144, 146
Rekonstruktion 16, 20, 24, 34, 112, 126–128, 133
Repräsentanzen 42
RIGs (representations of interactions that have been generalized) 43 f.
Rollenübernahme 83, 98
– Bereitschaft zur 49, 148
Rollenzuweisung des Patienten 51

S

Sackgassen 158
Säuglingsforschung 43
Schema 43
– Entwicklung 43
– inneres 38, 40, 42, 47
– transgenerationale Weitervermittlung 47
Selbstmitteilung 154
Selbstpsychologie 34, 98, 106

Selbstreflexion
- engagierte 68
selbstreflexive Empfänglichkeit 51, 141, 156
self-disclosure 153
sensorisch-intuitive Haltung 156
Sozialkonstruktivismus 28
Stimmungsinduktion 20, 149
System 41
- geschlossenes 41
- Psyche als 41
- therapeutische Situation als 96
systemischer Prozess 59
szenisches Verstehen 76

T

Tests 41, 100, 121
Therapeut 51
- als Entwicklungsobjekt 39, 99
- als Neues Objekt 97
- als Objekt 115
- als Objekt-Mutter 115
- als reale Person 97
- als Selbstobjekt 106
- als Umwelt 103
- als Umwelt-Mutter 105
- analytische Haltung des 114, 134, 143–145, 156, 160
- Angst des 33
- Bindungsstil des 55
- Fehlbarkeit 33
- Haltung des 84
- Neutralität des 31, 37, 52, 74, 152
- Passivität des 31, 51
- Persönlichkeit des 31
- Persönlichkeitsstruktur des 55
- Resonanz des 146, 150
- seine Psychohygiene 149
- Spontaneität 145
- Subjektivität des 27
- Verwundbarkeit 33
- Werthaltungen des 32, 152
Therapeutische Allianz 14, 16, 136, 154, 161
Therapeutische Beziehung 13, 15 f., 55, 57, 80, 87, 107, 121, 140, 154
- Asymmetrie 154
- Brüche in der 109 f., 113, 125, 154
- Unterbrechung 110
- Wiedergutmachung 112

- Wiederherstellung 110
- Zusammenbruch 112
Therapieabbruch 119
Übertragung(s) 16
- Aktualgenese im Hier und Jetzt 127
- andeutungen 130
- auslöser 39, 83 f., 86, 132
- befriedigung 64, 96
- deutung, klassische 133
- disposition 40
- erwartungen 99
- latente 79 f., 83, 95
- objektale 115, 117
- Retraumatisierung 65, 88
- Selbstobjekt- 107
- traumatisierende 66, 73
- Widerstand 116
Übertragungsanspielungen 129
umwandelnde Verinnerlichung 34
unbewusste Pläne 41
ungesättigte Deutung 131

V

Verbatim-Protokoll 35
Verschiebung 19

W

Wahrnehmung
- des Patienten 83, 87
- Konstruktion der 30
- Kontextabhängigkeit der 31
Widerstand
- Aktualgenese von 125
- als Angst vor Retraumatisierung 119
- Beitrag des Therapeuten 120
- gegen das Bewusstwerden der Übertragung 118
- gegen die Auflösung der Übertragung 118
- und Verhalten des Therapeuten 124
Wiederholungszwang 41, 88, 96

Z

Zwei-Personen-Psychologie 17, 37, 52, 63, 154
Zwei-Personen-Unbewusstes 95, 155

Personenverzeichnis

A

Abeken 31
Abend 38, 87
Ainsworth 45
Akoluth 79, 102, 144
Alexander 15, 98
Allan 141
Almond 59, 82
Argelander 25 f., 28
Argyle 93 f.
Arlow 45
Aron 91, 129
Atwood 107

B

Bacal 36, 70, 119
Balint 37, 52, 56, 97, 99
Bänninger-Huber 93 f.
Bateman 141
Bateson 57, 124
Bauriedl 16, 74 f., 92, 98, 128, 131
Becker 102
Beebe 98 f.
Bernstein 94
Bettighofer 16, 25, 48, 52, 60, 64 f., 76, 118, 154
Betz 13
Beutler 13
Biermann-Ratjen 15
Bion 122, 145
Blankenburg-Winterberg 24, 69, 127
Blanton 20, 51, 87
Bleger 31
Blomeyer 33
Bokanowsky 65
Bollas 105
Bowlby 42, 45
Brandchaft 107
Bräutigam 40, 97
Brenner 126
Brodbeck 37
Buchholz 43, 92

C

Caper 62
Carpy 147
Casement 65
Caspar 15
Chused 62, 87, 130
Cooper 32, 37, 151
Cremerius 20, 65, 108, 126 f.

D

Dahl 123
Dantlgraber 83, 137
Daser 148
Deserno 49, 59 f., 63, 79
Dornes 43, 108, 134, 147, 149
Dott 102
Drigalsky 102

E

Ehrenberg 24, 69
Emde 107 f., 122
Erdely 149
Ermann 24, 46, 49, 52, 59, 64, 69–72, 79, 118, 146
Essers 64

F

Fairbairn 48, 97
Fenichel 127
Ferenczi 27, 64, 126, 129, 150
Fiedler 92
Fischer 38, 40, 102
Flader 38
Fonagy 47
Forgas 150
Fortune 64
Fosshage 29, 35–38, 40, 43, 60, 106, 129, 134 f.
French 15, 98
Freud A. 74

Freud E.L.   125
Freud S.   15, 19 f., 48, 64, 79, 81, 83, 103, 118, 125 f., 129
Frick   13

G

Geißler   68
Gergen   28
Gerhardt   102
Gilch-Geberzahn   20
Gill   10, 31, 39, 52, 68, 70, 118, 127, 129, 131, 142, 148
Gillett   38
Glasersfeld   30
Glover   69
Goldberg   37, 92, 151
Grawe   15, 40, 98
Greenberg   37, 92
Greenson   18, 27, 46, 48 f., 59, 79, 129, 132 f.
Grefe   148
Grossmann   47, 108
Guntrips   48

H

Hartmann   98, 106
Haubl   28
Haynal   64
Heigl   56
Heigl-Evers   56, 83
Heimann   26, 155
Heisterkamp   68, 146
Hemminger   102
Henseler   57
Herdieckerhoff   20, 149
Hermer   14
Herold   28, 38
Heuft   61
Hoffman   28, 37, 59, 68, 129, 142, 148
Hoffmann   145
Hofmann   68
Holderegger   73

J

Jacobs   62 f., 73, 107
Jacobsen   42
Jaffe   94
Jimenez   20
Jordan   130
Junkert-Tress   119

K

Kächele   13, 118, 127, 131, 151
Kahlenberg   42, 46
Kaimer   95
Kaiser   51, 102
Kantrowitz   118
Katz   68 f., 148
Kebeck   31
Kemper W.   16
Kernberg   16, 20, 33, 42, 46, 127, 149
Khan   65, 119
Klauber   28, 35
Klein   20, 33, 36
Klüwer   49, 64, 68, 148
Kogan   148
Kohut   34, 36, 97, 106, 108, 110, 126
König H.   32
König K.   26, 56, 78, 118
Körner   16, 31 f., 74, 101, 137
Krause   94, 119, 149
Krutzenbichler   64
Kuhn   37
Kutter   143

L

Lachauer   64, 148
Lachmann   98 f., 129, 134
Lambert   14
Langs   23 f., 79
Lazar   145
Leitner   126
Lennard   94
Leuzinger-Bohleber   99
Levenson   82
Levine   37 f., 47, 60, 62, 151
Lichtenberg   43, 45 f., 89, 97, 107, 129, 131, 134 f.
Little   48, 65
Löchel   134, 143 f., 152
Loewald   96
Lohmer   145
Luborsky   13
Luhmann   41, 96
Lütolf   94, 119, 149

M

M'Uzan   61
Maturana   41, 58
Mayr   110
Meissner   65, 153
Mentzos   56
Mertens   20, 28, 37, 49, 134, 145, 147, 151

Milch 98, 106
Mitchell 37
Modell 105, 150
Moeller 26
Morgenthaler 97, 106
Moser 57, 68

N

Neyraut 61
Nuetzel 62

O

Ogden 20
Orange 37, 58
Orlinsky 13
Ornstein A. 119
Ornstein P. 125
Ornstein P.H. 111 f.

P

Pfeifer 99
Piaget 38, 40, 99
Porder 20
Privitera 32, 60, 141, 143, 152
Pulver 127
Purcell 82, 151

R

Racker 73
Rangell 27
Rank 126
Raphling 122
Rayner 57
Reed 45
Reich 148
Reimer 69
Renik 59, 68, 122, 148, 153 f.
Retzer 45
Rohde-Dachser 127
Rosenfeld 36, 67
Rosenhan 30
Roth 74
Roughton 143
Rudolf 94

S

Sampson 41, 100, 107, 119
Sandler A. 42, 46, 49, 87, 129
Sandler J. 42, 46, 49, 58, 64, 83, 87, 129, 136, 149

Sandweg 38
Schachter 144, 152
Scharff 146
Scheibe 93
Schiepek 92
Schindler 94
Schore 14, 20, 69, 117
Schwaber 89–91, 107, 131
Seiler 97 f.
Shapiro 68
Siebert 50, 148
Silber 80
Simon B. 34
Simon F. 41
Slavin 98 f., 102
Smith 39, 52, 60, 130
Spangler 47
Spence 45, 123
Steele 47
Steimer-Krause 59, 150
Steiner 50
Sterba 32
Stern 43–46, 57, 59
Stolorow 40, 52, 106 f., 128
Strachey 56
Strauss 44
Streeck 35, 58, 67, 137, 148
Strüber 74
Strupp 58, 102
Sullivan 37, 40, 69

T

Tähkä 97 f.
Thomä 16, 31, 40, 52, 99, 118, 127, 131, 151
Treurniet 32, 105, 110, 116, 145
Tyson 81

V

Varela 58
Volkan 65

W

Wachtel 38
Wackernagel 68
Walter 15, 33, 97, 99 f.
Watzlawick 29, 31, 52, 86
Wegner 49, 51, 57 f.
Weidenhammer 137
Weiss 39, 41, 100 f., 107, 119, 121
Whitehorn 13
Wilke 92 f., 120

Will 15, 65, 126
Willutzki 14
Winnicott 48, 103 f., 115, 149
Wolf 106, 110 f.
Worm 68
Wurmser 21, 23–25, 73, 118, 133

Z

Zelnick 43